## ... in Basiskonzepten

Der Umfang des Fachwissens in der Chemie wächst heute schneller als je zuvor. Weltweit werden täglich rund 1000 Forschungsarbeiten aus verschiedenen Teilbereichen der Chemie veröffentlicht. Im Chemieunterricht geht es deshalb nicht um den aktuellen Stand der Forschung, sondern um die Vermittlung einiger weniger grundlegender und überschaubarer Fragestellungen. Dazu werden die Eigenschaften wichtiger Stoffe zunächst auf einfache Weise erklärt. Später werden sie in neuen Zusammenhängen wieder aufgegriffen und mit weiteren Erkenntnissen verknüpft.

Die so im Chemieunterricht gewonnenen Erkenntnisse können wenigen wichtigen Basiskonzepten zugeordnet werden, die das Fachwissen der Chemie strukturieren. Sie ermöglichen das Einordnen neuer Begriffe und Inhalte in schon bekannte Themen und erleichtern so die Vernetzung von Wissen.

Das Fachwissen ist in die drei Basiskonzepte **Materie**, **Chemische Reaktionen** und **Energie** unterteilt.

Komplexe chemische Vorgänge kann man unter dem Blickwinkel des jeweiligen Basiskonzepts betrachten. So ein Vorgehen soll an dem Beispiel einer Kerzenflamme dargestellt werden:

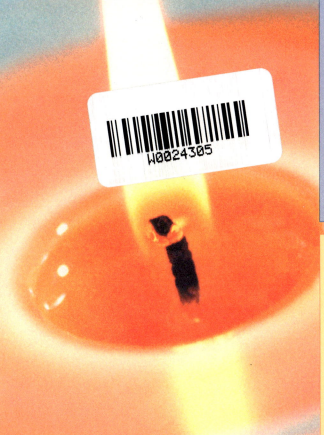

 ### Chemische Reaktionen

**Stoffe lassen sich durch chemische Reaktionen in andere Stoffe mit neuen Eigenschaften umwandeln.**

In einer Kerzenflamme reagiert gasförmiges Paraffin mit Sauerstoff. Bei dieser chemischen Reaktion bilden sich aus den Ausgangsstoffen die Produkte Kohlenstoffdioxid und Wasser.

 ### Struktur der Materie

**Die Eigenschaften von Stoffen hängen von der Art und von der Anordnung der Teilchen ab.**

| Stoffebene | Teilchenebene |
|---|---|
| Eine Kerze besteht aus einem festen Brennstoff: meist Paraffin. | Die Paraffin-Teilchen in der Kerze sind eng zusammengepackt. |
| Wird die Kerze entzündet, erwärmt sich das Paraffin und schmilzt. | Die Bewegung der Paraffin-Teilchen wird heftiger. Der Zusammenhalt zwischen den Teilchen wird dadurch gelockert; die Abstände werden größer. |
| Das Paraffin wird weiter erwärmt, bis es schließlich verdampft. | Die Geschwindigkeit der Teilchen wird so groß, dass sie nicht mehr zusammenhalten und sich frei im Raum bewegen. |

 ### Energie

**In Stoffen ist chemische Energie gespeichert. Bei chemischen Reaktionen wird Energie frei oder es muss Energie zugeführt werden.**

Wenn eine Kerze brennt, schmilzt Paraffin und verdampft schließlich am Docht. Der Dampf reagiert mit Sauerstoff zu Kohlenstoffdioxid und Wasser. Bei dieser exothermen Reaktion wird Energie an die Umgebung abgegeben. Die Energie kann – wie bei einem Stövchen – zum Erwärmen von anderen Stoffen genutzt werden.

# Hinweise zum Aufbau des Buches

Die Hauptkapitel beginnen mit „Zentralen Fragen", die das neue Lerngebiet erschließen. Auf den folgenden Informationsseiten werden die neuen Themen behandelt. Merksätze am Ende der Lerneinheiten fassen die wichtigsten Inhalte zusammen. Es schließen sich Aufgaben aus verschiedenen Kategorien an: „Rote Aufgaben" dienen zur Wiederholung der neuen Inhalte. „Schwarze Aufgaben" verknüpfen neues Wissen mit früher Erlerntem und „blaue Aufgaben" verbinden die Chemie mit dem Alltag. Informationsseiten mit fakultativen Inhalten sind im Inhaltsverzeichnis und neben der Überschrift mit einem Stern gekennzeichnet.

## Exkurs

Exkurse gehen über die im Kerlehrplan vorgeschriebenen Inhalte hinaus und vermitteln einen Eindruck von den vielfältigen Bezügen der Chemie zu Alltag und Technik.

## Übersicht

Systematische Zusammenhänge lassen sich am besten durch übersichtliche Darstellungen erfassen. Die Übersichtsseiten enthalten verpflichtende Inhalt.

## Theorie

Auf diesen Seiten werden verpflichtende theoretische Grundlagen beschrieben, die helfen, komplexe Inhalte besser zu verstehen.

## Steckbrief

Steckbriefe stellen die wichtigsten Informationen zu einem Stoff oder einer Stoffgruppe zusammen. Sie sind dabei als ergänzende Inhalte zu verstehen.

## Chemie-Recherche

Auf diesen Seiten werden Zusatzinformationen, Bilder und Aufgaben zum behandelten Thema angeboten.

## Praktikum

Im Praktikum üben Schülerinnen und Schüler das experimentelle Arbeiten in der Chemie. Diese Seiten bieten dabei eine Auswahlmöglichkeit verschiedener Experimente.

## Projekt

Diese fakultativen Seiten beinhalten Projektaufträge, die in Gruppen bearbeitet werden. Jede Gruppe stellt am Ende ihre Ergebnisse vor.

## Methode

Methodenseiten geben praktische Hilfestellungen für die Bearbeitung von Materialien. Die Methoden können obligater oder fakultativer Natur sein. Die Beispiele sind frei wählbar.

## Basiswissen

Am Ende jeden Kapitels werden die neuen verpflichtenden Inhalte in kurzer und übersichtlicher Form dargestellt.

## Chemie in unserer Welt

Diese fakultative Rubrik vermittelt weiterführende Informationen zur Bedeutung der Chemie in unserem Alltag und zu Berufsfeldern rund um die Chemie.

## Prüfe dein Wissen

Diese Aufgabenseite dient zur Wiederholung und Vertiefung und führt die „Wichtigsten Begriffe" auf.

## Wissen vernetzt

Fakultative materialgebundene Aufgaben erlauben eine Überprüfung und Sicherung der gelernten Inhalte und erschließen übergeordnete Zusammenhänge.

# Inhaltsverzeichnis

☆ fakultativer Inhalt

*Methode:* Aufgaben richtig verstehen ...................7

## 1 Chemie – eine Naturwissenschaft ..............8
1.1 Was ist Chemie?..........................................9
Chemie: Pro und Contra ..........................10
*Methode:* Sicher experimentieren......................12
*Methode:* Richtig entsorgen .............................13
*Praktikum:* Umgang mit dem Gasbrenner ...........14
*Methode:* Richtig experimentieren .....................16
*Methode:* Richtig protokollieren ........................17

## Speisen und Getränke – alles Chemie!

## 2 Wir untersuchen Lebensmittel ...................18
2.1 Eigenschaften von Lebensmitteln ..............19
2.2 Stoffe und ihre Eigenschaften...................20
*Praktikum:* Untersuchung von Stoffen .................21
2.3 Untersuchung von Stoffen .........................22
*Exkurs:* Nachweis von Stoffeigenschaften .......23
2.4 Aggregatzustände.....................................24
☆ *Methode:* Bestimmung der Schmelztemperatur....24
2.5 Dichte ....................................................25
☆ *Methode:* Bestimmung der Dichte .........................25
2.6 Stoffe steckbrieflich gesucht ...................26
*Praktikum:* Einteilung von Stoffen ....................28
*Methode:* Umgang mit Modellen........................29
*Theorie:* Aggregatzustände im Teilchenmodell .....30
*Exkurs:* Aggregatzustände und
Temperaturänderung...........................31
2.7 Diffusion im Teilchenmodell ......................32
☆ *Methode:* Lernen mit Maps............................32
*Basiswissen*...............................................33
*Chemie in unserer Welt* ...............................33
*Prüfe dein Wissen* .......................................34
*Wissen vernetzt*...........................................35

## 3 Lebensmittel – alles gut gemischt ............36
3.1 Lebensmittel sind Gemische .....................37
3.2 Einteilung von Gemischen.........................38
*Übersicht:* Heterogene Gemische und
homogene Gemische ...........................39
3.3 ☆Speiseeis – ein köstliches Gemisch...........40
3.4 ☆Speiseeis – naturwissenschaftlich betrachtet ....41
*Praktikum:* Herstellung von Eiscreme .................42
3.5 Trennen einer Tütensuppe ........................43
*Übersicht:* Trennverfahren ...............................44
3.6 Destillation – ein Trennverfahren...............45
*Praktikum:* Destillation ...................................45
☆ *Methode:* Durchführung von Projekten................46
*Projekt:* Inhaltsstoffe einer Tütensuppe...........47
*Exkurs:* Doping-Kontrolle – eine Anwendung
der Chromatografie...........................48
*Basiswissen*...............................................49
*Chemie in unserer Welt* ...............................49

*Prüfe dein Wissen* ........................................50
*Wissen vernetzt*...........................................51

## 4 Chemie in der Küche ............................52
4.1 Kochen, Braten, Backen –
Vorgänge in der Küche ............................53
4.2 Karamellisieren – eine chemische Reaktion ........54
*Praktikum:* Lebensmittel verändern sich ..............55
*Exkurs:* Reifungsprozesse ..............................56
4.3 Chemische Reaktionen im Labor ................57
4.4 Energie bei chemischen Reaktionen ..................58
4.5 ☆ Lebensmittel haben es in sich –
Nahrung und Energie ...............................59
4.6 ☆ Gesunde Ernährung ..............................60
*Chemie-Recherche:* Chemische Reaktionen
im Alltag ...................................60
*Basiswissen*...............................................61
*Chemie in unserer Welt* ...............................61
*Prüfe dein Wissen* .......................................62
*Wissen vernetzt*...........................................63

## Zündender Funke – flammendes Inferno

## 5 Feuer und Flamme ...........................64
5.1 Eine Kerzenflamme
– naturwissenschaftlich betrachtet...........65
*Theorie:* Aktivierungsenergie .............................66
*Praktikum:* Kerzenversuche ...............................66
5.2 ☆ Geschichte des Feuermachens .................67
5.3 Wissenschaftliche Betrachtung einer Grillparty ...68
*Chemie-Recherche:* Brennbare Stoffe im Alltag.....69
5.4 Verbrennung – Reaktion mit Sauerstoff ..........70
*Praktikum:* Reaktionen mit Sauerstoff..................71
*Exkurs:* Feuerwerk .......................................72
*Basiswissen*...............................................73
*Chemie in unserer Welt* ...............................73
*Prüfe dein Wissen* .......................................74
*Wissen vernetzt*...........................................75

## 6 Feuer – bekämpft und genutzt ...................76
6.1 Brandentstehung – Brandbekämpfung ............77
*Chemie-Recherche:* Löschen – Retten –
Bergen – Schützen...........................78
6.2 ☆ Feuerlöscher ........................................80
*Praktikum:* Brandbekämpfung .........................81
*Methode:* Arbeiten mit Texten........................82
6.3 ☆ Brennstoffe liefern Energie ......................83
*Praktikum:* Verbrennungswärme .......................83
*Chemie-Recherche:* Energieträger .....................84
*Basiswissen*...............................................85
*Chemie in unserer Welt* ...............................85
*Prüfe dein Wissen* .......................................86
*Wissen vernetzt*...........................................87

## 7 Verbrannt – aber nicht vernichtet .............88
7.1 Müll verbrennen – und er ist weg? ......................89
*Praktikum:* Massenänderung beim Verbrennen ....90
*Exkurs:* LAVOISIER und die Zerlegung von
Quecksilberoxid....................................................90
7.2 Gesetz von der Erhaltung der Masse ..................91
7.3 Element und Verbindung...................................92
*Exkurs:* (Fast) alles über Elemente ......................93
7.4 Analyse und Synthese .......................................94
*Praktikum:* Synthese und Analyse
von Kupferiodid ...................................................94
7.5 Atome – Grundbausteine der Stoffe ..................95
*Basiswissen*........................................................96
*Chemie in unserer Welt* ......................................96
*Prüfe dein Wissen* ..............................................97
*Wissen vernetzt*..................................................97

## Nachhaltiger Umgang mit Ressourcen

## 8 Luft – ein lebenswichtiges Gasgemisch ....98
8.1 Atmosphäre im Wandel......................................99
8.2 ✫ Die Lufthülle ................................................100
8.3 ✫ Luft – mehr als nichts..................................101
8.4 Luft zum Leben ..............................................102
8.5 Luft – ein Gasgemisch....................................103
*Exkurs:* Gas aus Flaschen ................................104
*Übersicht:* Einfache Nachweisreaktionen ..........104
*Praktikum:* Untersuchung von Luft ..................105
8.6 Schadstoffe in der Luft....................................106
✫*Methode:* Rollenspiel .....................................107
*Projekt:* Luft.....................................................108
8.7 Saurer Regen ..................................................109
8.8 Treibhauseffekt ..............................................110
*Chemie-Recherche:* Erderwärmung ....................111
*Praktikum:* Treibhauseffekt................................112
*Exkurs:* Klimaschutz – eine globale Aufgabe ......112
*Basiswissen*......................................................113
*Chemie in unserer Welt* ....................................113
*Prüfe dein Wissen* ............................................114
*Wissen vernetzt*................................................115

## 9 Ohne Wasser läuft nichts.........................116
9.1 Wasser – Lebensraum für viele ........................117
*Chemie-Recherche:* Wasser
ganz verschiedener Art.........................................118
9.2 Wassernutzung................................................119
9.3 ✫ Trinkwasser – (k)ein Naturprodukt? ..................120
9.4 Wasser – ein kostbares Gut ............................121
*Exkurs:* Wasserkreislauf....................................121
9.5 Kläranlagen reinigen Abwässer ........................122
*Praktikum:* Wasser als Lösemittel ....................123
9.6 Wasser löst vieles... ........................................124
9.7 ... aber nicht beliebig viel................................125

9.8 ✫ Wasser ist nicht das einzige Lösemittel............126
*Exkurs:* Lösen und Kristallisieren im Modell ......127
9.9 Saure und alkalische Lösungen ........................128
*Praktikum:* Saure und alkalische Lösungen.......129
9.10 Wasser = Wasserstoffoxid ................................130
9.11 Wasserstoff in Labor und Technik ....................131
*Praktikum:* Wasserstoff......................................131
*Exkurs:* Wasserstoff-Technologie........................132
*Basiswissen*......................................................133
*Chemie in unserer Welt* ....................................133
*Prüfe dein Wissen* ............................................134
*Wissen vernetzt* ................................................135

## Aus Rohstoffen werden Gebrauchsgegenstände

## 10 Kupfer – ein wichtiges Gebrauchsmetall.136
10.1 Kupfer – ständiger Begleiter des Fortschritts.....137
*Projekt:* Untersuchung von Kupfer ....................138
10.2 ✫Silber und Gold ............................................139
*Exkurs:* Kupfergewinnung heute ........................140
10.3 Vom Metalloxid zum Metall – eine Reduktion....141
*Theorie:* Die Redoxreaktion im Teilchenmodell..141
10.4 Wie viel Kupfer ist im Kupferoxid?....................142
*Praktikum:* Reduktion von Kupferoxid ..............143
10.5 Das Atommodell von DALTON ............................144
*Exkurs:* Atome und ihre Darstellung ................144
*Exkurs:* Moleküle – verbundene Atome ............145
*Übersicht:* Die chemische Reaktion
und DALTONs Atommodell....................................146
*Exkurs:* Fotoreise in die Welt der Atome ...........147
10.6 ✫Wie schwer ist ein Atom? ................................148
*Basiswissen* ......................................................149
*Chemie in unserer Welt* ....................................149
*Prüfe dein Wissen* ............................................150
*Wissen vernetzt* ................................................151

## 11 Eisenerz und Schrott –
Grundstoffe der Stahlgewinnung ...........152
11.1 Eisen – ein universell einsetzbarer Werkstoff....153
11.2 Vom Eisenerz zum Roheisen.............................154
11.3 Aus Roheisen wird Stahl..................................156
*Exkurs:* Edelstahl ............................................157
*Exkurs:* Legierungen........................................157
*Praktikum:* Untersuchung von Eisen und
Eisenverbindungen...............................................158
*Praktikum:* Gewinnung von Eisen......................159
11.4 ✫Thermitverfahren..........................................160
11.5 ✫Reduktion – wer reduziert wen? ......................161
11.6 Recycling von Metallen ...................................162
*Exkurs:* Herstellung und Recycling von Blei .......163
*Exkurs:* Stahl – wirtschaftlich betrachtet ..........164
*Basiswissen* ......................................................165
*Chemie in unserer Welt* ....................................165
*Prüfe dein Wissen* ............................................166
*Wissen vernetzt* ................................................167

**Anhang:**
Gefahrenhinweise und Sicherheitsratschläge
für gefährliche Stoffe ................................. 168
Stoffliste .................................................... 170
Die chemischen Elemente .......................... 171
Tabellen ..................................................... 172
Kleines Lexikon der Chemie ....................... 173
Stichwortverzeichnis ................................. 175
Bildquellenverzeichnis ............................... 176

Sofern nicht anders angegeben, beziehen sich alle
Angaben im Buch auf 20 °C und normalen Luftdruck.

## Ausgewählte Laborgeräte

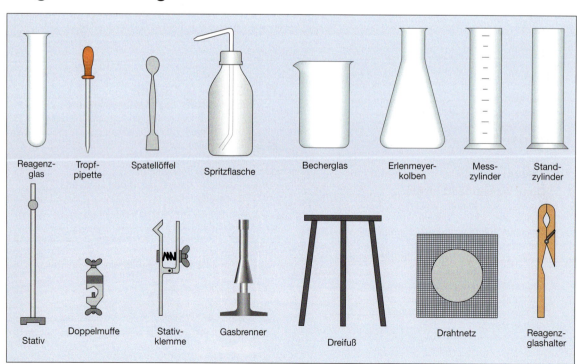

# Aufgaben richtig verstehen

**Methode**

Im Unterricht, als Hausaufgaben oder in schriftlichen Leistungsüberprüfungen werden dir wiederkehrend Aufgaben gestellt werden, die es erfolgreich zu bearbeiten gilt. In diesen Aufgaben erscheinen immer wieder dieselben Arbeitsanweisungen.

Damit du die Aufgaben richtig verstehen und lösen kannst, muss die Bedeutung der einzelnen Arbeitsanweisungen bekannt sein. In der unten angegebenen Tabelle kannst du die häufigsten Arbeitsanweisungen finden. Dazu ist kurz beschrieben, was für eine erfolgreiche Bearbeitung der Aufgabe verlangt wird.

| | |
|---|---|
| **anwenden** | vorhandene Kenntnisse und Fähigkeiten werden auf einem unbekannten Gebiet genutzt, um neue Erkenntnisse zu erlangen |
| **auswerten** | gesammelte Daten und Ergebnisse werden in einer Gesamtaussage zusammengestellt |
| **begründen** | gegebene Sachverhalte werden auf bekannte Regeln und Gesetzmäßigkeiten zurückgeführt |
| **berechnen** | Ermitteln naturwissenschaftlicher Größen |
| **beschreiben** | Sachverhalte strukturieren und mit eigenen Worten wiedergeben |
| **beurteilen** | unter Verwendung von Fachwissen begründet Stellung zu einem Sachverhalt nehmen |
| **darstellen** | Zusammenhänge und Gegebenheiten gliedern und in geeigneter Form wiedergeben |
| **deuten** | Sachverhalte in Zusammenhang stellen und beurteilen |
| **diskutieren** | unterschiedliche Meinungen und Ergebnisse zusammentragen, vergleichen und begründet Stellung nehmen |
| **Experiment durchführen** | Experimente unter Beachtung der Sicherheitshinweise durchführen |
| **entwickeln** | Hypothesen, Experimente und Modelle entwerfen und unter Verwendung von Fachwissen weiter ausarbeiten |
| **erklären** | einen Sachverhalt mit geeigneten Mitteln verdeutlichen und begründen |
| **erläutern** | mithilfe zusätzlicher Informationen einen Sachverhalt verständlich machen |
| **interpretieren** | fachliche Zusammenhänge aus gegebenen Sachverhalten herausziehen, deuten und erklären |
| **nennen** | Aufzählen von Sachverhalten, Eigenschaften und Begriffen |
| **skizzieren** | einen Sachverhalt auf das Wesentliche reduzieren und mit geeigneten Mitteln wiedergeben |
| **ordnen** | Objekte und Sachverhalte in Gruppen gliedern |
| **vergleichen** | Gemeinsamkeiten und Unterschiede ermitteln und herausstellen |
| **zeichnen** | grafische Darstellung eines Sachverhalts |
| **zusammenfassen** | wesentliche Aspekte einer Gegebenheit zusammentragen und in eigenen Worten wiedergeben |

# 1 Chemie – eine Naturwissenschaft

Forscher sind neugierig – und das gilt für Chemiker ganz besonders: die Zahl der Fachbücher zur Chemie lässt sich heute kaum noch überblicken, aber auch nach mehr als 200 Jahren Chemie als Naturwissenschaft gibt es immer wieder Beobachtungen, die zu neuen Fragen führen. Meist geht es darum, die Eigenschaften von nützlichen Produkten wie Arzneimitteln, Farben, Kunststoffen, Textilien und Isoliermaterialien weiter zu verbessern.

Allein in Deutschland arbeiten etwa 500 000 Menschen in den Produktionsbetrieben und Labors der chemischen Industrie. Weitere 500 000 sind mit der Verarbeitung chemischer Erzeugnisse zu Verkaufsprodukten wie Kunststoffartikeln oder Düngemitteln beschäftigt.

Darüber hinaus arbeiten Tausende von Chemikern arbeiten in den Forschungslabors der Universitäten und der chemischen Industrie an der Entwicklung völlig neuer Materialien.

Der Erfolg der Forschung zeigt sich vor allem in der Nutzung neuer Technologien im Alltag. Beispiele dafür sind Energiesparlampen, Solarzellen, Mobiltelefone, elektronische Kameras und Flachbildschirme.

Zentrale Fragen:
- Was ist Chemie?
- Welche Regeln sind beim Experimentieren im Labor zu beachten?

# 1.1 Was ist Chemie?

Jeder kennt den Spruch „Chemie ist, wenn es knallt oder stinkt" und jeder weiß, dass das längst nicht immer stimmt. Bei physikalischen Vorgängen knallt es oft lauter als bei chemischen. Ein Beispiel dafür ist der Donner, der bei einem Gewitter die elektrischen Entladungen in der Atmosphäre begleitet. Andererseits laufen viele chemische Vorgänge still und leise ab, etwa das Rosten von Eisen oder das Vergilben von Papier. Und der Gestank in einem Schweinestall hat nicht nur chemische, sondern auch biologische Ursachen.

Die Wissenschaften Physik, Chemie und Biologie sind eng miteinander verwandt; es sind **Naturwissenschaften.** Sie beschäftigen sich mit der systematischen Erforschung der Natur. Neben diesen drei Naturwissenschaften gibt es noch zahlreiche andere. Dazu gehören etwa die Geologie, die Meteorologie und die Astronomie. Jede dieser Naturwissenschaften beschäftigt sich mit einem bestimmten Teilbereich der Natur: So befasst sich die Biologie mit der belebten Natur, die Meteorologie mit den Wettervorgängen in der Atmosphäre und die Astronomie mit den Sternen.

**Chemie.** Der Name Chemie leitet sich von dem ägyptischen Wort „ch'mi" (schwarz) ab. Noch im 15. Jahrhundert wurde die Alchemie als „Schwarze Kunst" angesehen. Gemeint war die Beschäftigung mit scheinbar geheimnisvollen und nur schwer durchschaubaren Vorgängen. Dazu gehörte die Suche nach dem „Stein der Weisen", mit dessen Hilfe unedle Metalle in Gold verwandelt werden sollten.

Heute versteht man unter Chemie die Naturwissenschaft, die sich mit *Stoffen und ihren Eigenschaften* sowie mit *Stoffänderungen* beschäftigt.

Der Begriff Stoff darf hier nicht missverstanden werden, denn er hat im täglichen Leben viele Bedeutungen. So spricht man im Deutschunterricht vom Stoff einer Lektüre; im Textilgeschäft versteht man unter Stoff das Material, aus dem Hosen und Hemden genäht werden und in der Drogenszene meint man mit Stoff wiederum etwas anderes. In der Chemie versteht man unter einem *Stoff* eine Substanz wie Salz, Alkohol oder Sauerstoff, die durch ihre Eigenschaften charakterisiert ist.

Die Aufgabe der Naturwissenschaften besteht darin, die Erscheinungen und Vorgänge in der Natur zu beobachten, ihre Gesetzmäßigkeiten zu ergründen und mittels geeigneter Theorien zu beschreiben. Darüber hinaus sollen die so gewonnenen Erkenntnisse in technischen Anwendungen genutzt werden.

> Die Chemie ist eine Naturwissenschaft. Sie beschäftigt sich mit Stoffen und ihren Eigenschaften sowie mit Stoffänderungen.

1 Erläutere, was man unter Naturwissenschaften versteht.
2 Nenne Beschäftigungsfelder der Naturwissenschaft Chemie.
3 Was versteht man in der Chemie unter einem Stoff?
4 Schlage nach, womit sich die Geologie beschäftigt.
5 Nenne Unterschiede zwischen Astronomie und Astrologie.

*Ein Alchemist sucht nach dem „Stein der Weisen".*   *Eine Chemikerin untersucht verschiedene Proben.*

# Chemie: Pro ...

**Chemie im Badezimmer**
6.30 Uhr: Sabina wäscht sich die Haare. Sie nimmt ein mildes Shampoo mit hautfreundlichem pH-Wert.

**Chemie und Ernährung**
7 Uhr: Sabina isst ein leckeres Brötchen mit Halbfett-Margarine und kalorienreduzierter Marmelade.

**Chemie und Technik**
7.30 Uhr: Sabina hört auf dem Weg zur Schule Musik mit ihrem MP3-Player. Das Gehäuse ist aus bruchsicherem Kunststoff.

**Chemie in der Schule**
11 Uhr: So macht Chemieunterricht Spaß: Sabina kann heute selbst experimentieren.

**Chemie in der Natur**
16 Uhr: Sabina isst gern Erdbeeren. Die roten Früchte enthalten neben Farbstoffen auch viele Duft- und Aromastoffe.

**Chemie und Freizeit**
17 Uhr: Sabina testet ihre neuen Jogging-Schuhe. Sie sind besonders elastisch aus Kunststoffmaterial.

**Chemie und Vergnügen**
20 Uhr: Sabina gibt heute eine Fete. Sie schminkt sich mit einem hautfreundlichen Make-up.

**Chemie – traumhaft**
5 Uhr: Kurz vor dem Aufstehen hat Sabina noch einen schönen Traum: Sie träumt von Riesenseifenblasen.

10  Chemie – eine Naturwissenschaft

# ... und Contra

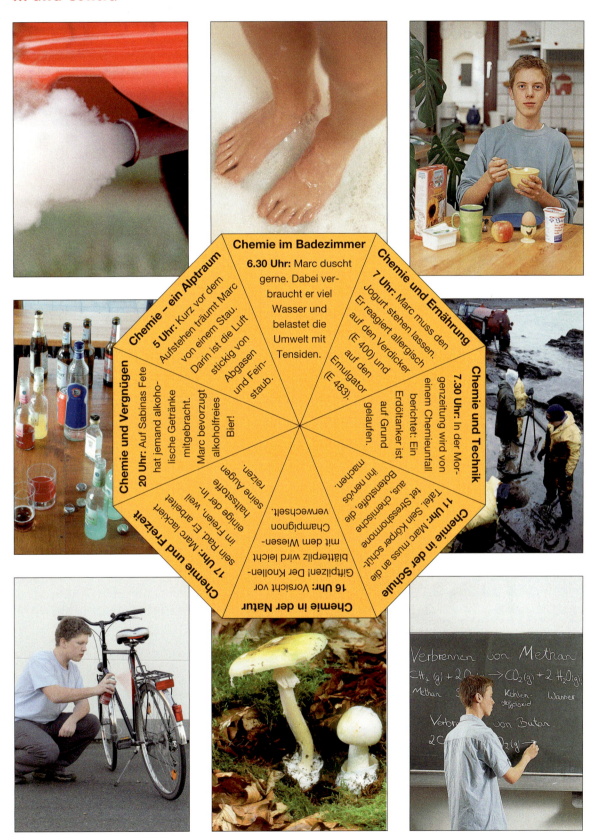

**Chemie im Badezimmer**
6.30 Uhr: Marc duscht gerne. Dabei verbraucht er viel Wasser und belastet die Umwelt mit Tensiden.

**Chemie und Ernährung**
7 Uhr: Marc muss den Jogurt stehen lassen. Er reagiert allergisch auf den Verdicker (E 400) und auf den Emulgator (E 483).

**Chemie und Technik**
7.30 Uhr: In der Morgenzeitung wird von einem Chemieunfall berichtet: Ein Erdöltanker ist auf Grund gelaufen.

**Chemie in der Schule**
11 Uhr: Marc muss an die Tafel. Sein Körper schüttet Stresshormone aus, chemische Botenstoffe, die ihn nervös machen.

**Chemie in der Natur**
16 Uhr: Vorsicht vor Giftpilzen! Der Knollenblätterpilz wird leicht mit dem Wiesen-Champignon verwechselt.

**Chemie und Freizeit**
17 Uhr: Marc lackiert sein Rad. Er arbeitet im Freien, weil einige der Inhaltstoffe seine Augen reizen.

**Chemie und Vergnügen**
20 Uhr: Auf Sabinas Fete hat jemand alkoholische Getränke mitgebracht. Marc bevorzugt alkoholfreies Bier!

**Chemie – ein Alptraum**
5 Uhr: Kurz vor dem Aufstehen träumt Marc von einem Stau. Darin ist die Luft stickig von Abgasen und Feinstaub.

## Methode — Sicher experimentieren

**Gefahrensymbole.** Von vielen Stoffen, die im Chemieunterricht verwendet werden, gehen Gefahren aus. Die Gefahrensymbole geben Hinweise auf diese Gefahren.

Stoffe, die beim Verschlucken oder Einatmen oder bei Aufnahme durch die Haut schwere Gesundheitsschäden oder gar den Tod bewirken können.

**T: Giftig**
**T+: Sehr giftig**

Stoffe, die beim Verschlucken oder Einatmen oder bei Aufnahme durch die Haut beschränkte Gesundheitsschäden hervorrufen können.

**Xn: Gesundheitsschädlich**

Stoffe, die das Hautgewebe an der betroffenen Stelle innerhalb weniger Minuten vollständig zerstören können.

**C: Ätzend**

Stoffe, die auf der Haut nach mehrstündiger Einwirkung deutliche Entzündungen hervorrufen können.

**Xi: Reizend**

Stoffe, die brennbare Materialien entzünden können oder mit diesen explosive Gemische ergeben.

**O: Brandfördernd**

Stoffe, die schon durch kurzzeitige Einwirkung einer Zündquelle entzündet werden können oder sich an der Luft von alleine entzünden.

**F: Leichtentzündlich**
**F+: Hochentzündlich**

Stoffe, die explodieren können.

**E: Explosionsgefährlich**

Stoffe, die selbst oder in Form ihrer Umwandlungsprodukte geeignet sind, sofort oder später Gefahren für die Umwelt herbeizuführen.

**N: Umweltgefährlich**

**Sicherheitshinweise.** Wegen der besonderen Gefahren sind im Chemieunterricht besondere Sicherheitshinweise zu beachten:

1. Schülerinnen und Schüler dürfen Geräte und Chemikalien nicht ohne Genehmigung berühren. Die Anlagen für elektrische Energie, Gas und Wasser dürfen nur nach Aufforderung eingeschaltet werden.
2. In Experimentierräumen darf weder gegessen noch getrunken werden.
3. Versuchsvorschriften und Hinweise müssen genau befolgt werden. Die Geräte müssen in sicherem Abstand von der Tischkante standfest aufgebaut werden. Der Versuch darf erst dann durchgeführt werden, wenn dazu aufgefordert wurde.
4. Die auf den Seiten 168 und 169 aufgeführten Gefahrenhinweise (R-Sätze) und Sicherheitsratschläge (S-Sätze) sind bezogen auf die jeweiligen Stoffe zu beachten.
5. Werden Schutzbrillen oder Schutzhandschuhe ausgehändigt, so müssen sie beim Experimentieren getragen werden.
6. Geschmacks- und Geruchsproben dürfen nur dann vorgenommen werden, wenn die Lehrerin oder der Lehrer dazu auffordert. Chemikalien sollen nicht mit den Händen berührt werden.
7. Pipettieren mit dem Mund ist verboten.
8. Chemikalien dürfen nur in Gefäße umgefüllt werden, die eindeutig beschriftet sind. Auf keinen Fall dürfen Gefäße benutzt werden, die üblicherweise zur Aufnahme von Speisen und Getränken bestimmt sind.
9. Die Haare sind so zu tragen, dass sie nicht in die Brennerflamme geraten können.
10. Der Arbeitsplatz muss stets sauber gehalten werden. Nach Beendigung des Versuchs sind die Geräte zu reinigen. Chemikalienreste müssen vorschriftsmäßig entsorgt werden.

**Sicherheitsleiste.** Die im Buch beschriebenen Praktikumsversuche sind mit einer Sicherheitsleiste versehen, die mithilfe von acht Symbolkästchen Hinweise zu den Gefahren und zur Entsorgung gibt.

Die drei zuerst angegebenen Symbole enthalten die Gefahrensymbole der verwendeten Stoffe. Die Kästchen 4 und 5 geben Hinweise auf Sicherheitsvorkehrungen beim Experimentieren: Das Symbol „Abzug" bedeutet, dass der Versuch unter dem Abzug durchgeführt werden muss. Man erkennt außerdem, ob Schutzbrillen zu tragen sind. Die letzten drei Kästchen beschreiben die korrekte Entsorgung.
Die genaue Zuordnung der Symbole zu bestimmten Stoffen lässt sich der Stoffliste im Anhang entnehmen.

# Richtig entsorgen

**Methode**

Wir wissen alle, dass man Chemikalienreste nicht ohne weiteres in den Abfluss oder den Abfalleimer geben darf. Gefährliche Stoffe müssen vielmehr ordnungsgemäß entsorgt werden. Das gilt besonders für Stoffe, die bei chemischen Experimenten anfallen. Um möglichst wenig Sorgen mit solchen Stoffen zu haben, sollte man folgende Regeln beachten:

**Gefährliche Abfälle vermeiden.** Zu den wichtigsten Regeln für einen verantwortungsbewussten Umgang mit Stoffen gehört es, *die Entstehung von unnötigen Abfällen oder unnötig großen Mengen an Abfällen zu vermeiden*. Die Anwendung dieser Regel setzt eine sorgfältige Planung der experimentellen Arbeit im Hinblick auf Art und Menge der verwendeten Stoffe voraus.

**Gefährliche Abfälle umwandeln.** Nicht vermeidbare gefährliche Abfallstoffe sollen in weniger gefährliche Stoffe umgewandelt werden: Säuren und Basen werden neutralisiert. Lösliche Stoffe können zu schwer löslichen umgesetzt werden.
Es ist zweckmäßig, Säuren und Laugen in einem gemeinsamen Behälter zu sammeln. Sie brauchen dann nicht portionsweise neutralisiert zu werden. Dies entspricht der ersten Regel, denn auf diese Weise bleiben die Abfallmengen klein.

**Gefährliche Abfälle sammeln.** Abfälle, die nicht an Ort und Stelle in ungefährliche Produkte umgewandelt werden können, sind zu sammeln. Von Zeit zu Zeit werden die Abfallbehälter dann durch ein *Entsorgungsunternehmen* abgeholt. Durch das Sammeln in getrennten Behältern wird zum einen die endgültige Beseitigung erleichtert und zum anderen eine Wiederaufbereitung ermöglicht.
Der Fachhandel bietet für das Sammeln gefährlicher Abfälle geeignete Behälter an; es können auch entsprechend beschriftete leere Chemikalienflaschen verwendet werden.

**Entsorgungskonzept.** Abfallchemikalien müssen nach Stoffklassen getrennt gesammelt werden, damit die ordnungsgemäße endgültige Entsorgung vereinfacht wird. Der folgende Sortiervorschlag ist einfach und übersichtlich und er garantiert eine angemessene endgültige Entsorgung:

| | |
|---|---|
| **Behälter 1 (B1):** | Säuren und Laugen |
| **Behälter 2 (B2):** | giftige anorganische Stoffe |
| **Behälter 3 (B3):** | halogenfreie organische Stoffe |
| **Behälter 4 (B4):** | halogenhaltige organische Stoffe |

 Im **Behälter 1** werden saure und alkalische Lösungen gesammelt. Der Inhalt von Behälter 1 sollte neutralisiert werden, bevor der Behälter ganz gefüllt ist. Der neutralisierte Inhalt kann dann in den Ausguss geschüttet werden. Deshalb dürfen giftige Verbindungen wie saure oder alkalische Chromat-Lösungen *nicht* in diese Behälter gegeben werden.

 Im **Behälter 2** werden giftige anorganische Stoffe wie Schwermetallsalze gesammelt.

Die endgültige Entsorgung erfolgt hier durch ein Entsorgungsunternehmen.

 Im **Behälter 3** werden wasserunlösliche und wasserlösliche halogenfreie organische Stoffe gesammelt. Das gemeinsame Sammeln wasserunlöslicher und wasserlöslicher Stoffe erspart ein weiteres Sammelgefäß und vereinfacht damit das Entsorgungskonzept. Damit sich kein zu großes Volumen an leicht entzündlichen Flüssigkeiten ansammelt, ist durchaus zu erwägen, *geringe Mengen* nicht giftiger wasserlöslicher organischer Abfälle wie Ethanol oder Aceton in den Ausguss zu geben.

Behälter 3 muss von einem Entsorgungsunternehmen ordnungsgemäß entsorgt werden.

In den **Behälter 4** gehören alle Halogenkohlenwasserstoffe, alle sonstigen halogenhaltigen organischen Stoffe sowie die Abfälle aus Halogenierungsreaktionen organischer Stoffe.

Behälter 4 muss von einem Entsorgungsunternehmen ordnungsgemäß entsorgt werden.

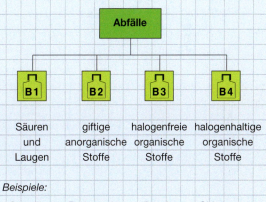

**Praktikum**     # Umgang mit dem Gasbrenner

Bei Versuchen im naturwissenschaftlichen Unterricht müssen häufig Stoffe erhitzt werden. Man verwendet dazu Gasbrenner für Erdgas oder Propangas. Damit man mit diesen Brennern gefahrlos umgehen kann, sind bestimmte Regeln zu beachten.

## V1: „Führerschein" für den Gasbrenner

*Materialien:* Gasbrenner.

*Durchführung:*
**Vorbereitung**
1. Stelle den Gasbrenner kippsicher auf eine feuerfeste Unterlage.
2. Schließe den Gasschlauch des Brenners an die Gaszuleitung des Tisches an.
3. Schließe die Gas- und die Luftzufuhr des Brenners.

*Achtung:* Binde lange Haare zusammen und trage immer eine Schutzbrille.

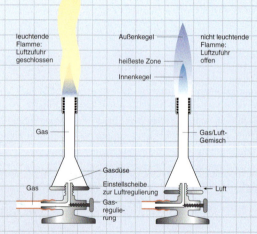

**Inbetriebnahme und Einstellung des Brenners**
4. Öffne zuerst die Gaszufuhr am Brenner und dann das Ventil an der Gaszuleitung. Entzünde das ausströmende Gas. Arbeite dabei zügig, aber ohne Hektik!
5. Verändere die Höhe der Gasflamme mit der Gasregulierschraube am Brenner, bis die Flamme kräftig gelb leuchtet.
6. Öffne dann die Luftzufuhr, bis du eine blaue nicht leuchtende Flamme erhältst.
7. Die Höhe der Brennerflamme soll der Breite deiner Hand entsprechen. Arbeite nur mit der blauen, aber noch nicht rauschenden Brennerflamme.
8. Um den Brenner zu löschen, schließt du das Ventil an der Gaszufuhr. Die Flamme erlischt.
9. Wiederhole den Ablauf, bis du ihn sicher beherrschst. Jetzt hast du den Führerschein für den Gasbrenner absolviert.

*Achtung:* Der Gasbrenner darf während der Arbeit nicht unbeaufsichtigt bleiben.

## V2: Untersuchung der Brennerflamme

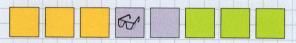

*Materialien:* Gasbrenner, Magnesiastäbchen.

*Durchführung:*
1. Entzünde den Gasbrenner und stelle eine blaue noch leicht rauschende Flamme ein. Die Flamme besteht aus einem inneren hellblauen und aus einem äußeren dunkelblauen Kegel.
2. Untersuche mithilfe eines Magnesiastäbchens die beiden Flammenkegel. Halte das Stäbchen zunächst einige Zeit ruhig in den inneren Kegel. Ziehe es dann langsam von unten nach oben durch die Flamme.

*Aufgaben:*
a) Beschreibe deine Beobachtungen.
b) Wo ist die heißeste Zone der Flamme? Achte besonders auf die Ränder der Flamme und auf den Übergang vom inneren zum äußeren Flammenkegel.

## V3: Schmelzen von Glas

*Materialien:* Gasbrenner, Glasrohr.

*Durchführung:*
1. Halte ein 30 cm langes Glasrohr an beiden Enden fest und erhitze die Mitte oberhalb des inneren Flammenkegels. Das Glasrohr sollte dabei gleichmäßig gedreht werden.
2. Sobald das Glas anfängt, weich zu werden, ziehe beide Enden außerhalb der Flamme zügig auseinander.
3. Schmilz ein weiteres Glasrohr an einem Ende zu. Drehe es dabei und erhitze das Ende so lange, bis das Glas rot glühend ist.

*Aufgabe:* Beschreibe deine Beobachtungen.

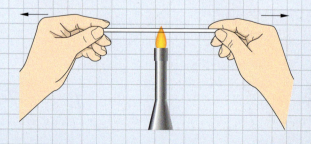

14   Chemie – eine Naturwissenschaft

### Der Kartuschenbrenner

Ein anderer Brennertyp, der häufig verwendet wird, ist der Kartuschenbrenner. Er wird mit Butan betrieben, das in einem Metallbehälter, der Kartusche, unter erhöhtem Druck flüssig ist. Beim Öffnen des Ventils tritt Butan als Gas aus. Für die Zufuhr von Luft gibt es – je nach Modell – technisch unterschiedliche Lösungen.

Ein Kartuschenbrenner muss unbedingt kippsicher auf einer feuerfesten, waagerechten Unterlage aufgestellt werden. Vor dem Anzünden des Gases wird beim Kartuschenbrenner die Luftzufuhr leicht geöffnet. Erst danach öffnet man das Gasventil. Das ausströmende Gas-Luft-Gemisch muss sofort entzündet werden.

Auch hier gilt: Arbeite zügig, aber ohne Hektik!

**Achtung:** Butangas ist schwerer als Luft und fließt deshalb beim Ausströmen nach unten. Wird das Gas nicht sofort entzündet, sammelt sich das schwerere Butangas auf der Tischplatte. Beim Anzünden des Gases kann es dann zu einer Stichflamme kommen.

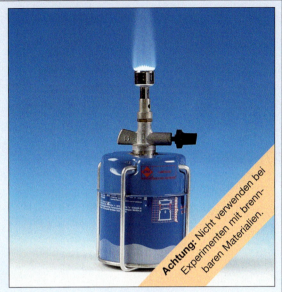

*Kartuschenbrenner für Butangas*

(Achtung: Nicht verwenden bei Experimenten mit brennbaren Materialien.)

### V4: Schmelzen von Kerzenwachs

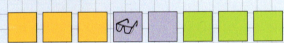

*Materialien:* Gasbrenner; Kerzenwachs (geraspelt).

*Durchführung:*
1. Fülle ein Reagenzglas etwa 4 cm hoch mit Kerzenwachs.
2. Halte das Reagenzglas schräg in die Flamme und erhitze zunächst den oberen Teil des Wachses so lange, bis es geschmolzen ist. Erwärme dann auch den restlichen Teil des Wachses.
3. Beende das Erhitzen, wenn alles Wachs flüssig geworden ist.

### V5: Erhitzen von Wasser

*Materialien:* Gasbrenner, Siedesteinchen.

*Durchführung:*
1. Fülle ein Reagenzglas zu einem Viertel mit Wasser. Gib ein Siedesteinchen hinein.
2. Beginne mit dem Erhitzen in Höhe des Flüssigkeitsspiegels. Halte das Reagenzglas schräg in die Flamme und schüttle es dabei leicht hin und her.
3. Beende den Versuch, sobald das Wasser gleichmäßig siedet.

### Regeln für das Erhitzen von Stoffen im Reagenzglas

1. Fülle das Reagenzglas immer nur zu einem Drittel.
2. Gib bei Flüssigkeiten ein Siedesteinchen hinein.
3. Halte das Reagenzglas mit einem Reagenzglashalter an seinem oberen Ende fest und führe es schräg in die Flamme.
4. Beginne mit dem Erhitzen in Höhe des Flüssigkeitsspiegels. Schüttle dabei das Reagenzglas leicht, damit der Inhalt gleichmäßig erwärmt wird.
5. Richte die Reagenzglasöffnung niemals auf dich oder andere Personen.

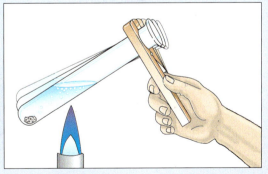

*Richtiger Umgang mit Brenner und Reagenzglas*

Chemie – eine Naturwissenschaft **15**

| Methode | **Richtig experimentieren** |

Bei Experimenten in der Chemie denken viele sofort an geheimnisvolle Reaktionen, bei denen farbige Flüssigkeiten entstehen und dichter Nebel aufsteigt. Diese und ähnlich spektakuläre Experimente wecken unser Interesse und ziehen uns in ihren Bann.

In der Wissenschaft und auch im Chemieunterricht dienen Experimente aber vorrangig einem anderen Zweck: Sie ermöglichen es, durch direktes Beobachten Fragen zu beantworten, neue Kenntnisse zu erlangen und Zusammenhänge zu verstehen. Beispielsweise kann man aus Experimenten schließen, welche Stoffe und unter welchen Bedingungen miteinander reagieren. Experimente ermöglichen auch Aussagen darüber, ob ähnliche Stoffe ein vergleichbares Verhalten zeigen. Damit erfüllen Experimente eine weitere wichtige Aufgabe: Sie erlauben es, Vermutungen und Voraussagen abzuleiten und diese zu überprüfen.

Um diese Ziele zu erreichen, muss jedes Experiment gründlich vorbereitet und sauber durchgeführt werden. Dabei ist es wichtig, alles genau zu beobachten und dann daraus die Schlussfolgerungen zu ziehen. Zwischen der reinen Beobachtung und der Deutung muss dabei immer klar unterschieden werden.

Der ganze Versuch muss von der Durchführung über die Beobachtungen bis zu den Schlussfolgerungen sauber protokolliert werden, damit man sich zu einem späteren Zeitpunkt alle Einzelheiten vergegenwärtigen kann. Gleichzeitig soll das Protokoll den Versuch auch für andere nachvollziehbar machen.

Die folgenden Hinweise sollen helfen, Experimente richtig durchzuführen, genau zu beobachten und auszuwerten.

### Vorbereitung
- Kläre im Gespräch mit deinen Mitschülern oder dem Lehrer die Fragestellung des Versuchs.
- Lies zunächst die gesamte Versuchsanleitung.
- Überlege, warum und in welcher Reihenfolge die einzelnen Arbeitsschritte durchzuführen sind.
- Informiere dich über mögliche Gefahren und die notwendigen Sicherheitsmaßnahmen. Die Sicherheitsleiste, mit der sämtliche Praktikumsversuche dieses Buches versehen sind, hilft dir dabei.

### Durchführung
- Stelle alle notwendigen Geräte und Chemikalien bereit.
- Beginne erst mit dem Experiment, wenn deine Lehrerin oder dein Lehrer es erlaubt.
- Halte dich exakt an die Versuchsanleitung.
- Entsorge gefährliche Stoffe nach Abschluss des Versuches sachgerecht. Auch hier hilft dir die Sicherheitsleiste.
- Reinige anschließend die benutzen Geräte, stelle sie zurück an ihren Platz. Säubere deinen Arbeitsplatz.

### Beobachtung
- Kläre zunächst, welche Beobachtungsaufträge sich aus der Fragestellung und den Arbeitsaufträgen des Versuchs ergeben.
- Skizziere den Versuchsaufbau und notiere Eigenschaften der Ausgangsstoffe wie Farbe, Aggregatzustand oder Beschaffenheit.
- Beobachte den Versuchsablauf genau. Notiere anschließend sofort jede Beobachtung. Protokolliere die Messwerte und die Eigenschaften der entstandenen Reaktionsprodukte.
- Notiere nur, was du siehst, hörst oder riechst. Deutungen und Schlussfolgerungen werden hier noch nicht angestellt. Trenne also klar die Beobachtung von der Auswertung.

### Auswertung
- Gib, soweit möglich, für alle Beobachtungen eine Erklärung an. Berücksichtige dabei die Fragestellung des Versuchs.
- Notiere, welche Stoffe entstanden sind.
- Stelle, wenn möglich, ein Reaktionsschema auf und notiere den Energieumsatz.
- Prüfe zum Schluss, ob die Ergebnisse die zentrale Frage des Versuchs beantworten. Formuliere das Ergebnis in einem abschließenden Satz.

# Richtig protokollieren

**Methode**

In den Naturwissenschaften werden Erkenntnisse aus Experimenten nur dann wissenschaftlich anerkannt, wenn die Versuche *reproduzierbar* sind, d. h. es muss sichergestellt sein, dass auch andere Wissenschaftler die Versuche durchführen können und zu den gleichen experimentellen Ergebnissen kommen. Aus diesem Grund muss jeder Versuch ganz exakt schriftlich protokolliert werden. Wissenschaftler verwenden dazu ein Labortagebuch.

Auch im Chemieunterricht werden die Versuche daher protokolliert.

### Protokoll eines Versuchs

Versuchsprotokolle im Chemieunterricht werden immer nach dem gleichen Gliederungsschema erstellt:

1. Die Versuchsüberschrift gibt die *Aufgabenstellung* oder die *Zielsetzung* des Versuchs an.
2. Eine Liste der Geräte und Chemikalien informiert über die notwendigen *Materialien*.
3. Unter *Durchführung* wird detailliert beschrieben, wie der Versuch durchgeführt wird.
4. Anschließend werden die *Beobachtungen* notiert.
5. In der *Auswertung* erklärt man die beobachteten Veränderungen. Die Auswertung schließt oft mit einem *zusammenfassenden Satz*.

**V1 Erstarrungstemperatur von Kerzenwachs**

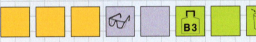

**Materialien:** Gasbrenner, Thermometer (0° bis 100°C), Becherglas (250 ml), Stoppuhr; Kerzenwachs, Eis.

**Durchführung:**
1. Setze das mit 50 ml Wasser gefüllte Becherglas auf einen Dreifuß. Fülle ein Reagenzglas 2 cm hoch mit Kerzenwachs, stelle es in das Becherglas und befestige es an einem Stativ. Gib das Thermometer in das Reagenzglas.
2. Erhitze das Wasser, bis das Thermometer im Reagenzglas 75 °C anzeigt.
3. Lösche den Brenner und gib einige kleine Stücke Eis in das Becherglas.
4. Starte die Stoppuhr und lies die Temperatur alle 30 s ab. Beobachte. Beende den Versuch bei 40 °C.

**Aufgaben:**
a) Erstelle mit den Messwerten ein Diagramm (x-Achse: Zeit; y-Achse: Temperatur).
b) Gib die Erstarrungstemperatur von Kerzenwachs an.

**Versuchsprotokoll:** Erstarrungstemperatur von Kerzenwachs

**Materialien:** Thermometer (0° bis 100 °C), Stoppuhr, ein Reagenzglas, ein Becherglas (250 ml), Stativmaterial; Dreifuß, Eisstücke, Kerzenwachs.

**Durchführung:**
1. Man gibt etwa 2 cm hoch Kerzenwachs in ein Reagenzglas.
2. Das gefüllte Reagenzglas wird so am Stativ befestigt, dass es in einem mit Wasser gefüllten Becherglas hängt, welches auf einem Dreifuß steht.
3. Danach erhitzt man die Substanz im Wasserbad vorsichtig auf 75 °C.
4. Nach Erreichen der Temperatur wird der Brenner gelöscht. Man gibt Eiswürfel in das Wasserbad und misst alle 30 s die Temperatur.
5. Zwischen den Messungen beobachtet man die Substanz.
6. Bei einer Temperatur von 40 °C wird die Messung beendet.

**Beobachtungen:** Bei 75 °C war das Kerzenwachs flüssig. Dies änderte sich nicht, bis eine Temperatur von 54 °C erreicht war. Bei 54 °C konnte man erkennen, dass das Kerzenwachs langsam fest wurde. Festes und flüssiges Kerzenwachs lagen etwa 2 min nebeneinander vor. In dieser Zeit blieb die Temperatur konstant bei 54 °C. Erst als das gesamte Kerzenwachs erstarrt war, sank die Temperatur weiter.

| Zeit in min | 0 | 0,5 | 1 | 1,5 | 2 | 2,5 | 3 | 3,5 | 4 |
|---|---|---|---|---|---|---|---|---|---|
| Temperatur in °C | 75 | 60 | 55 | 54 | 54 | 54 | 52 | 47 | 40 |

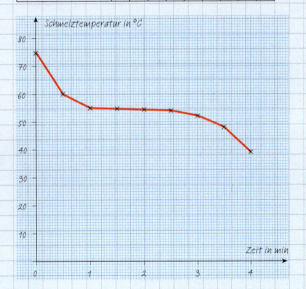

**Ergebnis:** Die Erstarrungstemperatur von Kerzenwachs beträgt etwa 54 °C.

Chemie – eine Naturwissenschaft **17**

# 2 Wir untersuchen Lebensmittel

Die Naturwissenschaft Chemie beschäftigt sich mit Stoffen und ihren Eigenschaften. Stoffe begegnen uns überall im Alltag; wir betrachten sie aber meist nur oberflächlich. Bei Stoffen, die wir essen wollen, verschaffen wir uns allerdings einen genauen Eindruck von den Stoffeigenschaften. Das Essen soll nämlich gut schmecken und riechen und schön aussehen. Auch an die Konsistenz der Speisen stellen wir Anforderungen: So soll die gekochte Nudel nicht zu hart sein, die Kartoffel keinesfalls matschig.

Schon beim Einkauf achten wir auf die Qualität von Obst und Gemüse. Während wir uns bei der Beurteilung von Lebensmitteln jedoch nur auf unsere Sinneseindrücke verlassen, verwenden Lebensmittelchemiker zusätzlich Hilfsmittel und Messgeräte.
Auch Veränderungen etwa beim Erhitzen verraten viel über den untersuchten Stoff.

Da man in der Küche viel über Stoffe erfährt, ist sie das geeignete Umfeld, um mit der Chemie zu beginnen.

Zentrale Fragen:
- Welche Stoffeigenschaften gibt es?
- Wie kann man einen Stoff identifizieren?
- Wie sind Stoffe aufgebaut?
- Was geschieht, wenn man einen Stoff erwärmt?
- Wodurch unterscheiden sich Aggregatzustände?

## 2.1 Eigenschaften von Lebensmitteln

*Beobachten von Stoffeigenschaften: Farbe, Beschaffenheit, Geruch, Geschmack.*

Beim Einkauf eines Lebensmittels muss man sich für das Angebot eines Händlers entscheiden. Dabei ist es nicht leicht, das Richtige auszuwählen. Anhand einiger Eigenschaften kann man die Qualität des Lebensmittels erkennen, beispielsweise ob das Fleisch frisch oder die Früchte reif sind. Dabei spielen vor allen Dingen Farbe, Geruch und Geschmack eine große Rolle.

**Farbe.** Viele Früchte wie Erdbeeren oder Tomaten sind im unreifen Zustand grün, im reifen Zustand dagegen rot. Bei der Reifung verändern sich die in den Früchten enthaltenen Farbstoffe. Anhand dieser Farbunterschiede kann man darauf schließen, wie die Früchte schmecken.
Für das Farbensehen gibt es im Auge drei verschiedene Sinneszellen, die bevorzugt die Farben Rot, Blau und Grün wahrnehmen. Durch Mischung der Sinneseindrücke für Rot, Blau und Grün entsteht im Gehirn der jeweilige Farbeindruck.

**Geruch.** Teetrinker können ihren Lieblingstee am charakteristischen Geruch erkennen. Auch ungeübten Teetrinkern gelingt es, typische Gerüche der verschiedenen Bestandteile eines Früchtetees wahrzunehmen. Auch kann man anhand des Geruchs feststellen, ob ein bestimmtes Lebensmittel unreif, reif, überreif oder faulig ist.
Es gibt tausende unterschiedliche Gerüche. Sie gelangen über die Atemluft an die Sinneszellen der Nasenschleimhaut. Die dort entstehenden Erregungen gelangen dann zum Gehirn.

**Geschmack.** Lebensmittel haben einen charakteristischen Geschmack. So lässt sich Honig leicht an seinem süßen Geschmack erkennen; Zitronensaft schmeckt dagegen sauer. Beim Schmecken gelangen die Geschmacksträger zu den Sinneszellen auf der Zunge. Der Mensch kann fünf Geschmacksqualitäten wahrnehmen: Süß, sauer, salzig, bitter und fleischig/herzhaft. Aber erst durch die Kombination dieser verschiedenen Sinneseindrücke mit den Geruchswahrnehmungen kommt es zu typischen Geschmacksnoten der einzelnen Lebensmittel.

Farbe, Geruch und Geschmack sind erste Sinneseindrücke von Lebensmitteln. Anhand dieser Eigenschaften kann man sich zwar ein Bild von der Qualität der Lebensmittel machen. Doch oftmals enthalten Lebensmittel unterschiedliche Bestandteile. Da reicht dieser erste Eindruck nicht aus, um die Bestandteile, die sich in den Lebensmitteln befinden, zu identifizieren. Dazu bedarf es weiterer Untersuchungen.

> Viele Lebensmittel erkennt man an ihrer Farbe, ihrem Geruch oder ihrem Geschmack. Dabei erhält man durch Beobachten einen ersten Sinneseindruck von ihrer Qualität.

**1** Auf einem Wochenmarkt ist es häufig möglich, Obst und Gemüse in die Hand zu nehmen, daran zu riechen und manchmal auch zu kosten. Begründe.
**2** Informiere dich in einem Biologiebuch, in welchen Bereichen der Zunge die einzelnen Geschmacksqualitäten bevorzugt wahrgenommen werden. Überprüfe die Informationen, indem du vor einem Spiegel einen Zuckerkristall, einen Tropfen Zitronensaft und einen Salzkristall auf verschiedene Stellen deiner Zunge bringst.
*Experimentelle Hausaufgaben:*
**3** Untersuche eine Probe Brausepulver mit einer Lupe.
**a)** Wie viele Arten von Kristallen erkennst du?
**b)** Prüfe die einzelnen Kristall-Arten auf ihren Geschmack.
**c)** Gib einen Wassertropfen sowohl auf die einzelnen Kristallarten als auch auf eine Probe des Brausepulver-Gemischs. Notiere deine Beobachtungen.
**4** Untersuche Essig, Salatöl, Mineralwasser und Apfelsaft. Beschreibe Farbe, Geruch und Geschmack. Notiere deine Beobachtungen in Form einer Tabelle.

## 2.2 Stoffe und ihre Eigenschaften

*süße Lebensmittel*

*saure Lebensmittel*

Viele Lebensmittel lassen sich anhand von Farbe, Geruch und Geschmack voneinander unterscheiden. Manche Lebensmittel stimmen in einer Eigenschaft überein, obwohl sie sonst sehr unterschiedlich sind. So schmecken sowohl Bonbons, Limonade als auch Zuckerrübensirup süß. Man kann vermuten, dass der süße Geschmack durch ein und denselben Bestandteil hervorgerufen wird. Tatsächlich ist in diesen Lebensmitteln Zucker enthalten.

Die typischen Eigenschaften von Zucker sind:
- schmeckt süß
- ist ein weißer, kristalliner Feststoff
- löst sich gut in Wasser
- schmilzt beim Erhitzen und wird dann braun

So wie Zucker oft Bestandteil von süßen Lebensmitteln ist, findet man Essigsäure häufig in sauren Lebensmitteln. Bekannte Beispiele sind saure Gurken, sauer eingelegter Fisch oder Sauerbraten.
Reine Essigsäure ist ätzend und darf nicht verzehrt werden. Essigsäure lässt sich jedoch gut mit Wasser mischen. Eine Mischung mit 25 % Essigsäure wird als Essigessenz bezeichnet und ist immer noch gefährlich. Sie ist daher nicht zum Verzehr geeignet. Ein Gemisch mit etwa 5 % Essigsäure auf 20 Teile Wasser wird als Speiseessig in jeder Küche verwendet. So verdünnter Speiseessig ist nicht mehr ätzend und dient als Würzmittel. Da Speiseessig Mikroorganismen abtötet, wird er auch als Konservierungsstoff genutzt.

Typische Eigenschaften der Essigsäure sind:
- schmeckt sauer Geschmack
- ist eine farblose Flüssigkeit
- löst sich leicht in Wasser
- verdampft beim Erhitzen
- wirkt ätzend
- wirkt desinfizierend

Solche Bestandteile wie Zucker oder Essigsäure bezeichnen Chemiker als Stoffe. Ein Stoff ist durch eine Reihe verschiedener Eigenschaften gekennzeichnet. Die Kombination dieser Eigenschaften ist wie eine Art Ausweis oder Fingerabdruck für den jeweiligen Stoff, an dem man ihn immer wieder erkennen kann.

> Stoffe werden durch eine bestimmte Kombination von Eigenschaften charakterisiert. Anhand dieser Eigenschaften lässt sich jeder Stoff identifizieren.

**1** Vergleiche die charakteristischen Stoffeigenschaften von Zucker und Essigsäure miteinander.
**2 a)** Sage anhand von Farbe, Geruch und Geschmack voraus, welche Stoffe in Tomatenketchup enthalten sind.
**b)** Vergleiche die Voraussage mit den auf dem Etikett angegebenen Inhaltsstoffen.
**3** Im Chemieunterricht sind Geschmacksproben verboten. Begründe diese Maßnahme.
**4** Bei Geruchsproben wird die Luft vorsichtig der Nase zugefächelt. Erläutere den Sinn dieser Vorgehensweise.

*So prüft man den Geruch von Chemikalien*

Wir untersuchen Lebensmittel

# Untersuchung von Stoffen

**Praktikum**

### V1: Untersuchung weißer Pulver

Viele pulverförmige Stoffe sind weiß. Vom Aussehen her kann man sie kaum unterscheiden. Anhand ihrer unterschiedlichen Stoff-eigenschaften können sie durch die Kombination mehrerer Untersuchungen eindeutig identifiziert werden.

*Materialien:* Bechergläser (150 ml), Spatel, Glasstäbe, Leitfähigkeitsprüfer mit Glühlämpchen, Teelöffel, Kerze; Natron, Zitronensäure (Xi), Gips, Kochsalz, Zucker, Universalindikator.

*Durchführung:*
*Löslichkeit:*
1. Fülle 100 ml Wasser in ein Becherglas.
2. Gib einen Spatel Natron dazu und rühre mit einem Glasstab um, bis sich der Stoff gelöst hat.
3. Gib weitere Spatel Natron hinzu, bis sich nichts mehr löst.
4. Wiederhole den Versuch mit den anderen Stoffen. Beende die Zugabe nach maximal fünf Portionen.

*Hinweis:* Die Stoffportionen, die du zugibst, sollten alle möglichst gleich groß sein.

*Verhalten gegenüber Universalindikator:*
1. Gib zu den Lösungen aus dem Versuch zur Löslichkeit einige Tropfen Universalindikator und achte dabei auf Farbänderungen.

*Elektrische Leitfähigkeit:*
1. Halte die Prüfspitzen in die Natron-Lösungen und beobachte, ob und wie stark das Lämpchen leuchtet.
2. Wiederhole den Versuch mit den Lösungen der anderen Stoffe.

*Hinweis:* Spüle die Prüfspitzen des Leitfähigkeitsprüfers nach jeder Prüfung sorgfältig mit Wasser ab.

*Verhalten beim Erhitzen:*
1. Erhitze Natron auf dem Teelöffel über einer Kerzenflamme und beobachte, ob es sich verändert.
2. Wiederhole den Versuch mit den anderen Stoffen.

*Hinweis:* Achte besonders auf die Entstehung von Gasen und die Verfärbung der Stoffe.

*Verhalten gegenüber Zitronensäure-Lösung:*
1. Gib zu den vier festen Stoffen (Gips, Natron, Kochsalz, Zucker) tropfenweise Zitronensäure-Lösung aus dem Versuch zur Löslichkeit.

*Aufgaben:*
a) Notiere deine Beobachtungen jeweils in einer Tabelle.
b) Fasse die Tabellen der Beobachtungen aller Einzelversuche in einer gemeinsamen Tabelle zusammen.
c) Vergleiche diese Tabelle mit denen anderer Gruppen und entscheide, ob du Versuche wiederholen musst.
d) Beurteile, ob sich aufgrund der Versuchsergebnisse die Stoffe eindeutig voneinander unterscheiden lassen.
e) Erläutere, wie du jeden Stoff von den anderen unterscheiden kannst.
f) Informiere dich über die Eigenschaften der Stoffe.
g) Schreibe einen kurzen Steckbrief zu den einzelnen Stoffen. Gib in dem Steckbrief auch an, wo man die Stoffe im Alltag verwendet und welche Stoffeigenschaften dabei genutzt werden.

### V2: Vergleich der Dichten von Speiseöl und Wasser

*Materialien:* 2 Standzylinder, Reagenzglasklammer, Aräometer ($0{,}75 \frac{g}{ml}$ bis $1{,}00 \frac{g}{ml}$), Folienstift; Brennspiritus (F), Speiseöl.

*Durchführung:*
1. Fülle einen Standzylinder zu drei Vierteln mit Wasser, den zweiten zu drei Vierteln mit Spiritus.
2. Lass die Reagenzglasklammer in das Wasser sinken und markiere die Eintauchtiefe mit dem Folienstift.
3. Wiederhole den Versuch mit Speiseöl.
4. Wiederhole beide Versuche mit dem Aräometer.

*Aufgabe:* Notiere alle Beobachtungen und Messwerte.

### V3: Fettfleckprobe

*Materialien:* Filtrierpapier, Mörser und Pistill; Wasser, Heptan (F, Xn, N), Speiseöl, Pflanzensamen (zum Beispiel Sonnenblumenkerne, Apfelkerne, Walnusskerne).

*Durchführung:*
1. Gib je einen Tropfen Wasser und Speiseöl auf ein Blatt Papier. Vergleiche die Blätter nach fünf Minuten.
2. Zerreibe die Pflanzensamen unter Zugabe von etwas Heptan. Gib einen Tropfen der Lösung auf ein Blatt Papier. Vergleiche alle Blätter nach fünf Minuten.

*Aufgaben:*
a) Notiere deine Beobachtungen.
b) Erkläre die unterschiedlichen Versuchsergebnisse für Wasser und für Speiseöl.
c) Erläutere das Versuchsergebnis für die Pflanzensamen.
d) Nenne fünf Nahrungsmittel, für die die Fettfleckprobe positiv ausfallen würde.

Wir untersuchen Lebensmittel

## 2.3 Untersuchung von Stoffen

*Löslichkeit in Wasser: Zucker, Kochsalz, Natron*

*Elektrische Leitfähigkeit einer Zucker-Lösung*

Neben Farbe, Geruch und Geschmack spielen bei der Untersuchung von Stoffen auch andere Eigenschaften eine wichtige Rolle. Zu ihnen gehören die Löslichkeit in Wasser und in Benzin, das saure und alkalische Verhalten, die Leitfähigkeit von Strom und von Wärme, die Schmelztemperatur, die Siedetemperatur oder die Zersetzungstemperatur und die Dichte. Diese Eigenschaften lassen sich nicht einfach beobachten: Zu ihrer genauen Untersuchung benötigt man Hilfsmittel.

**Löslichkeit.** Viele Stoffe lösen sich in Wasser. Salz und Zucker sind bekannte Beispiele. Es gibt aber auch Stoffe, die nicht in Wasser löslich sind, sich dafür aber in Waschbenzin gut lösen. Beispiele für benzinlösliche Stoffe sind Speiseöl und Fett. Die unterschiedliche Löslichkeit in Wasser und Benzin hilft, Stoffe zu erkennen.
Die Löslichkeit eines Stoffes ist eine wichtige Stoffeigenschaft. Bei der Löslichkeit gibt man die Masse eines Stoffes an, die sich in 100 Gramm eines Lösemittels löst. Da Wasser ein häufig gebrauchtes Lösemittel ist, untersucht man häufig die Löslichkeit in Wasser: So lösen sich etwa 200 g Zucker in 100 g Wasser, dagegen nur 36 g Kochsalz und sogar nur 10 g Backpulver.

Wenn beim Lösen eines Feststoffes ein nicht weiter löslicher Rückstand zurückbleibt, erhält man eine *gesättigte Lösung*. Durch Erhöhung der Temperatur kann der Rückstand in vielen Fällen aufgelöst werden, da die Löslichkeit vieler Feststoffe mit der Temperatur steigt. Bei Gasen allerdings sinkt die Löslichkeit mit steigender Temperatur. Da sich die Löslichkeit mit der Temperatur ändert, muss man bei der Angabe der Löslichkeit eines bestimmten Stoffes auch die zugehörige Temperatur angeben, für die dieser Wert gilt.

**Saures und alkalisches Verhalten.** Einige Lebensmittel enthalten Stoffe, die sauer schmecken. Solche sauren Lösungen sind Essig oder Zitronensaft. In diesen Lösungen sind Stoffe enthalten, die der Chemiker Säuren nennt. Isst man Brausepulver, erkennt man eine Wirkung dieser Säuren: Die Zahnflächen fühlen sich stumpf an, weil Säuren ätzend wirken. In kleinen Wunden sorgen Säuren so für ein Brennen. Die Schmerzen bei Bissen von Ameisen oder Stichen von Brennnesseln sind auf die Ameisensäure zurückzuführen. Als Hausmittel gegen solche Schmerzen werden Seifenlauge oder Salmiakgeist verwendet. Diese Lösungen werden alkalisch genannt. Die meisten Lösungen sind weder sauer noch alkalisch sondern neutral, wie Trinkwasser, Kochsalz-Lösung oder Zucker-Lösung.

Um saure oder alkalische Lösungen erkennen zu können, verwendet man sogenannte Indikatoren (lat. *indicare:* anzeigen). Indikatoren sind Stoffe, die durch Farbänderungen anzeigen, ob eine Lösung sauer, neutral oder alkalisch ist. Ein solcher Indikator ist Rotkohlsaft. In Gegenwart einer sauren Lösung wird er intensiv rot, in alkalischer Lösung verfärbt er sich blau. Im Labor verwendet man stattdessen oft einen Universalindikator. Mit ihm lassen sich noch genauere Aussagen machen.

*Farbskala eines Universalindikators*

22  Wir untersuchen Lebensmittel

**Wärmeleitfähigkeit.** Töpfe und Pfannen werden häufig aus Metallen hergestellt, die als gemeinsame Eigenschaft eine gute Wärmeleitfähigkeit haben. So wird die Hitze des Herdes beim Kochen gut auf die Speise übertragen. Die Griffe der Töpfe oder Pfannen sind dagegen häufig aus Kunststoff oder aus Holz. Diese sind schlechte Wärmeleiter. Beim Anfassen dieser Griffe verbrennt man sich daher nicht die Finger. Für heiße Getränke nimmt man Tassen aus Porzellan oder Gläser: Auch Porzellan und Glas sind schlechte Wärmeleiter. Diese Materialien halten die Getränke in den Tassen heiß und werden außen nicht zu warm.

**Elektrische Leitfähigkeit.** Metalle sind nicht nur gute Wärmeleiter, sie leiten auch gut den elektrischen Strom. Elektrokabel bestehen deshalb aus Metallen wie Kupfer. Die elektrische Leitfähigkeit lässt sich einfach durch Anlegen eines Stromkreises mit einer Glühlampe feststellen: Bei allen Metallen leuchtet dabei die Glühlampe. Auch bei einer Kochsalz-Lösung beginnt die Lampe zu leuchten; diese Lösung gehört also auch zu den elektrischen Leitern. Das gilt ebenso für Leitungswasser, da darin salzartige Stoffe gelöst sind. Bei der Prüfung von destilliertem Wasser leuchtet die Lampe dagegen nicht: Destilliertes Wasser ist also ein Nichtleiter. Stoffe, die den elektrischen Strom nicht leiten, werden Isolatoren genannt. Zu den Isolatoren gehören Zucker-Lösungen, aber auch Kunststoff oder Holz.

> Löslichkeit, saure und alkalische Eigenschaften einer Lösung, Wärmeleitfähigkeit sowie elektrische Leitfähigkeit sind charakteristische Stoffeigenschaften. Sie lassen sich durch experimentelle Untersuchungen bestimmen.

**1** Gib vier Stoffe an, die den elektrischen Strom leiten; nenne vier Stoffe, die Isolatoren sind.
**2** Wenn man ein Stück Holz und ein Stück Metall bei Raumtemperatur anfasst, hat man das Gefühl, das Metall sei kälter. Erkläre diese Beobachtung.
**3** Erläutere mit eigenen Worten den Umgang mit elektrischen Geräten im Badezimmer mithilfe deiner Kenntnisse über die elektrische Leitfähigkeit von Leitungswasser.
**4** In heißen Sommern sterben Fische häufig an Sauerstoffmangel im Wasser. Erkläre dieses Phänomen.

## Nachweis von Stoffeigenschaften

**Exkurs**

Chemische Verfahren, mit denen man Stoffe identifizieren kann, bezeichnet man als Nachweise. Damit kann man zeigen, ob ein Stoff in einer Probe vorhanden ist. Über dessen Menge lassen sich dagegen damit kaum Aussagen machen.

Viele Nachweise beruhen auf Farbänderungen. Damit kann man auch Nährstoffe in Lebensmitteln nachweisen. Solche Stoffe sind beispielsweise Zucker, Stärke oder Fett. Aber auch für viele andere Stoffe gibt es Nachweise.

### Glucoseteststäbchen
Mit Glucoseteststäbchen kann man Zucker im Urin nachweisen. Auf den Teststäbchen befinden sich Stoffe, die bereits kleinste Mengen an Zucker anzeigen. Dabei ändert sich die Farbe des Stäbchens von gelb nach grün oder blau. Dieser Nachweis wird in der Medizin verwendet, um die Zuckerkrankheit (Diabetes mellitus) zu erkennen.

### Stärkenachweis
Lebensmittel wie Kartoffeln oder Getreideprodukte enthalten Stärke. Sie gehört zu den wichtigsten Nährstoffen. Im reinen Zustand ist Stärke ein weißes, geruchloses und geschmackloses Pulver. Zum Nachweis von Stärke tropft man eine braune Iod/Kaliumiodid-Lösung auf eine Probe: bei Anwesenheit von Stärke ändert sich die Farbe zu blau-schwarz.

### Fettnachweis
Fette sind in vielen Lebensmitteln, in Kosmetika und anderen Alltagsprodukten enthalten. Mit der Fettfleckprobe lassen sich Fette nachweisen: Dazu werden sie mithilfe eines Lösemittels aus der zu untersuchenden Probe gelöst. Die Lösung wird auf ein Blatt Papier getropft. Das Lösemittel verdampft und zurück bleibt ein charakteristischer Fettfleck.

Wir untersuchen Lebensmittel

## 2.4 Aggregatzustände

Eine wichtige Eigenschaft von Stoffen ist, ob sie fest, flüssig oder gasförmig sind. Von Wasser kennen wir alle drei Zustandsformen: Festes Eis, flüssiges Wasser und Wasserdampf sind die unterschiedlichen **Aggregatzustände** des gleichen Stoffes Wasser. Bei 25 °C ist Wasser flüssig, bei –25 °C jedoch fest. Mit der Temperatur ändert sich also der Aggregatzustand eines Stoffes.

**Aggregatzustandsänderung.** Nimmt man einen Eiswürfel aus dem Gefrierfach, hat er eine Temperatur von etwa –20 °C. Außerhalb des Gefrierfaches steigt die Temperatur langsam an. Bei 0 °C beginnt der Eiswürfel zu *schmelzen*. Es bildet sich flüssiges Wasser. Kühlt man das Wasser ab, *erstarrt* es bei 0 °C wieder zu Eis.
Wird das Wasser erwärmt, so steigt seine Temperatur an. Bei 100 °C bilden sich Blasen aus Wasserdampf im Inneren des Wassers: Das Wasser *siedet* und *verdampft*. Dabei geht es in den gasförmigen Zustand über. Kühlt man Wasserdampf ab, so *kondensiert* er wieder zu flüssigem Wasser.

Hängt man bei Frost nasse Wäsche auf die Leine, so gefriert zunächst das Wasser zu Eis. Etwas später ist die Wäsche aber dennoch trocken: Das Eis ist direkt in den gasförmigen Aggregatzustand übergegangen, ohne dass sich flüssiges Wasser gebildet hat. Diesen direkten Übergang vom festen in den gasförmigen Zustand nennt man S*ublimation*. Der umgekehrte Vorgang heißt *Resublimation*: Bei Frost bildet sich an nebligen Tagen oft Raureif: Aus dem Wasserdampf der Luft entsteht dabei auf direktem Weg Eis.

**Schmelztemperatur und Siedetemperatur.** Wasser schmilzt bei der gleichen Temperatur, bei der es auch erstarrt: Die *Schmelztemperatur* 0 °C entspricht also der *Erstarrungstemperatur*. Dies gilt für alle anderen Stoffe. Auch der Dampf eines Stoffes kondensiert bei der gleichen Temperatur, bei der die Flüssigkeit siedet. Man spricht hier von der *Siedetemperatur*.
Schmelztemperaturen und Siedetemperaturen sind wichtige Stoffeigenschaften. Ihre Daten werden in Tabellenwerken gesammelt und erlauben den Vergleich und die Identifikation verschiedener Stoffe.

Nicht alle Feststoffe lassen sich in den flüssigen Zustand überführen: Eiweißstoffe zersetzen sich beim Erwärmen schnell unter Bildung einer schwarzen Substanz ohne dabei zu schmelzen. Auch Zucker wird beim Erhitzen braun. In Tabellen findet man dann keine Schmelztemperatur sondern die *Zersetzungstemperatur*.

> Stoffe können fest, flüssig und gasförmig auftreten. Mit der Bestimmung der Schmelztemperatur und der Siedetemperatur können Stoffe identifiziert werden.

**1** Nenne die drei Aggregatzustände beim Wasser.
**2** Gib an, welche Beobachtungen beim Sieden einer Flüssigkeit zu machen sind.
**3** Auf einer heißen Herdplatte tanzen Wassertropfen. Erkläre diese Beobachtung.
**4** Informiere dich, wie die Temperaturskala von Anders CELSIUS festgelegt wurde. Gib an, welche Rolle dabei Schmelztemperatur und Siedetemperatur spielen.
**5** Beschreibe Erscheinungen aus dem Alltag mit den Begriffen Schmelzen, Erstarren, Sieden, Kondensieren, Sublimieren und Resublimieren.
**6** Sitzt man in einem kalten Auto, beschlagen oft die Fensterscheiben. Stellt man die warme Lüftung an, so wird die Scheibe wieder klar. Erkläre.

---

| Methode | **Bestimmung der Schmelztemperatur** ☆ |

Die Erstarrungstemperatur lässt sich meist genauer bestimmen als die Schmelztemperatur. Dazu wird die Substanz in einem Reagenzglas geschmolzen. Danach lässt man den Stoff abkühlen und misst in bestimmten Zeitabständen die Temperatur. Bleibt die Temperatur über eine gewisse Zeit konstant, hat man die Erstarrungstemperatur erreicht. Bei dieser Methode benötigt man aber größere Stoffproben. Geringere Mengen können auch direkt auf dem Thermometer mit dem Gasbrenner erwärmt werden. Hier wird die Temperatur abgelesen, wenn die Stoffprobe schmilzt.

24 Wir untersuchen Lebensmittel

## 2.5 Dichte

Kauft man eine Tüte Brötchen und eine gleichgroße Tüte Äpfel, merkt man schnell, dass die Tüte Äpfel bedeutend schwerer ist. Natürlich ist aber ein Kilogramm Brötchen genauso schwer wie ein Kilogramm Äpfel. Allerdings nimmt ein Kilogramm Brötchen ein größeres Volumen ein als ein Kilogramm Äpfel. Schneiden wir Brötchen und Äpfel auf, wird schnell klar, dass das Fruchtfleisch eines Apfels dichter gepackt ist als der Teig eines Brötchens. Man sagt, der Apfel hat eine größere Dichte als das Brötchen.

In der Naturwissenschaft versteht man unter der Dichte $\varrho$ (rho) den Quotienten aus der Masse und dem Volumen einer Stoffportion:

$$\text{Dichte} = \frac{\text{Masse}}{\text{Volumen}} \qquad \varrho = \frac{m}{V}$$

Die Dichte wird meist in der Einheit $\frac{g}{cm^3}$ angegeben. Gase haben allerdings eine so geringe Dichte, dass man hier die Einheit $\frac{g}{l}$ verwendet. Das betrachtete Volumen ist hier tausendmal größer als das bei Feststoffen und Flüssigkeiten.

Die Dichte wird zum Beispiel zur Qualitätskontrolle bei Nahrungsmitteln genutzt. Alte Hühnereier schwimmen aufgrund ihrer geringeren Dichte im Wasser, frische Eier dagegen sinken zu Boden. Auch der Zuckergehalt in Fruchtsäften wird über die Dichte bestimmt: Je mehr Zucker im Saft gelöst ist, desto größer ist die Dichte.

**Einfluss von Temperatur und Druck.** Die Dichte eines Stoffes hängt von der Temperatur ab: Mit steigender Temperatur dehnen sich die Stoffe aus, ihr Volumen nimmt also zu; die Dichte wird kleiner.
Die Dichte ist eine charakteristische Stoffeigenschaft wie die Siedetemperatur oder die Schmelztemperatur. Man muss aber zur Dichte die Temperatur angeben, für die der Wert gilt. Zur Vereinheitlichung wählt man hier meist eine Temperatur von 25 °C.

Bei Gasen hängt die Dichte zusätzlich noch vom Druck ab: Eine Gasportion wird bei Druckerhöhung zusammengepresst. Das Volumen nimmt ab, die Dichte steigt entsprechend. In Tabellen wird die Dichte von Gasen deshalb immer für den normalen Luftdruck von 1000 Hektopascal (hPa) angegeben.

> Die Dichte eines Stoffes ist der Quotient aus Masse und Volumen. Die Dichte hängt von der Temperatur und bei Gasen auch vom Druck ab.

**1** 20 ml Olivenöl wiegen 18,4 g. Berechne die Dichte.
**2** Die Dichte von Gold beträgt 19,3 $\frac{g}{cm^3}$. Berechne die Masse eines Goldstückes mit dem Volumen 4 cm³.
**3 a)** Ein leerer Messzylinder wiegt 82,2 g. Nachdem er mit 60 cm³ Alkohol gefüllt wurde, zeigt die Waage 128,4 g an. Berechne die Dichte von Alkohol.
**b)** Vergleiche mit dem Literaturwert von Ethanol. Erkläre die Abweichung.
**4** Für die Verpackung von Lebensmitteln werden unterschiedliche Materialien genutzt. Brötchen kauft man in dünnen Papiertüten, Obst hingegen oft in reißfesten Kunststofftüten. Erkläre dies.
**5** Ballonfahrer unterscheiden zwischen Heißluftballons und Heliumballons. Erkläre, weshalb beide Ballontypen aufsteigen und in der Luft schweben.
*Experimentelle Hausaufgaben:*
**6** Stelle je einen Würfel aus Knetmasse und aus Wachs mit einem Volumen von 10 cm³ her. Bestimme die Dichten.
**7** Ermittle die Dichten von Cola und von Cola light, indem du jeweils ein bestimmtes Volumen abmisst und diese Portionen auswiegst. Erkläre den Dichteunterschied.

---

## Bestimmung der Dichte ☆    Methode

**Bestimmung der Dichte von Kupfer**

*Bestimmung der Masse m:*

*Ergebnis: m = 98,6 g*

*Berechnung der Dichte $\varrho$:*
$m = 98,6$ g
$V = 11$ cm³

$\varrho = \frac{m}{V} = \frac{98,6 \text{ g}}{11 \text{ cm}^3} = 8,96 \frac{g}{cm^3}$

*Ergebnis:* Kupfer hat die Dichte 8,96 $\frac{g}{cm^3}$.

$\varrho$ (Kupfer) = 8,96 $\frac{g}{cm^3}$

*Bestimmung des Volumens V:*

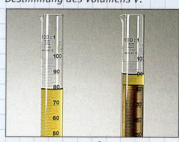

*Ergebnis: V = 11 cm³*

# 2.6 Stoffe steckbrieflich gesucht

Viele Stoffe, die in der Küche verwendet werden, sehen gleich aus oder riechen ähnlich. So sind Zucker und Salz weiß und geruchlos. Untersucht man diese Stoffe aber näher, stellt man fest, dass sie sich in vielen anderen Eigenschaften unterscheiden. Einige wichtige Eigenschaften nutzt man für die Einteilung von ähnlichen Stoffen zu **Stoffgruppen.** Eine mögliche, noch unvollständige Einteilung ist: Metalle, salzartige Stoffe, fettähnliche Stoffe und saure oder alkalische Stoffe.

**Metalle.** In einem kompakten Stück haben alle Metalle einen typischen metallischen Glanz. Sie sind plastisch verformbar und besitzen eine gute Leitfähigkeit für Wärme und für den elektrischen Strom.

*Beispiele:* Eisen, Silber, Kupfer

**Salzartige Stoffe.** Spröde Feststoffe von großer Härte bezeichnet man als salzartige Stoffe oder als Salze. Sie leiten im festen Zustand den elektrischen Strom nicht. Als Schmelze oder in Lösung dagegen sind sie elektrische Leiter. Salze besitzen meist hohe Schmelztemperaturen.

*Beispiele:* Kochsalz, Natron

**Fettähnliche (lipophile) Stoffe.** Einige feste oder flüssige Stoffe sind nicht in Wasser, aber gut in Benzin löslich. Sie werden als fettähnlich oder lipophil bezeichnet. Fettähnliche Stoffe haben meist niedrige Schmelztemperaturen und leiten den elektrischen Strom nicht.

*Beispiele:* Kokosfett, Wachs, Paraffinöl

**Saure oder alkalische Stoffe.** Einige Stoffe sind gut in Wasser löslich und leiten in wässriger Lösung den elektrischen Strom. Indikatoren werden durch diese Stoffe charakteristisch gefärbt.

*Beispiele:* Essigsäure, Zitronensäure, Seifenlauge

Nicht nur in der Küche findet man Stoffe, die man nicht sofort identifizieren kann. Hat man aber eine Stoffprobe einer Stoffgruppe zuordnen können, so ist die Zahl der in Frage kommenden Stoffe bereits stark eingeschränkt. Weitere Informationen, um den unbekannten Stoff endgültig zu identifizieren, kann man Eigenschaftstabellen entnehmen.

Gibt es einen Verdacht, um welchen Vertreter der Stoffgruppe es sich handelt, hilft auch ein **Steckbrief** weiter. Bei Steckbriefen in der Fahndung nach verdächtigen Personen gibt man Maße wie Gewicht oder Größe sowie die Farben der Haare und Augen an. Dazu gibt es Informationen über den Charakter des Verdächtigen wie „macht schnell von der Schusswaffe Gebrauch". Auch über die Gegend, in der sich der Verdächtige häufig aufhält, wird informiert. Natürlich darf ein Foto oder eine Zeichnung nicht fehlen. Ganz ähnlich sind Steckbriefe für Stoffe zusammengestellt: Man findet neben dem Foto eine Angabe zur Farbe des Stoffes und Messgrößen wie Schmelztemperatur und Dichte. Dazu wird beispielsweise mit der Löslichkeit auch das Verhalten des Stoffes beschrieben. Angaben zum Vorkommen oder zur Verwendung des Stoffes ergänzen den Steckbrief.

Um den noch unbekannten Stoff zu identifizieren, sucht man sich unter den Angaben eine Eigenschaft heraus, die man leicht und genau bestimmen kann. Stimmt das Versuchsergebnis mit der Angabe überein, hat man den Stoff identifiziert.

> Ähnliche Stoffe lassen sich aufgrund ihrer gemeinsamen Eigenschaften in Stoffgruppen zusammenfassen. Steckbriefe und Eigenschaftstabellen helfen Stoffe zu identifizieren.

**1** Begründe die Zuordnung der Beispiele zu Stoffgruppen.
**2** Ordne möglichst viele von den in der Tabelle angegebenen Substanzen den Stoffgruppen zu.
**3** Erläutere anhand von Beispielen, warum man Fette nicht mit fettartigen Stoffen verwechseln darf. Zeige dieses Problem auch bei anderen Stoffgruppen auf.

| Stoff | Elektrische Leitfähigkeit Feststoff | Löslichkeit in Wasser | Elektrische Leitfähigkeit in Lösung | Farbe der Universalindikator-Lösung | Löslichkeit in Benzin | Schmelztemperatur | Zersetzungstemperatur |
|---|---|---|---|---|---|---|---|
| Eisen | sehr gut | keine | – | – | keine | 1535 °C | |
| Kochsalz | keine | gut | gut | keine Änderung | keine | 801 °C | |
| Kerzenwachs | keine | keine | – | – | gut | 54 °C | |
| Natron | keine | gut | gut | keine Änderung | keine | – | 50 °C |
| Zitronensäure | keine | gut | gut | rot | keine | 153 °C | |

*Stoffe und ihre Eigenschaften*

## Steckbrief: Kochsalz

Farbe: weiß
schwach glänzend
Dichte: 2,16 $\frac{g}{cm^3}$
schmilzt bei 801 °C
siedet bei 1465 °C
Löslichkeit: 35,8 g
in 100 g Wasser (20 °C)
in Benzin unlöslich
als Feststoff elektrisch nicht leitend
in Lösung elektrisch leitend
Indikatorverfärbung: keine

Die bekannteste Eigenschaft des Kochsalzes ist der salzige Geschmack: Es wird deshalb zum Würzen von Speisen verwendet. Kochsalz ist auch als Konservierungsmittel geeignet. So können Fisch oder Gurken in Salzlösung eingelegt und haltbar gemacht werden, Fleisch wird mit Kochsalz eingerieben.

## Steckbrief: Eisen

Farbe: silbrig
glänzend
Dichte: 7,9 $\frac{g}{cm^3}$
schmilzt bei 1535 °C
siedet bei 2860 °C
Löslichkeit: in Wasser unlöslich
in Benzin unlöslich
als Feststoff elektrisch leitend
Indikatorverfärbung: keine

Schon früh haben die Menschen Eisen aus Eisenerz hergestellt und es wegen seiner Widerstandsfähigkeit als Gebrauchsmetall geschätzt.
Heute wird Eisen mit anderen Metallen zu Stahl veredelt. Für Kochtöpfe zum Beispiel wird Edelstahl verwendet, der auch bei Kontakt mit Wasser kaum rostet.

## Steckbrief: Zitronensäure

Farbe: weiß
schwach
glänzend
Dichte: 1,66 $\frac{g}{cm^3}$
schmilzt bei 153 °C
zersetzt sich
bei 175 °C
Löslichkeit: 60,5 g
in 100 g Wasser (20 °C)
in Benzin unlöslich
als Feststoff elektrisch nicht leitend
in Lösung elektrisch leitend
Indikatorverfärbung: rot

Zitronensäure befindet sich nicht nur im Saft von Zitronen, sondern auch im Fruchtfleisch vieler anderer Früchte.
Sie kann als Säuerungsmittel für Speisen und Getränke genutzt werden und ist beispielsweise in Brausepulver enthalten. Weiterhin wird Zitronensäure auch als Reinigungsmittel zur Kalkentfernung verwendet.

Wir untersuchen Lebensmittel

## Praktikum — Einteilung von Stoffen

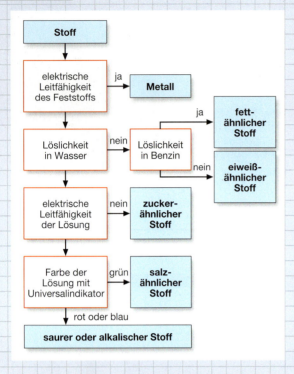

### V1: Identifizierung mithilfe der Schmelztemperatur

**Materialien:** Großes Reagenzglas mit doppelt durchbohrtem Stopfen, Thermometer, Gasbrenner
Probe aus der Gruppe der sauren Stoffe (Xi).

#### Durchführung:
1. Spanne das Reagenzglas waagerecht in das Stativ.
2. Schiebe das Thermometer durch eine Bohrung des Stopfens.
3. Gib eine kleine Menge der Probe auf die Kugel des Thermometers und verschließe das Reagenzglas vorsichtig mit dem Stopfen, so dass die Probe auf dem Thermometer liegen bleibt.
4. Erwärme das Reagenzglas unter der Thermometerkugel vorsichtig. Beobachte dabei die Probe genau und miss die Temperatur, bei der die Probe schmilzt.

**Aufgabe:** Identifiziere die Probe.

| Stoff | Smt | Stoff | Smt |
|---|---|---|---|
| Essigsäure | 16 | Ascorbinsäure (Zers.) | 192 |
| Mandelsäure (D, L) | 119 | Zitronensäure (Hydrat) | 100 |
| Benzoesäure | 122 | Weinsäure (D) | 160 |
| Glykolsäure | 80 | Zimtsäure (trans) | 133 |

*Schmelztemperaturen ausgewählter saurer Stoffe in °C*

### V2: Untersuchung von Stoffeigenschaften

**Materialien:** Leitfähigkeitsmessgerät, Uhrglasschälchen, Bechergläser, Spatel;
Waschbenzin (F, Xn, N), Universalindikator;
Proben: Eisenspäne, Eiweißpulver (Eiweiß-Sportdrink), Kerzenwachspulver, Kochsalz, Soda, Traubenzucker, Zitronensäure (Xi).

#### Durchführung:
**Elektrische Leitfähigkeit der Feststoffe**
1. Gib auf je ein Uhrglasschälchen ein Häufchen des zu untersuchenden Stoffes.
2. Überprüfe die elektrische Leitfähigkeit, indem du die Elektroden des Leitfähigkeitsmessgeräts in die Häufchen hältst.

**Löslichkeit in Wasser und in Waschbenzin:**
1. Gib jeweils eine Spatelspitze eines Stoffes in ein Becherglas mit Wasser und rühre mit dem Spatel um.
2. Gib jeweils eine Spatelspitze der Stoffe, die sich nicht in Wasser lösten, in ein Becherglas mit Waschbenzin und rühre mit dem Spatel um.

**Elektrische Leitfähigkeit wässriger Lösungen:**
1. Überprüfe die elektrische Leitfähigkeit der wässrigen Lösungen, indem du die Elektroden des Leitfähigkeitsmessgeräts in die Lösungen eintauchst.

**Saure und alkalische Eigenschaften:**
1. Gib zu den wässrigen Lösungen etwas Universalindikator in die Lösungen.

#### Einordnung von unbekannten Substanzen
1. Tausche mit den Nachbargruppen Proben aus, die nicht beschriftet sind und deren Stoff du nicht erkennen kannst.
2. Untersuche die unbekannten Proben wie die zuvor untersuchten Stoffe.

#### Aufgaben:
a) Notiere deine Beobachtungen.
b) Ordne anhand deiner Beobachtungen die Stoffe ihrer Stoffgruppe zu und begründe deine Zuordnung.
c) Ordne auch die unbekannten Proben den Stoffgruppen zu.
d) Gib die Namen der unbekannten Stoffe an und vergleiche sie mit den Angaben der Nachbargruppen.

Wir untersuchen Lebensmittel

# Umgang mit Modellen

Fast jeder Tourist hat schon einmal einen Stadtplan benutzt, um sich in einer fremden Stadt zu orientieren. So findet man auf einem Bogen Papier wichtige Informationen über ein Stadtzentrum. Die beschriebene Fläche ist dagegen fast einen Quadratkilometer groß. Deshalb können nur ausgewählte Informationen wie Straßennamen, die Straßenführung, die Lage von öffentlichen Gebäuden und Sehenswürdigkeiten sowie die Fahrtroute von öffentlichen Verkehrsmitteln auf einem Stadtplan dargestellt werden. Informationen, die für die meisten Benutzer unwichtig sind, wie zum Beispiel genaue Angaben über Wohnhäuser oder Geschäftshäuser, fehlen. Ein Stadtplan ist also eine stark vereinfachte und verkleinerte Darstellung einer relativ großen Innenstadt.

**Modelle.** *Vereinfachte Darstellungen* wie in einem Stadtplan werden allgemein **Modelle** genannt. Im Alltag werden viele Modelle verwendet. Modelleisenbahn oder Modellautos sind beliebte Spielzeuge. Bevor ein Haus gebaut wird, entwirft ein Architekt ein Modell davon. Auch Tafelbilder in der Schule sind Modelle.

In den Naturwissenschaften sollen Modelle Vorstellungen von Bereichen vermitteln, die wir mit unseren Sinnen nicht wahrnehmen können, etwa weil sie zu groß oder zu klein sind. Ein Modell stellt einen Teil der Wirklichkeit bildhaft in vereinfachter Form dar. Die Vereinfachung ist gewollt und dient so zur Veranschaulichung komplizierter Sachverhalte. Mithilfe von Modellen lassen sich viele Erscheinungen und Gesetzmäßigkeiten anschaulich erklären. Wie ein Autofahrer, der von Essen nach Köln fahren will, niemals eine Karte für Wanderer verwenden würde, wählt man auch in den Naturwissenschaften unterschiedliche Modelle, je nachdem, was man beschreiben oder erklären möchte. So gibt es beispielsweise für den Aufbau der Materie unterschiedliche Modelle.

**Teilchenmodell.** Ein wichtiges Modell in der Chemie ist die Vorstellung, dass Stoffe aus kleinsten Teilchen aufgebaut sind. Das *Teilchenmodell* stellt die Materie in sehr starker Vergrößerung dar. Lange Zeit gab es kein Mikroskop, das leistungsfähig genug war, um die Teilchen, aus denen Stoffe bestehen, sichtbar zu machen. Deshalb wurde das Teilchenmodell anfänglich allein aufgrund des Verhaltens von Stoffen erarbeitet und bei neuen Entdeckungen immer wieder angepasst.

Das Teilchenmodell beschreibt die Bausteine der Stoffe als winzig kleine Kugeln, die sich gegenseitig anziehen. Die Teilchen eines Stoffes sind dabei alle gleich groß; die Teilchen unterschiedlicher Stoffe unterscheiden sich meist in ihrer Größe und in ihrer Masse. Die kleinsten Teilchen sind in ständiger Bewegung. Nimmt die Temperatur zu, bewe-

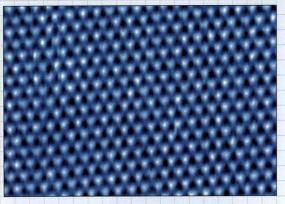

*Graphitoberfläche im Rastertunnelmikroskop*

gen sich die Teilchen heftiger; bei niedrigerer Temperatur hingegen weniger.

In einem Feststoff schwingt jedes Teilchen um einen festen Ort. In einer Flüssigkeit bewegen sich die Teilchen innerhalb des Flüssigkeitsvolumens relativ frei. Bei einem Gas bewegen sich die Teilchen vollständig frei im gesamten Raum. Der Abstand der Teilchen voneinander ist bei Gasen viel größer als bei Flüssigkeiten.

Heute kann man die kleinsten Teilchen mithilfe eines Rastertunnelmikroskops sichtbar machen. Dieses Mikroskop ermöglicht Strukturen einer Größe von nur einem Millionstel Millimeter zu erkennen. Damit konnten die Aussagen des Teilchenmodells bestätigt werden.

**1** Erläutere die charakteristischen Merkmale von Modellen. Wähle dazu je ein vergrößerndes und ein verkleinerndes Modell aus.

---

### Teilchenmodell

1. Materie besteht aus kleinsten Teilchen. Im Raum zwischen den Teilchen befindet sich nichts.
2. Die Teilchen verschiedener Stoffe unterscheiden sich in ihrer Größe und ihrer Masse.
3. Zwischen den Teilchen wirken Anziehungskräfte.
4. Die Teilchen sind ständig in Bewegung.
5. Mit steigender Temperatur bewegen sich die Teilchen heftiger.
6. In Feststoffen haben die Teilchen eine dichte Anordnung und schwingen um ihre Plätze. In Flüssigkeiten bewegen sie sich ungeordnet, berühren sich aber gegenseitig. Bei Gasen sind die Anziehungskräfte überwunden. Die Abstände zwischen den Teilchen sind sehr groß.

## Theorie — Aggregatzustände im Teilchenmodell

Nach dem Teilchenmodell bestehen alle Stoffe aus kleinsten Teilchen, die sich in ständiger Bewegung befinden. Je höher die Temperatur, desto größer ist die Geschwindigkeit der Teilchen. Zwischen den Teilchen gibt es Anziehungskräfte.

Mit dem Teilchenmodell lassen sich auch die Übergänge zwischen den Aggregatzuständen eines Stoffes erklären. Die folgende Beschreibung der Aggregatzustände am Beispiel von *Eis*, *Wasser* und *Wasserdampf* gilt ähnlich für alle Stoffe.

| Stoff | Erklärung | Teilchenmodell |
|---|---|---|
|  | In einem Eiskristall sind die Wasser-Teilchen regelmäßig angeordnet. Zwischen den Teilchen herrschen starke Anziehungskräfte, so dass keines seinen Platz verlassen kann. Die Eigenbewegung der Teilchen ist auf Schwingungen um den Platz des Teilchens im Kristall beschränkt. | 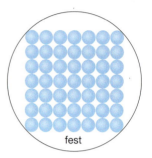 fest |
|  | Die Teilchen in flüssigem Wasser bewegen sich schneller als die Teilchen im Eis. Es existieren zwar noch Anziehungskräfte, aufgrund der größeren Geschwindigkeit sind die Teilchen jedoch beweglicher und damit leichter gegeneinander verschiebbar. Daher nehmen Flüssigkeiten jede durch ein Gefäß vorgegebene Form an. | 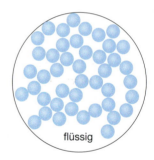 flüssig |
|  | Im gasförmigen Zustand ist die Geschwindigkeit der Wasserteilchen noch größer als in flüssigem Wasser. Damit werden die Anziehungskräfte zwischen den Teilchen vollständig überwunden. Der Abstand zwischen den Teilchen kann sich daher beliebig vergrößern. Ein Gas nimmt deshalb den gesamten zur Verfügung stehenden Raum ein. |  gasförmig |

**1** Vergleiche die Geschwindigkeit der Wasser-Teilchen im festen, flüssigen und gasförmigen Zustand.

**2** Erkläre, weshalb eine Flüssigkeit nicht den gesamten verfügbaren Raum einnimmt.

# Aggregatzustände und Temperaturänderung

**Exkurs**

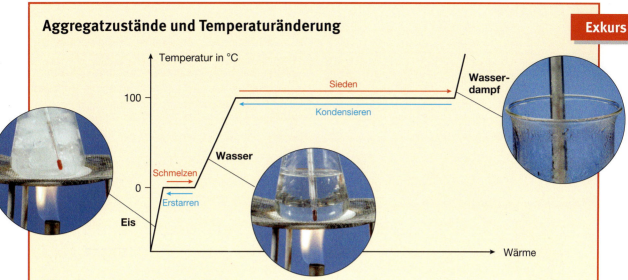

*Wärme/Temperatur-Diagramm von Wasser*

Der Aggregatzustand eines Stoffes ist abhängig von seiner *Temperatur*. Will man die Temperatur eines Stoffes erhöhen, muss man *Wärme* zuführen. Etwas komplexer sind die Verhältnisse beim Schmelzen und beim Sieden. Um den Zusammenhang bei Aggregatzustandsänderungen untersuchen zu können, erhitzt man mit dem Gasbrenner Eis in einem Erlenmeyerkolben, bis es geschmolzen und das entstehende Wasser schließlich verdampft ist.

Beim Erwärmen steigt die Temperatur des Eises. Diese Beobachtung bestätigt den eingangs beschriebenen Zusammenhang. Ist jedoch die Schmelztemperatur von 0 °C erreicht, so beobachtet man etwas, das jeder Erfahrung widerspricht: Obwohl ständig weiter Wärme zugeführt wird, bleibt die Temperatur konstant bei 0 °C. Erst wenn das gesamte Eis geschmolzen ist und Wasser mit einer Temperatur von 0 °C vorliegt, steigt die Temperatur des Wassers weiter an.
Wenn die Siedetemperatur von 100 °C erreicht ist, beobachtet man das Gleiche wie beim Schmelzen: Obwohl man ständig weiter Wärme zuführt, bleibt die Temperatur bei 100 °C. Erst wenn das gesamte Wasser verdampft ist, steigt die Temperatur des Wasserdampfes über 100 °C hinaus an.

**Schmelzwärme und Verdampfungswärme.** Wenn man die Beobachtungen erklären will, muss man davon ausgehen, dass die Flamme des Brenners in jeder Sekunde gleich viel Wärme liefert und dass ein bestimmter Teil dieser Wärme von dem Eis und dem Wasser aufgenommen wird. Der Rest erwärmt die Umgebung.
Zunächst bewirkt die aufgenommene Wärme die beobachtete Temperatursteigerung. Während des Schmelzvorgangs, also bei 0 °C, bewirkt die zugeführte Wärme keinen Temperaturanstieg, sondern sie wird für das Schmelzen benötigt. Man spricht von der *Schmelzwärme*. Danach erhöht die zugeführte Wärme wiederum die Temperatur des nunmehr flüssigen Wassers. Bei 100 °C siedet das Wasser. Die dabei aufgenommene Wärmemenge bezeichnet man als *Verdampfungswärme*.
Bei der Kondensation von Wasserdampf wird die Verdampfungswärme wieder frei, ebenso beim Erstarren die Schmelzwärme.

**Teilchenmodell.** Beim Erwärmen von Eis wird durch die zugeführte Wärme die Bewegungsenergie der Teilchen vergrößert: Die Schwingungen der Teilchen im Kristall werden heftiger. Beim Schmelzen selbst wird die aufgenommene Wärme genutzt, um die Anziehungskräfte zwischen den Teilchen soweit zu überwinden, dass sie ihre Plätze im Kristall verlassen können.

Beim Erhitzen von Wasser nimmt die Geschwindigkeit der Wasser-Teilchen zu. Beim Sieden bleibt die Temperatur konstant; die zugeführte Wärme ermöglicht die Überwindung der Anziehungskräfte zwischen den Wasser-Teilchen. Danach sind die Teilchen im Wasserdampf frei beweglich und jede Wärmezufuhr führt wieder zu einer größeren Geschwindigkeit der Teilchen.

**1** Erkläre den Begriff *Schmelzwärme*.
**2** Erläutere, wie sich eine Änderung der Temperatur auf der Ebene der Teilchen auswirkt.
**3** Erkläre, weshalb man selbst bei hohen Temperaturen im Sommer beim Verlassen eines Schwimmbeckens friert.
**4** Während es schneit oder kurz danach registrieren die Meteorologen meist einen kurzen Temperaturanstieg. Erkläre diese Beobachtung.

Wir untersuchen Lebensmittel **31**

## 2.7 Diffusion

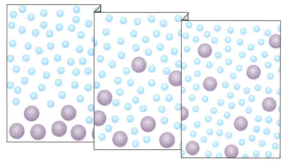

*Lösungsvorgang eines Farbstoffs in Wasser*

Gibt man ein Stück Kandiszucker in ein Glas mit Tee, so bildet sich zunächst am Boden eine konzentrierte Lösung. Meist wird aber gerührt, um den Lösevorgang zu beschleunigen. Der Tee schmeckt dann nach kurzer Zeit einheitlich süß.

**Diffusion im Teilchenmodell.** Experimente mit Farbstoffen zeigen, dass sich ein gelöster Stoff auch dann gleichmäßig im Lösemittel verteilen kann, wenn nicht gerührt wird. Man füllt dazu beispielsweise einen Standzylinder mit Wasser und wirft einige Kristalle eines wasserlöslichen Farbstoffs hinein. Am Boden des Zylinders entsteht dann zuerst eine intensiv gefärbte Schicht. Nach einer Stunde hat sich die Färbung schon merklich ausgebreitet; und nach einigen Tagen ist die gesamte Flüssigkeit einheitlich gefärbt. Solche Mischungsvorgänge, die ohne Einwirkung von außen ablaufen, bezeichnet man als **Diffusion**. Eine Erklärung für die Diffusion ergibt sich aus dem *Teilchenmodell:* Die Teilchen sind ständig in Bewegung. Trotz großer Geschwindigkeit kommen sie aber nur langsam voran, denn schon nach einer Strecke von nur 0,00001 mm stoßen sie mit anderen Teilchen zusammen. Ähnlich wie Billardkugeln ändern sie daher ständig ihre Bewegungsrichtung. Insgesamt gesehen entspricht diese Art der Fortbewegung einer unregelmäßigen Zickzacklinie.

Durch Diffusion vermischen sich Stoffe, da ihre Teilchen in ständiger Bewegung sind.

1 Die Diffusion bei Gasen verläuft schneller als bei Flüssigkeiten. Begründe mit dem Teilchenmodell.
2 *Experimentelle Hausaufgaben:*
a) Halte ein Stück Kandiszucker an die Oberfläche eines wassergefüllten Teeglases und lass es nach einiger Zeit fallen. Beschreibe deine Beobachtung.
b) Lege ein rotes Gummibärchen in Wasser. Beobachte über einen längeren Zeitraum und notiere deine Beobachtungen.

---

**Methode** | **Lernen mit Maps**

Das englische Wort Map lässt sich mit „Landkarte" übersetzen. Es beschreibt eine Methode, die helfen kann, einen gelernten Sachverhalt möglichst lange im Gedächtnis zu behalten. Dazu schreibt man aus dem neu Erlernten die wesentlichen Sachverhalte heraus. Die dabei entstehenden kurzen Stichpunkte oder Schlüsselwörter werden durch Linien miteinander verbunden. In der Mitte des Map steht das Thema, von dem Äste ausgehen. Auf den Astlinien stehen die Gliederungspunkte in unterschiedlicher Rangfolge. Nahe am Thema stehen die wichtigsten Unterpunkte. Je weiter man die Astlinien nach außen verfolgt, desto untergeordnetere und speziellere Sachverhalte sind zu finden. So kann man in einem Map sowohl übergeordnete als auch untergeordnete Begriffe eines Themas erkennen. Das hilft auch dabei, neu erworbenes Wissen in bekanntes Vorwissen einzufügen.

Der wesentliche Prozess für das Lernen und Einprägen findet beim Erstellen des Maps statt. Alle Gedanken zu einem Sachverhalt müssen in eine logische „Landkarte" übersetzt werden.

**Vorteile einer Darstellung als Map.**
– Die zentralen Begriffe eines Themas werden deutlicher herausgestellt als bei einfachen Mitschriften.
– Wichtige Begriffe finden sich in der Nähe des Zentrums, weniger wichtige in den Randzonen.
– Durch die Astlinien zwischen den Begriffen werden die Verknüpfungen zwischen den Schlüsselbegriffen leicht erkennbar.
– Beim Mapping entsteht ein baumförmiges Wissensnetz, bei dem sich für jeden neuen Begriff ein logischer Ort finden lässt.
– Ein Map ist nicht abgeschlossen, sondern nach allen Seiten offen: Auf den Astlinien lassen sich weitere Begriffe ergänzen. Dadurch ergeben sich immer wieder neue Zusammenhänge und neue Wissensstrukturen.

1 Erläutere das Map zum Thema „Stoffe" auf der rechten Seite.
2 Gib weitere Verknüpfungsmöglichkeiten für dieses Map an und begründe.

# Wir untersuchen Lebensmittel

**Basiswissen**

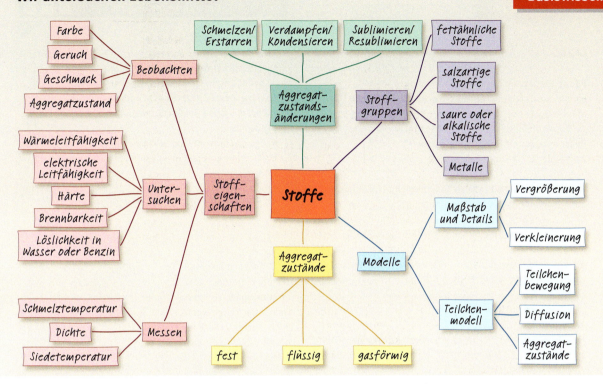

## Chemie und Lebensmittel

**Chemie in unserer Welt**

**Sinneseindrücke.** Ein leckeres Schulfrühstück sieht gut aus und duftet appetitlich. Dabei stellt sich die Frage, woher Lebensmittel ihr Aussehen, ihren Geschmack und ihren Geruch überhaupt haben.
Sinneswahrnehmungen wie Farbe, Geruch, Geschmack und Konsistenz geben uns erste Anhaltspunkte beim Betrachten von Lebensmitteln. Diese Beobachtungen vergleichen wir mit unseren Vorerfahrungen: Tomatenpüree ist rot; also wird die rote Soße wohl eine Tomatensoße sein.
Doch auch wenn man alle Sinneseindrücke heranzieht, kann man die Stoffe, die in Lebensmitteln enthalten sind, nicht eindeutig identifizieren: So sind Traubenzucker und Fruchtzucker fest, farblos und geruchlos. Auch schmecken beide süß.

**Berufsfeld Lebensmittelchemie.** Die Identifizierung von Stoffen ist eine Aufgabe der Chemie. Im Studium der Lebensmittelchemie lernt man die typischen Eigenschaften von Stoffen sowie die Methoden der Lebensmittelanalyse kennen. Neben Lebensmittelchemikern gibt es auch lebensmitteltechnische Assistenten, die die Chemiker bei ihrer Arbeit unterstützen.

**Identifizierung über Stoffgruppen.** Bei der Identifizierung von Stoffen muss man systematisch vorgehen, da die Zahl der in Frage kommenden Stoffe außerordentlich hoch sein kann. Man untersucht zunächst allgemeine Eigenschaften der Stoffe und fasst die Stoffe mit gleichen Eigenschaften in einer Stoffgruppe zusammen. Die Einordnung von Stoffen in die zugehörige Stoffgruppe schränkt die Zahl der möglichen Stoffe erheblich ein.
Jetzt werden speziellere Eigenschaften des Stoffes untersucht, in denen er sich von den anderen Mitgliedern der Stoffgruppe unterscheidet. So führt man beispielsweise bestimmte Nachweise durch, um die Auswahl der möglichen Stoffe weiter einzugrenzen. Manchmal kann der Stoff schon durch einen einzigen Nachweis identifiziert werden.
Anderenfalls bestimmt man spezifische Eigenschaften des Stoffes, die ihn einwandfrei identifizieren: So misst man beispielsweise die Schmelztemperatur und sucht in Tabellenwerken unter den Vertretern der Stoffgruppe den Stoff mit der ermittelten Schmelztemperatur heraus. Oft werden für diese abschließende Identifizierung auch Messwerte wie Siedetemperatur oder Dichte verwendet.

# Prüfe dein Wissen

## Quiz

**A1 a)** Erkläre die Begriffe des Fensters.
**b)** Notiere auf der Vorderseite von Karteikarten den Begriff, auf der Rückseite die Erklärung.
**c)** Ordne die Begriffe den Basiskonzepten „Materie", „chemische Reaktion" und „Energie" zu.
Begründe deine Zuordnung.

**A2 a)** Wähle fünf Metalle aus und berechne, welches Volumen jeweils 1 kg des Metalls einnimmt.
**b)** Nenne zwei Metalle, die in flüssigem Quecksilber schwimmen, und zwei Metalle, die darin versinken.

**A3** Ein Metalllöffel fühlt sich anders an als ein Plastiklöffel, wenn man damit seinen heißen Tee umrührt. Begründe diese Beobachtung.

**A4** Erkläre die folgenden Effekte:
**a)** Hängt man bei Frost nasse Wäsche auf die Leine, so wird sie zunächst hart wie ein Brett. Nach einiger Zeit ist die Wäsche aber dann trocken.
**b)** An sonnigen Wintertagen wird die Schneedecke auch bei Minusgraden dünner.
**c)** Bei Frost bildet sich Raureif. Autofahrer müssen daher im Winter häufig vor Fahrtantritt die Scheiben vom Eis befreien.
**d)** Trockeneis, das in Behältern aufbewahrt wird, hat eine konstante Temperatur von −78 °C.

**A5** Die Luft in einer Luftpumpe kann man leicht zusammendrücken, feste Stoffe dagegen nicht. Erkläre diese Beobachtung mithilfe des Teilchenmodells.

**A6** Bei der Zubereitung von Salat breitet sich Essig-Geruch in der Küche aus.
**a)** Erkläre, wie es zu der Ausbreitung des Geruchs kommt.
**b)** Zeichne deine Modellvorstellung der kleinsten Teilchen in Essig-Lösung und im Essigdampf/Luft-Gemisch auf.

## Know-how

**A7** Im GALILEI-Thermometer sind verschiedene Kugeln enthalten. Die untere der noch schwimmenden Kugeln zeigt die Zimmertemperatur an.
Erkläre, wie die Anzeige funktioniert. Berücksichtige, dass die Dichte von Stoffen mit zunehmender Temperatur abnimmt.

### Die wichtigsten Begriffe

- Stoffeigenschaften
- Dichte
- Aggregatzustand, Schmelzen, Erstarren, Sieden, Kondensieren, Sublimieren, Resublimieren
- Schmelztemperatur, Siedetemperatur
- Teilchenmodell, Teilchenbewegung
- Diffusion
- Lösung, Löslichkeit, gesättigte Lösung
- Wärmeleitfähigkeit, elektrische Leitfähigkeit
- pH-Wert
- Indikator

**A8** Umfasst man einen „Temperamentmesser" mit der Hand, so sprudelt die Flüssigkeit nach kurzer Zeit nach oben. Bei temperamentvollen Menschen soll das besonders schnell und heftig geschehen. Erkläre die Funktionsweise.

**A9** Prüft man reines Wasser, Mineralwasser und ein Stück Metall auf elektrische Leitfähigkeit, erhält man unterschiedliche Ergebnisse. Triff eine begründete Vorhersage.

## Natur – Mensch – Technik

**A10** In vielen Haushalten stellt man mit einem Wasser-Sprudler selbst Mineralwasser her, indem Kohlenstoffdioxid aus einer Stahlpatrone unter Druck in das Leitungswasser eingeblasen wird.
**a)** Was passiert bei diesem Vorgang mit dem Kohlenstoffdioxid?
**b)** Erkläre, warum man häufig die Flasche mit dem Wasser zunächst in den Kühlschrank stellt und das Gas dann in das gekühlte Wasser einleitet.

**A11** Kalte Getränke kann man im Sommer in der Sonne einige Zeit kühl halten, wenn man die Flasche mit nassem Zeitungspapier oder nassen Handtüchern umwickelt.
Erkläre diesen Kühleffekt.

34 Wir untersuchen Lebensmittel

**Wissen vernetzt**

**A1 Das Bad des ARCHIMEDES**

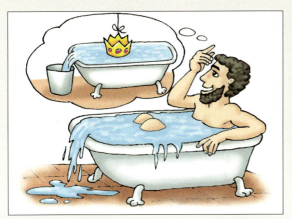

*ARCHIMEDES beim Nachdenken*

Im dritten vorchristlichen Jahrhundert lebte ARCHIMEDES als Gelehrter am Hof des Königs HIERON in Syrakus auf Sizilien. Der König hatte sich aus 5 kg reinen Goldes eine Krone anfertigen lassen. Er war im Zweifel, ob der Goldschmied ihn nicht betrogen hätte. Zwar wog die Krone genau 5 000 g, aber war sie wirklich aus reinem Gold? Vielleicht hatte der Goldschmied ein billigeres Metall beigemischt und einen Teil des Goldes für sich abgezweigt. ARCHIMEDES sollte den Sachverhalt klären.
Es wird berichtet, dass ARCHIMEDES gerade über diesen Auftrag nachdachte, als er ein Badehaus betrat. Wie sollte er den Beweis erbringen? Er durfte doch die Krone nicht zerstören. Als er schließlich in die Badewanne stieg, sah er, wie der Wasserspiegel anstieg. Dabei kam ihm die entscheidende Idee und er rief laut „Heureka, heureka!". Das heißt übersetzt: „Ich hab's gefunden, ich hab's gefunden!"
ARCHIMEDES eilte nach Hause, um einen Versuch zu machen: Er nahm einen zweiten Goldklumpen, der die gleiche Masse wie die Krone hatte. Er füllte dann zwei identische Glasgefäße gleichhoch mit Wasser. In eines der beiden Glasgefäße gab er den Goldklumpen, so dass er vollständig im Wasser untertauchte. In das andere Gefäß gab er die Krone. Auch hier achtete er darauf, dass sie vollständig von Wasser bedeckt war.

**a)** Gib an, welche physikalische Größe des Goldklumpens und der Krone ARCHIMEDES bei seinem Versuch verglichen hat.
**b)** Erkläre die Vorgehensweise bei diesem Experiment. Welche Stoffeigenschaft wird dabei ausgenutzt?
**c)** Beschreibe das Ergebnis des Versuches für den Fall, dass der Goldschmied ehrlich war.
**d)** Berechne das Volumen des Goldklumpens.
**e)** Berechne das Volumen der Krone, wenn der Goldschmied die Hälfte des Goldes durch Silber ersetzt hätte.

**A2 Was ist drin?**

Beim Aufräumen der Chemiesammlung finden die Lehrkräfte für Chemie zwei alte Flaschen mit unleserlichen Etiketten. Darin befinden sich jeweils weiße verklumpte Substanzen, die kaum zu unterscheiden sind. Um herauszufinden, was in den Flaschen enthalten ist, führen die Lehrkräfte mehrere Versuche durch:
Der Stoff aus der Flasche 1 besteht aus weißen Kristallen und ist vollkommen geruchlos. Er leitet den elektrischen Strom nicht. In Wasser ist der Stoff leicht zu lösen, nicht aber in Benzin. Die wässrige Lösung des Stoffes leitet den elektrischen Strom. Wenn man einen Universalindikator zutropft, färbt sich die Lösung rot.
Bei 153 °C beginnt der Stoff zu schmelzen. Wenn die Schmelze über 170 °C erwärmt wird, zersetzt sie sich.
Der Stoff aus Flasche 2 hat fast die gleichen Eigenschaften wie der aus Flasche 1. Der zugetropfte Indikator behält aber seine gelbgrüne Farbe. Bei der Bestimmung der Schmelztemperatur gibt es dann Schwierigkeiten: Man muss sehr stark erhitzen. Erst bei 801 °C schmilzt der Stoff.

**a)** Beschreibe und erkläre mit eigenen Worten die Vorgehensweise der Lehrkräfte für Chemie.
**b)** Ordne die untersuchten Stoffe der jeweiligen Stoffgruppe zu. Nenne die charakteristischen Eigenschaften der Stoffgruppen.
**c)** Notiere für die beiden Stoffgruppen einige Vertreter.
**d)** Gib an, welcher Stoff sich in welcher Flasche befindet und begründe deine Antwort ausführlich.
**e)** Du findest auf dem Küchentisch ein Häufchen eines weißen pulvrigen Stoffes. Erkläre detailliert, wie du bei der Identifikation des Stoffes vorgehen würdest, wenn du keine Geschmacksprobe durchführen dürftest.
**f)** Schlage eine Reihe von Beobachtungsaufträgen und Versuchen vor, mit denen du die Metalle Kupfer, Silber, Aluminium und Blei identifizieren kannst.

# 3 Lebensmittel – alles gut gemischt

Bei der Zubereitung einer Speise mischt man eine Vielzahl von Stoffen. Will man einen Kuchen backen, braucht man Eier, Mehl, Zucker, Fett und verschiedene Gewürze wie Mandeln oder Vanille. Die Zutaten müssen gut gemischt werden, damit der Kuchen gelingt.

Viele unserer Lebensmittel sind meist selbst schon Gemische: Zerreibt man beispielsweise etwas Pfeffer, so erkennt man verschiedenfarbige Bestandteile. Manche Lebensmittel enthalten auch Zusatzstoffe, etwa um sie haltbarer zu machen oder sie schöner aussehen zu lassen.
Gemische lassen sich aber auch wieder in ihre Bestandteile zerlegen. In der Lebensmittelchemie werden oft bestimmte Bestandteile von Lebensmitteln abgetrennt und untersucht. Einige der Trennverfahren in der Lebensmittelchemie haben Ähnlichkeit mit Arbeitsgängen, die man aus der Küche kennt. Doch die Chemie hat sich auf diesem Gebiet schneller weiter entwickelt und verfügt so über viele ausgeklügelte Trennverfahren.

Zentrale Fragen:
- Wie kann man Gemische erkennen?
- Welche Gemischarten gibt es?
- Welche Trennverfahren gibt es?
- Wie kann man eine feine Verteilung in einem Gemisch erreichen?

# 3.1 Lebensmittel sind Gemische

*Zucker – in der Regel ein Reinstoff*

*Brausepulver – ein heterogenes Stoffgemisch*

*Essig – ein homogenes Stoffgemisch*

Honig ist ein Stoff, von dem wir zwei Eigenschaften besonders gut kennen: Er ist süß und flüssig. Der süße Geschmack wird durch Zucker hervorgerufen. Doch Zucker ist bei Raumtemperatur ein Feststoff. Honig ist hingegen flüssig, weil er Wasser enthält. Honig ist also kein **Reinstoff**, sondern ein **Gemisch**.

Nur wenige im Haushalt verwendete Stoffe, wie zum Beispiel Salz und Zucker, sind Reinstoffe. Die meisten in der Küche verwendeten Stoffe wie Backpulver, Milch und Schokolade sind Gemische. Sie bestehen aus zwei oder mehreren Reinstoffen. Gemische kann man in Reinstoffe auftrennen. So wird Honig langsam fest, wenn das Wasser verdunstet. Es ist aber unmöglich, absolut reine Stoffe herzustellen. Reinstoffe enthalten daher immer einen kleinen Anteil an anderen Stoffen. Diese Verunreinigungen sind aber so gering, dass sie die typischen Eigenschaften des Reinstoffs nicht merklich verändern.

**Heterogene Gemische.** Im Brausepulver sind die verschiedenen Bestandteile mit bloßem Auge zu erkennen. Durch geduldiges Aussortieren kann man dieses Gemisch in drei Reinstoffe zerlegen: Natron, Weinsäure und Lebensmittelfarbstoff.
In der Milch erkennt man die Bestandteile deutlich schlechter. Nur mit einem Mikroskop sieht man kleine auf dem Wasser schwimmende Fetttröpfchen. Brausepulver und Milch sind *heterogene Gemische* (griech. *heteros:* verschiedenartig).

**Homogene Gemische.** Salzwasser oder Essig sind Gemische, deren einzelne Bestandteile man selbst mit dem Mikroskop nicht mehr unterscheiden kann. Sie sehen auch bei stärkster Vergrößerung völlig einheitlich aus. Das gilt auch für Gemische wie Bronze oder Luft. Solche einheitlichen Mischungen bezeichnet man als *homogene Gemische* (griech. *homos:* gleichartig).

Der Aufbau von Reinstoffen und Gemischen kann auch mit dem Teilchenmodell beschrieben werden: Ein Reinstoff besteht nur aus einer Teilchenart, Gemische dagegen aus zwei oder mehreren Teilchenarten. Der Reinstoff Zucker enthält also nur Zucker-Teilchen. Das Gemisch Honig enthält sowohl Zucker-Teilchen als auch Wasser-Teilchen.

> Stoffe werden in Reinstoffe und Gemische eingeteilt. Bei den Gemischen unterscheidet man heterogene Gemische und homogene Gemische.

**1** Nenne je drei Beispiele für homogene Gemische und für heterogene Gemische.
**2** Unterscheide bei den folgenden Stoffen zwischen Reinstoff und Gemisch: Sonnenblumenöl, wasserfestes Sonnenöl, trüber Apfelsaft, Tee, Zucker und Schmuckgold.
**3 a)** Beschreibe einen Reinstoff, ein homogenes und ein heterogenes Stoffgemisch mithilfe des Teilchenmodells.
**b)** Fertige dazu je eine Skizze an.
**4** Informiere dich über die Bestandteile eines Haarshampoos, einer Zahnpasta, einer Limonade und einer Vollmilchschokolade. Erläutere, ob es sich um heterogene oder homogene Stoffgemische handelt.
**5** Der wissenschaftliche Name von Kochsalz ist Natriumchlorid. Es wird in unterschiedlichen Qualitäten verkauft. 500 g Speisesalz kosten weniger als 0,50 €. 500 g Natriumchlorid zur Analyse kosten 12,40 €. Für die gleiche Menge der hochreinen Form, Natriumchlorid 99,99 Suprapur, muss man sogar 239 € bezahlen. Erkläre die Preisunterschiede.
**6** Das Etikett zeigt die Inhaltsstoffe von Natriumchlorid zur Analyse. Begründe, weshalb bei dem Natriumchlorid „99,99 Suprapur" die Liste der in sehr geringen Mengen vorkommenden Stoffe noch sehr viel länger ist.

| Natriumchlorid zur Analyse | |
|---|---|
| Bromid | < 0,005 % |
| Iodid | < 0,001 % |
| Sulfat | < 0,001 % |
| Kalium | < 0,005 % |
| Kupfer | < 0,005 % |
| Calcium | < 0,002 % |
| Eisen | < 0,0001 % |
| Blei | < 0,005 % |
| Arsen | < 0,00004 % |

# 3.2 Einteilung von Gemischen

Gemische bestehen aus mehreren Reinstoffen. Je nach Aggregatzustand der beteiligten Reinstoffe verwendet man unterschiedliche Bezeichnungen für die entstehenden Gemische.

**Heterogene Gemische.** Uneinheitliche Gemische aus festen Stoffen werden als **Gemenge** bezeichnet. So ist Brausepulver ein Gemenge aus Zucker, Farbstoffen, Weinsäure und Zitronensäure.

Sind feste Stoffe in Wasser aufgeschlämmt, spricht man von einer **Suspension.** Größere und kleinere Partikel des Feststoffes sind dabei in einer Flüssigkeit verteilt. Suspensionen entmischen sich relativ schnell. Schüttelt man etwa eine Flasche mit Orangensaft, so setzt sich das Fruchtfleisch nach kurzer Zeit wieder am Boden ab.

Verrührt man ein Gemisch aus Öl und Wasser, verteilt sich das Öl in feinen Tröpfchen gleichmäßig im Wasser. Es bildet sich eine **Emulsion.** Lässt man diese Emulsion eine Weile stehen, entmischen sich die Bestandteile wieder. Milch ist eine über längere Zeit stabile Emulsion feiner Fetttröpfchen in Wasser. Sie enthält von Natur aus Emulgatoren, die eine Entmischung verhindern. Ein Emulgator ist auch das Lecithin, das im Eigelb vorkommt. Mit Öl, Essig und Eigelb stellt man eine sehr bekannte Emulsion her: die Majonäse. Milch ist ein Beispiel für eine *Öl-in-Wasser-Emulsion*. Sind dagegen Wassertröpfchen im Öl verteilt, liegt eine *Wasser-in-Öl-Emulsion* vor. Ein Beispiel dafür ist Margarine.

Unter **Rauch** versteht man ein Gemisch von Feststoffpartikeln in einem Gas. Wenn mit Holz oder Kohle geheizt wird, steigt aus den Schornsteinen Rauch auf, der Asche und Ruß enthält.
Sind feinste Flüssigkeitströpfchen in einem Gas verteilt, spricht man von einem **Nebel.** Im normalen Sprachgebrauch werden aber Rauch und Nebel nicht immer unterschieden. Oft sind auch gleichzeitig feste und flüssige Bestandteile in einem Gas fein verteilt. Fachleute sprechen dann von einem **Aerosol.**

Ist ein gasförmiger Stoff in einer Flüssigkeit oder in einem Feststoff verteilt, spricht man von einem **Schaum.** Oft sind süße Nachspeisen wie Mousse au Chocolat aufgeschäumt.

**Homogene Gemische.** Aus verschiedenen Gasen bildet sich immer ein homogenes Gemisch. Das bekannteste Gasgemisch ist die Luft, in der neben Sauerstoff und Stickstoff auch andere Gase enthalten sind.

Gemische, die man durch das Zusammenschmelzen verschiedener Metalle erhält, bezeichnet man als **Legierungen.** Es handelt sich oft um homogene Feststoffgemische. Besonders bekannt ist Messing, eine Kupfer/Zink-Legierung. Legierungen mit Quecksilber werden als Amalgame bezeichnet. Das als Zahnfüllung verwendete Amalgam enthält neben Quecksilber auch Silber, Kupfer und Zinn.
In der Küche findet man Töpfe, Pfannen und Bestecke aus Edelstahl. In dieser Legierung wird Eisen durch andere Metalle vor dem Rosten geschützt.

Alle anderen homogenen Gemische werden als **Lösungen** bezeichnet. In Limonaden sind Zucker und Farbstoffe in Wasser gelöst; im Wein ist es flüssiger Alkohol. Sprudel enthält gasförmiges Kohlenstoffdioxid. Gase können sich sogar in Feststoffen lösen. So lösen sich in Platin große Mengen an Wasserstoff-Gas und können auf diese Weise gespeichert werden.

> Gemenge, Emulsionen, Suspensionen, Schäume und Aerosole sind Beispiele für heterogene Gemische. Gasgemische, Legierungen und Lösungen gehören zu den homogenen Gemischen.

**1** Erkläre den Unterschied zwischen Schaum und Nebel.
**2 a)** Zeichne das Gemisch Luft im Teilchenmodell.
**b)** Erkläre, warum Gasgemische immer homogen sind.
**3** Übertrage die Tabelle in dein Heft und vervollständige sie mit anderen Stoffkombinationen. Trage die Begriffe für die verschiedenen Gemischtypen ein. Finde für jeden Begriff ein neues Beispiel.

|  | fest/fest | fest/flüssig | fest/gasförmig | ... |
|---|---|---|---|---|
| homogenes Gemisch |  |  |  |  |
| Beispiel |  |  |  |  |
| heterogenes Gemisch |  |  |  |  |
| Beispiel |  |  |  |  |

**4** Ordne die folgenden Gemische einem Gemischtyp zu: Majonäse, Orangensaft, Bronze, Sandstein, Pfützenwasser, Mineralwasser.
**5** Erkläre, weshalb aus einem Kühlschrank kalte Nebel entweichen können.
*Experimentelle Hausaufgaben:*
**6** Schüttele die folgenden Stoffe jeweils mit Wasser: Mehl, Zucker, Brennspiritus, Öl, Zahnpasta, Waschpulver.
**a)** Erkläre, welche Gemischtypen entstehen.
**b)** Stelle eines der entstandenen Gemische im Teilchenmodell dar.

38 Lebensmittel – alles gut gemischt

# Heterogene Gemische ...     ... und homogene Gemische     **Übersicht**

Feststoff und Feststoff        Feststoff und Feststoff

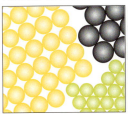   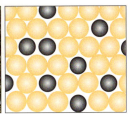

Granit: ein **Gemenge**        Messing: eine **Legierung**

Feststoff und Flüssigkeit        Feststoff und Flüssigkeit

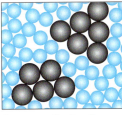   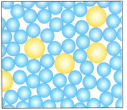

Orangensaft: eine **Suspension**        Zuckerwasser: eine **Lösung**

Flüssigkeit und Flüssigkeit        Flüssigkeit und Flüsigkeit

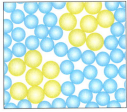   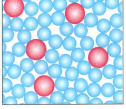

Milch: eine **Emulsion**        Branntwein: eine **Lösung**

Feststoff und Gas        Gas und Feststoff

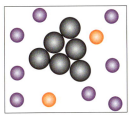   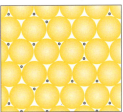

Grillfeuer: ein **Rauch**        Wasserstoff/Platin: eine **Lösung**

Gas und Flüssigkeit        Gas und Flüssigkeit

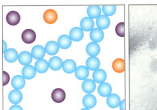   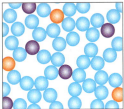

**Schaum:** Luft in einer Flüssigkeit        Sprudel: eine **Lösung**

Lebensmittel – alles gut gemischt   **39**

# 3.3 Speiseeis – ein köstliches Gemisch ☆

*Eiscafé mit vielen verschiedenen Eissorten*

*Zutaten für die Speiseeisherstellung*

Eiscafés bieten uns eine überwältigende Fülle verschiedener Eissorten. Neben Klassikern wie Vanille-Eis oder Erdbeer-Eis finden sich auch zahlreiche neue Geschmacksrichtungen. Der Phantasie sind dabei kaum Grenzen gesetzt.

**Inhaltsstoffe im Speiseeis.** Trotz dieser Vielfalt an Geschmacksrichtungen enthalten die meisten Eissorten die gleichen Grundzutaten: Milch, Sahne und Zucker. Zucker verleiht dem Speiseeis seine Süße. Milch und Sahne liefern Fett, das als Geschmacksträger dient. Zudem macht es das Eis geschmeidig. Je nach Fettgehalt unterscheidet man verschiedene Eissorten: Sahneeis ist ausgesprochen fettreich und daher besonders cremig. Im Gegensatz dazu enthält Fruchteiscreme deutlich weniger Fett.

Mit weiteren Zutaten wie pürierten Früchten, gehackten Nüssen oder Schokolade wird das Speiseeis aromatisiert. Es erhält so seinen typischen Geschmack. Beispielsweise besteht Stracciatella-Eis aus Sahneeis mit geraspelter Zartbitterschokolade.
Die Liste möglicher Zutaten für die Eisherstellung ist nahezu unbegrenzt. Sie reicht von Kakao, Kaffee und Schokolade über Nüsse, Nougat und Mandeln bis hin zu Chili und Curry.

Manche Zutaten verlieren bei der Verarbeitung ihre typische Farbe, andere enthalten zu wenig Farbstoff um die gesamte Eismasse zu färben. Zugesetzte Farbstoffe lösen das Problem: Durch die Zugabe eines roten Farbstoffs sieht Erdbeer-Eis dann so aus, wie wir es kennen.

**Herstellung von Speiseeis.** Die einzelnen Zutaten für Speiseeis werden zunächst gemischt und dann unter ständigem Rühren soweit gekühlt, bis sich Eiskristalle bilden. Die hierfür notwendige Temperatur erzeugte man früher mit *Kältemischungen:* Mischt man gestoßenes Eis mit Kochsalz, so kühlt die entstehende Lösung stark ab. Mithilfe solcher Kältemischung lässt sich die notwendige Temperatur von −10 °C mühelos erzielen. Heute übernehmen Kühlaggregate, die nach dem gleichen Prinzip wie Kühlschränke funktionieren, diese Aufgabe. Mit ihrer Erfindung wurde Speiseeis zu dem, was es heute ist: eine alltägliche Köstlichkeit für Groß und Klein.

> Bei der Herstellung von Speiseeis werden die Hauptzutaten Milch, Sahne und Zucker miteinander gemischt und anschließend auf unter 0 °C abgekühlt.

| Sorte | Anforderung (Angaben in Gew. %) |
|---|---|
| Cremeeis Eiercremeeis | 50 % Milch und 270 g Vollei oder 90 g Eigelb je Liter Milch; enthält kein zusätzliches Wasser |
| Sahneeis | mind. 18 % Milchfett aus Sahne |
| Milcheis | mind. 70 % Vollmilch |
| Eiscreme | mind. 10 % der Milch entstammendes Fett |
| Fruchteis | Fruchtanteil mind. 20 % |
| Fruchteiscreme | mind. 8 % der Milch entstammendes Fett, deutlich wahrnehmbarer Fruchtgeschmack |
| (Frucht-) Sorbet | mind. 25 % Frucht; Milch oder Milchbestandteile werden nicht verwandt |
| Wassereis | Eis, das nicht die Anforderungen für Milcheis, Fruchteis oder Fruchtsorbet erfüllt; mit einem Fettgehalt von weniger als 3 % |

*Eissorten entsprechend der Speiseeisverordnung*

**1** Gib die Zutaten für Stracciatella-Eis an.
**2** Erläutere mithilfe der Tabelle die Klassifizierung der verschiedenen Eissorten.

## 3.4 Speiseeis – naturwissenschaftlich betrachtet ✭

*Eismaschine mit feststehendem Schaber*

*Emulsion gefärbter Öltröpfchen unter dem Mikroskop*

Milch und Sahne sind wichtige Zutaten der Speiseeisherstellung. Das darin enthaltene Fett erkennt man unter dem Mikroskop als kleine Fetttröpfchen in der wässrigen Flüssigkeit. Die fein verteilten Fetttröpfchen und das Wasser bilden eine *Emulsion*. Ohne weitere Hilfsmittel trennen sich Emulsionen innerhalb kurzer Zeit.

**Emulgatoren.** In Milch und Sahne finden sich Stoffe, die die Trennung verhindern. Man nennt sie *Emulgatoren*. Sie umhüllen die kleinen Fetttröpfchen und wirken so als Vermittler zwischen Fett und Wasser.

Beim industriell hergestellten Speiseeis reichen die natürlich vorkommenden Emulgatoren nicht aus, um die Eis-Emulsion über längere Zeit stabil zu halten. Daher werden bei der Herstellung von Eiscreme noch weitere Emulgatoren zugesetzt. Sie verstärken die Wirkung der natürlichen Emulgatoren und halten die Fetttröpfchen im Eis fein verteilt. Daneben erleichtern sie die gleichmäßige Verteilung der Luft beim Gefrieren. Das Speiseeis wirkt so leicht und cremig.

**Herstellprozess.** Bei der Speiseeis-Herstellung wird die Emulsion auf unter 0 °C abgekühlt. Das Wasser gefriert zu Eiskristallen. Wachsen diese zu großen, zusammenhängenden Eisstückchen zusammen, stört das den Genuss: Auf der Zunge fühlt sich das Eis dann ausgesprochen unangenehm an. Die Bildung größerer Eiskristalle verhindert man durch permanentes Rühren und gleichzeitiges Abschaben der Eismasse von den Kühlflächen.

Beim Rühren gelangen auch viele kleine Luftblasen in die Eismasse. Dabei nimmt das Volumen des Eises beträchtlich zu. Der Fachmann spricht vom *Aufschlag*. Erst durch diesen Aufschlag wird das Eis cremig und zergeht angenehm auf der Zunge.

**Stabilisatoren.** Industriell hergestelltes Speiseeis muss oft monatelang im Tiefkühlfach lagerfähig sein und darf seine Eigenschaften nicht verändern. Dieses Ziel erreicht man durch den Zusatz von *Stabilisatoren*. Stabilisatoren sind Stoffe, die Wasser sehr gut binden können. Das Eisgemisch wird dadurch zähflüssiger, eingeschlossene Luftbläschen bleiben fein verteilt. Es entsteht ein stabiles Gemisch aus kleineren Eiskristallen, Fett und Luft. Stabilisatoren binden zudem das Wasser in so kleinen Einheiten, dass keine größeren Eiskristalle entstehen. Ein Ausfrieren des Wassers im Tiefkühlfach wird auf diese Weise verhindert.

> Speiseeis ist ein Gemisch aus Eiskristallen, fein verteilten Fetttröpfchen und Luftbläschen.

**1** Berechne mit dem Diagramm, wie viel Gramm Zucker in einer 70 g schweren Kugel Speiseeis enthalten sind.
**2** Ein Liter gefrorenes Wasser wiegt rund 1 kg. Begründe, warum ein Liter Speiseeis nur 500 g wiegt.

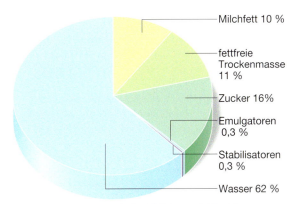

*Zusammensetzung von industriell hergestellter Eiscreme*

Milchfett 10 %
fettfreie Trockenmasse 11 %
Zucker 16 %
Emulgatoren 0,3 %
Stabilisatoren 0,3 %
Wasser 62 %

Lebensmittel – alles gut gemischt **41**

## Praktikum — Herstellung von Eiscreme

**Hinweise zum sicheren Umgang mit Lebensmitteln im Chemieunterricht:**

- Lebensmittel dürfen nicht im Chemieraum verarbeitet werden, sondern beispielsweise im Klassenraum.
- Man darf ausschließlich saubere Geräte verwenden, die nicht schon bei anderen chemischen Experimenten benutzt wurden. Es empfiehlt sich, neue Glasgeräte zu nehmen und diese von den übrigen getrennt aufzubewahren.
- Es dürfen nur Zutaten aus dem Lebensmittelgeschäft verwendet werden. Auch Chemikalien mit einer E-Nummer oder dem Zusatz: *„Lebensmittelqualität"* sind erlaubt. Essbare Chemikalien müssen mit dem Hinweis *„Lebensmittel"* gekennzeichnet und von den übrigen Chemikalien getrennt aufbewahrt werden.

*Fruchtiges Speiseeis*

### V1: Traditionelles Vanilleeis

*Materialien:* Bechergläser (600 ml), Heizplatte, Handmixer, Teigschaber, Thermometer, Waage, Messbecher, Edelstahlschüssel (1000 ml) mit Styropor®-Behälter als Kühlbad; H-Milch (3,5 %), Sahne, Haushaltszucker, Vanillezucker, Ei, Vanilleschote, Eiswürfel, Kochsalz.

*Durchführung:*
1. Fülle den Styropor®-Behälter mit einer Kältemischung aus 1200 g Eiswürfeln, 300 g Kochsalz und 250 ml Wasser und stelle die Edelstahlschüssel in diese Mischung.
2. Gib 80 ml Sahne, 80 ml Milch, ein Ei, 25 g Zucker, ein Päckchen Vanillezucker und das Mark einer halben Va-nilleschote in das Becherglas. Rühre das Gemisch anschließend mit dem Mixer 5 Minuten lang auf höchster Stufe.
3. Erwärme das Gemisch im Becherglas auf 70 °C. Rühre dabei ständig mit dem Mixer.
4. Fülle den Großteil des Gemisches in die Edelstahlschüssel, sobald eine Temperatur von 70 °C erreicht ist. Rühre dann ständig weiter und kratze die gefrorene Schicht mit dem Schaber von den Wänden des Gefäßes.
5. Wiederhole den Kühlungsschritt mit dem kleineren Teil des Ansatzes, ohne dabei die Mischung in der Schüssel umzurühren.

*Aufgaben:*
a) Notiere deine Beobachtungen.
b) Vergleiche den Geschmack des Vanilleeises in beiden Teilen des Gemisches.
c) Deute das Ergebnis.

### V2: Traditionelles Erdbeereis

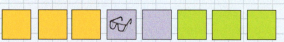

*Materialien:* Bechergläser (600 ml), Heizrührer mit Rührstäbchen, Handmixer, Mixer, Teigschaber, Thermometer, Waage, Messbecher, Edelstahlschüssel (1000 ml) mit Styropor®-Behälter als Kühlbad; H-Milch (3,5 %), Sahne, Haushaltszucker, Vanillezucker, Ei, frische oder tiefgefrorene Erdbeeren, Eiswürfel, Kochsalz.

*Durchführung:*
1. Stelle eine Kältemischung wie in Versuch 1 her.
2. Zerkleinere 60 g Erdbeeren im Mixbecher zu Mus.
3. Gib 80 ml Sahne, 60 ml Milch, ein Ei, 25 g Zucker, ein Päckchen Vanillezucker in das Becherglas. Rühre das Gemisch anschließend mit dem Mixer 5 min auf höchster Stufe.
4. Erwärme das Gemisch im Becherglas auf 70 °C. Rühre dabei ständig mit dem Mixer.
5. Fülle das Gemisch in die Edelstahlschüssel sobald die Temperatur erreicht ist. Rühre dann ständig weiter und kratze die gefrorene Schicht stets mit dem Schaber von den Wänden des Gefäßes. Gib das Fruchtmus hinzu, sobald das Gemisch auf 20 °C abgekühlt ist. Rühre anschließend ständig weiter.
6. Wiederhole den Versuch ohne Zugabe von einem Ei.

*Aufgaben:*
a) Notiere deine Beobachtungen und vergleiche das Ergebnis beider Ansätze.
b) Erläutere, welche Aufgabe das Ei bei der Herstellung von Eiscreme hat.
c) Vergleiche den Geschmack dieses Erdbeereises mit dem von handelsüblichem Erdbeereis.

42 Lebensmittel – alles gut gemischt

## 3.5 Trennen einer Tütensuppe

*Trennen einer Tütensuppe: Sieben und Aussammeln.*

*Trennung durch Sedimentieren und Dekantieren*

Wahrscheinlich hat jeder schon einmal eine Tütensuppe zubereitet. Kaum zu glauben, dass aus den trockenen Krümeln, die man in der Tüte findet, mit etwas heißem Wasser eine wohlschmeckende Suppe wird. Da ist es schon interessant zu wissen, welche Bestandteile sich im Tüteninhalt verbergen.

**Aussortieren.** Sieht man sich das Gemenge der Tütensuppe genauer an, erkennt man mit bloßem Auge, dass einige Krümel sich in ihrer Größe, ihrer Farbe, sowie in ihrer Form ähneln und andere nicht. Große Nudelstücke unterscheiden sich von kleinen Gewürzkörnchen, und rote Paprikastückchen sehen ganz anders aus als weiße Salzkristalle.
Gibt man die Tütensuppe in ein Sieb, lassen sich die Nudelstücke vom Rest der Suppe trennen. Mithilfe einer Pinzette kann man dann aus dem Rückstand die ähnlichen Bestandteile *aussortieren*.

Sieben und Aussortieren sind wichtige Verfahren zur Trennung von Gemengen. Dabei ist man darauf angewiesen, Substanzen aufgrund ihres Aussehens unterscheiden zu können. Jedoch nicht jedes Gemisch lässt sich durch Sieben oder Aussortieren trennen. Deshalb benötigen wir noch andere *Stofftrennverfahren*.

**Extrahieren.** Eine andere Möglichkeit zur weiteren Trennung der Tütensuppe besteht darin, die Suppe mit Wasser zu mischen: Zuckerartige und salzartige Stoffe lösen sich dabei. Wasserunlösliche Stoffe wie eiweißähnliche Stoffe lösen sich nicht. Fettähnliche Stoffe bilden die typischen „Fettaugen" auf dem Wasser.
Solche Stofftrennungen aufgrund von unterschiedlichen Löslichkeiten in dem verwendeten Lösemittel werden *Extraktion* genannt. Die Zubereitung von Kaffee ist ebenfalls eine Extraktion. Dabei werden zum Beispiel Aromastoffe aus dem Kaffeemehl in heißem Wasser gelöst. Zurück bleibt brauner Kaffeesatz.

**Sedimentieren.** Lässt man eine zubereitete Tütensuppe einige Zeit stehen, bildet sich ein Bodensatz aus unlöslichen Stoffen wie Gemüse oder Fleischstücken. Allgemein bilden Stoffe hoher Dichte eine Bodenschicht, auch Sediment genannt. Aufgewirbelte leichte Partikel schweben im Wasser. Das Abtrennen von Sediment und Flüssigkeit erfolgt durch **Dekantieren**. Dabei wird die Flüssigkeit vorsichtig vom Bodensatz abgegossen.

**Filtrieren.** Oft bleibt das Gemisch aus Tütensuppe und Wasser sehr lange trübe. Verantwortlich dafür sind die feinen Bestandteile der Würzmischung, die nicht so schnell zu Boden sinken. Sie können durch *Filtrieren* von der Lösung getrennt werden. Die kleinen Poren im Filtrierpapier halten dabei die festen Bestandteile der Suspension zurück, während das Wasser ungehindert hindurchfließen kann. Auch bei der Zubereitung von Kaffee oder Tee wird die entstehende Suspension filtriert.

**Eindampfen.** In der klaren Lösung kann man keine Partikel der Tütensuppe mehr erkennen. Wenn man die Lösung jedoch so lange erhitzt, bis das gesamte Wasser verdampft ist, bleiben weiße Kristalle zurück. Beim *Eindampfen* der Lösung verdampft das Wasser wegen der niedrigeren Siedetemperatur eher als Zucker, Salz oder andere gelöste Stoffe. Mithilfe dieses Verfahrens können beim Kochen zum Beispiel auch Soßen dickflüssiger gemacht werden.

> Stoffgemische können mithilfe von Trennverfahren in ihre Bestandteile zerlegt werden. Dabei nutzt man die unterschiedlichen Eigenschaften der Stoffe.

**1** Nenne je ein Beispiel für die Trennverfahren Sedimentieren und Dekantieren. Erläutere sie.
**2** Bei der Zubereitung einer schmackhaften Tütensuppe muss das Gemisch mit Wasser erhitzt werden. Begründe.

Lebensmittel – alles gut gemischt **43**

| Übersicht | **Trennverfahren** |

**Sedimentieren.** Aus einer Suspension lässt sich der Feststoff durch *Sedimentation* von der Flüssigkeit trennen. Der Feststoff muss dazu eine größere Dichte als die Flüssigkeit haben. Nachdem sich der Feststoff abgesetzt hat, kann man die Flüssigkeit vorsichtig abgießen.

*Trennprinzip:* Unlösliche Feststoffe haben meist eine höhere Dichte als die Flüssigkeit. Aufgrund der Schwerkraft sinken sie deshalb nach unten. Die Absetzgeschwindigkeit hängt dabei von der Dichte und der Größe der Feststoffpartikel ab. Das Verfahren lässt sich gut für schwere Partikel anwenden. Sehr leichte Partikel setzen sich nur langsam ab.

*Beispiel:* Mechanische Klärung von Wasser im Absetzbecken einer Kläranlage. Schwimm/Sink-Verfahren bei der Trennung von Kunststoffen.

**Filtrieren.** Eine andere häufig eingesetzte Methode, um bei einer Suspension Feststoff und Flüssigkeit zu trennen, ist die *Filtration*. Dazu müssen die Poren im Filter kleiner sein als die Feststoffpartikel.

*Trennprinzip:* Die kleinsten Teilchen von Flüssigkeiten und von gelösten Stoffen sind wesentlich kleiner als die Filterporen. Sie gelangen durch den Filter und bilden das klare *Filtrat*. Die ungelösten Feststoffpartikel dagegen bestehen aus sehr vielen fest zusammenhängenden Teilchen. Die Partikel sind so groß, dass sie nicht durch die Poren des Filters passen. Sie bleiben deshalb als Rückstand auf der Filteroberfläche zurück. Als Filtermaterialien werden Papier, poröses Glas, poröse Keramik oder Kunststofffolie mit feinen Poren verwendet.

*Beispiel:* Filtrieren von Kaffee.

**Eindampfen.** Aus der Lösung eines Feststoffs kann ein Feststoff durch *Eindampfen* von Lösemitteln abgetrennt werden.

*Trennprinzip:* Beim Erhitzen verdampft zunächst das Lösemittel, denn seine Siedetemperatur ist wesentlich niedriger als die des gelösten Stoffs. Die Konzentration des gelösten Stoffs steigt deshalb allmählich an, bis sich die kleinsten Teilchen des Feststoffs wieder zu Kristallen zusammenlagern.

*Beispiel:* Gewinnung von Salz aus Meerwasser.

## 3.6 Weinbrennen – eine Destillation

Wein entsteht bei der alkoholischen Gärung von Traubenmost. Der Alkoholgehalt kann recht unterschiedlich sein: Er reicht von 5 % bei Tafelweinen bis zu 18 % bei Dessertweinen. Ein Teil des produzierten Weins wird in Brennereien zu Weinbrand destilliert.

**Destillation.** Erwärmt man Wein in einer Destillationsapparatur, verdampft zuerst der Alkohol mit einer Siedetemperatur von 78 °C. Er kondensiert dann im Kühler und wird in einem Gefäß aufgefangen. Solange reiner Alkohol destilliert, bleibt die Dampftemperatur unverändert. Da sich jedoch die Siedetemperaturen von Alkohol und Wasser nur wenig unterscheiden, verdampft auch zunehmend Wasser mit. Anstatt die Stoffe vollständig zu trennen, wird der Alkohol im Destillat nur angereichert.
Beim Brennen von Wein ist die unvollständige Trennung sogar gewollt. So bilden Aromastoffe des Weins mit Alkohol und Wasser den Weinbrand, der dann noch in Holzfässern reifen muss. Erst hier erhält er auch seine braune Farbe.

*Destille in einer Weinbrennerei*

Ein Gemisch von Flüssigkeiten kann durch Destillation aufgetrennt werden, wenn sich die Siedetemperaturen der Bestandteile deutlich unterscheiden.

**1** Erläutere, warum man ein Gemisch aus Öl und Wasser nicht durch Destillation trennt.

**2** Alkohol, der durch Gärung enstanden ist, wird auch als Autokraftstoff verwendet.
Erläutere die unterschiedlichen Anforderungen an die Destillationsapparaturen für Bio-Alkohol und für Weinbrand.

---

## Destillation  **Praktikum**

### V1: Aufnahme des Siedediagramms Aceton/Wasser

**Materialien:** Destillationsapparatur mit Rundkolben (100 ml), Heizhaube und Thermometer, Siedesteinchen, Uhr, Bechergläser, Porzellanschale, Pipette; Aceton/Wasser-Gemisch (F,Xi).

**Durchführung:**
1. Baue die Destillationsapparatur auf.
2. Fülle den Rundkolben etwa zur Hälfte mit dem Gemisch und setze einige Siedesteinchen zu.
3. Kennzeichne das erste Becherglas und stelle es unter den Ausgang des Kühlers.
4. Erhitze das Gemisch und miss die Temperatur im Abstand von einer Minute.
5. Wechsle das Becherglas aus, wenn die Temperatur besonders stark ansteigt.
6. Beende die Destillation, wenn nur noch etwa 10 ml Flüssigkeit im Rundkolben übrig sind.
7. Überprüfe die Brennbarkeit der Destillatportionen an einigen Tropfen in der Porzellanschale.

*Aufgaben:*
a) Notiere die Temperaturen und weitere Beobachtungen mit der zugehörigen Zeit.
b) Fertige ein Zeit/Temperatur-Diagramm an.
c) Kennzeichne im Diagramm die Bereiche, in denen die beiden Bestandteile des Gemisches überdestillieren.

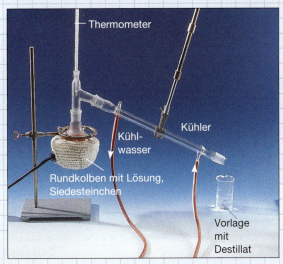

Lebensmittel – alles gut gemischt **45**

## Methode: Durchführung von Projekten ☆

*Arbeit in einer Projektgruppe*

*Darstellung der Ergebnisse*

Untersuchungen von Lebensmitteln auf einzelne Inhaltsstoffe sind oft sehr aufwändig. Sie erfordern manchmal mehrere Experimentierschritte. Deshalb bietet es sich an, arbeitsteilige Methoden wie die Projektarbeit anzuwenden.

Bei der Vorbereitung eines Projekts werden in der Klasse **Projektgruppen** gebildet, die unter einem *Gesamtthema* die Bearbeitung von einzelnen *Teilthemen* übernehmen. Jede Projektgruppe wählt einen Gruppenleiter und einen Zeitwächter. Der Gruppenleiter leitet die Diskussion in der Projektgruppe und wendet sich bei Fragen an die Lehrkraft. Der Zeitwächter kontrolliert, ob die Projektgruppe die Arbeit in der vorgegebenen Zeit schaffen kann und mahnt gegebenenfalls zu einer zügigeren Arbeitsweise.

**Themenfindung in den Projektgruppen:**
- Alle Gruppenmitglieder diskutieren konkrete Fragestellungen aus dem Gesamtthema. Jedes Gruppenmitglied bringt seine Vorschläge ein.
- Entscheidet dann gemeinsam, welches Teilthema bearbeitet werden soll und formuliert es genau.

*Tipp:* Das Thema soll so gewählt werden, dass sich alle Gruppenmitglieder in die Arbeit einbringen können.

**Planung des Projekts:**
- Entscheidet in der Projektgruppe, welche Aufgaben *gemeinsam* erledigt werden und verteilt Aufgaben an *einzelne* Gruppenmitglieder.
- Die Arbeitsverteilung wird in einem *schriftlichen* Plan festgehalten, der auch genaue Vorgaben enthält, bis zu welchem Zeitpunkt die Arbeit erledigt sein muss.
- Die Planung wird dem Lehrer oder der Lehrerin vorgestellt. In diesem Gespräch entscheidet sich letztlich, ob sich alle Vorstellungen umsetzen lassen.

*Tipp:* Wichtig ist, dass jedes Gruppenmitglied seine Aufgaben im Rahmen des Teilprojektes genau kennt und termingerecht erledigt.

**Projektdurchführung:**
- Arbeitet während der Projektdurchführung nach dem vereinbarten Plan einzeln oder in eurer Projektgruppe.
- Besprecht regelmäßig gemeinsam den Fortschritt der Arbeit.
- Helft euch gegenseitig bei Schwierigkeiten. Kommt ihr nicht weiter, holt euch bei der Lehrkraft Hilfe.

*Tipp:* Erledigt verlässlich alle übernommenen Arbeiten.

**Abschluss des Projektes:**
- Tragt die Ergebnisse *rechtzeitig* zusammen.
- Begründet, welche Vorhaben sich als nicht realisierbar herausgestellt haben.
- Entscheidet, in welcher Form die Ergebnisse vorgestellt werden sollen.

*Tipp:* Für die Durchführung weiterer Projekte sollte in der Projektgruppe kritisch Bilanz gezogen werden.

**Präsentation der Ergebnisse:**
- An der Präsentation muss die gesamte Gruppe gemeinsam arbeiten.
- Alle Gruppenmitglieder müssen einen Teil der Arbeit vorstellen.
- Das Ziel ist erreicht, wenn durch die Präsentation andere Schüler von den Ergebnissen überzeugt werden.

### Arbeiten mit der Projektmethode

1. Thema und Aufgabe formulieren, Projektgruppen bilden.
2. Gemeinsam Informationen sammeln und Thema strukturieren.
3. Arbeitsplan aufstellen und schriftlich fixieren.
4. Arbeiten nach Plan einzeln und in der Gruppe; regelmäßige gemeinsame Fortschrittsberichte.
5. Ergebnisse zusammenstellen und bewerten.
6. Präsentation als Vortrag, Poster, Film oder in anderer Form.

# Inhaltsstoffe einer Tütensuppe

**Projekt**

*Jede Menge Tütensuppen*

### Klare Suppe mit Nudeln
**Zutaten:** 68% bunte Nudeln (Hartweizengrieß, Spinatpulver, Paprika), jodiertes Speisesalz, Stärke, Fruktose, pflanzliches Fett, Hefeextrakt, Zwiebeln, Sellerie, Aroma, Petersilie, Gewürze (mit Selleriesaat), Karotten, Sojasauce (Sojabohnen, Weizen).

✓ Ohne geschmacks-
verstärkende Zusatzstoffe
✓ Ohne Konservierungsstoffe*
✓ Ohne künstliche Farbstoffe
*lt. Gesetz

**Zubereitete Suppe enthält:**

| | pro 100 ml | Portion (250 ml) |
|---|---|---|
| Brennwert | 85 kJ/20 kcal | 220 kJ/50 kcal |
| Eiweiß | 0,7 g | 1,5 g |
| Kohlenhydrate | 4,0 g | 10 g |
| davon Zucker | unter 0,5 g | 0,8 g |
| Fett | unter 0,5 g | 0,6 g |
| davon gesättigte Fettsäuren | unter 0,5 g | unter 0,5 g |
| Ballaststoffe | unter 0,5 g | 0,7 g |
| Natrium | 0,42 g | 1,04 g |

**1 Portion (250 ml) zubereitete Suppe enthält:**

| kcal | Zucker | Fett | Gesättigte Fettsäuren | Natrium |
|---|---|---|---|---|
| 50 | 0,8 g | 0,6 g | <0,5 g | 1,04 g |
| 3% | 1% | 1% | 1% | 43% |

des Richtwertes für die Tageszufuhr basierend auf einer Ernährung mit 2000 kcal.

**Inhalt ergibt 1 Liter** = 4 Teller

---

Fertiggerichte erfreuen sich steigender Beliebtheit. Das vielseitige Angebot in Supermärkten ist ein Beweis dafür. Doch was enthält die Tüte oder Dose? Ernährt man sich gesund, wenn man regelmäßig Fertiggerichte isst? Lassen sich Bestandteile der Suppen auch chemisch nachweisen? Diesen Fragen kann man mit einer Recherche nach weiterführenden Informationen und mit einfachen Experimenten auf den Grund gehen.

### A1: Informationen über Tütensuppen
- Sucht im Internet oder in der Bücherei nach Informationen zu folgenden Themen:
  - Zubereitungsmöglichkeiten von Tütensuppen
  - Nahrungsbestandteile und Nährstoffe
  - Nährwert und Brennwert
  - Kennzeichnung von Lebensmitteln
  - Gesunde Ernährung
- Tragt eure Ergebnisse in Form von Kurzreferaten vor.

### V1: Trennung der Bestandteile einer Tütensuppe
- Wählt mithilfe des Buches geeignete Stofftrennverfahren aus, mit denen die Bestandteile einer Tütensuppe isoliert werden können.
- Besprecht mit der Lehrkraft, welche Experimente durchgeführt werden sollen.
- Erstellt einen Arbeitsplan, führt die Experimente durch und protokolliert die Ergebnisse.
- Stellt die Ergebnisse für die einzelnen Stofftrennverfahren in Kurzreferaten vor und fertigt ein Poster über die verwendeten Trennverfahren an.

### V2: Nachweis von Stärke, von Traubenzucker und von Fett
- Stellt mithilfe des Buches die Nachweismethoden für Stärke, Traubenzucker und Fett zusammen. *Hinweis:* Führt den Nachweis von Stärke mit dem Gemenge und den Nachweis von Fett und Traubenzucker mit der angerührten Suppe durch.
- Besprecht mit der Lehrkraft, welche Experimente durchgeführt werden sollen.
- Erstellt einen Arbeitsplan, führt die Experimente durch und protokolliert die Ergebnisse.
- Stellt die Ergebnisse für die einzelnen Nachweisverfahren in Kurzreferaten vor.

### A2: Inhaltsstoffe
- Informiert euch über die Inhaltsstoffe einer Tütensuppe.
- Gebt an, weshalb diese Stoffe in der Tütensuppe enthalten sein müssen.
- Recherchiert die Wirkung von Geschmacksverstärkern und Konservierungsstoffen.
- Erstellt eine Präsentation zu den Inhaltsstoffen.

### V3: Bestimmung des Fettanteils mit der „Fettaugenmethode"
Der Fettanteil verschiedener Tütensuppen lässt sich mithilfe der Fläche der Fettaugen bestimmen. Dazu werden verschiedene Suppen laut Anweisung zubereitet und in gleichen Gefäßen die sich bildenden Fettaugenflächen miteinander verglichen.

Lebensmittel – alles gut gemischt **47**

**Exkurs**

## Doping-Kontrolle – eine Anwendung der Chromatografie

Doping-Kontrollen im Leistungssport werden seit den Olympischen Spielen in Mexiko 1968 durchgeführt. In der Regel werden die Erstplatzierten und weitere, nach dem Zufallsprinzip ausgewählte Teilnehmer kontrolliert. Die Sportler müssen sich innerhalb einer Stunde nach Ende des Wettkampfes in der Doping-Kontrollstelle einfinden. Dort müssen sie zwei Urinproben abgeben, die so genannte A-Probe und die B-Probe. Beide Proben werden versiegelt und mit einer Codenummer versehen ins Labor gegeben. Ist die A-Probe positiv, so wird der Sünder über die Codenummer ermittelt und dann über das Ergebnis informiert. Erst dann wird auch die B-Probe untersucht. Bestätigt sich die Analyse der A-Probe, so wird der Dopingsünder – meist für mehrere Jahre – für Wettkämpfe gesperrt.

Die Laboranalyse der Doping-Proben erfolgt nach vorgegebenen Analyseverfahren. Im Mittelpunkt stehen dabei *chromatografische Verfahren*. Dabei handelt es sich um moderne Trennverfahren und eine Analysetechnik, mit der man kleinste Mengen eines Stoffes aus einem Gemisch abtrennen und identifizieren kann.

**Prinzip der Chromatografie.** Grundlage der Chromatografie ist ein Wechselspiel von Adsorbierbarkeit und Löslichkeit der zu trennenden Stoffe: Man benötigt ein geeignetes Adsorptionsmittel, an dem die Bestandteile unterschiedlich gut gebunden werden und ein Lösemittel, in dem sich die zu trennenden Stoffe unterschiedlich gut lösen.

Das zu trennende Gemisch wird auf das Adsorptionsmittel aufgetragen. Anschließend strömt das Lösemittel über die Stoffprobe. Die Bestandteile, die nicht sehr fest adsorbiert sind und sich am besten in dem Lösemittel lösen, werden dabei mitgeschwemmt. Die Bestandteile, die sehr fest adsorbiert und schlecht löslich sind, bleiben dagegen zurück. Auf diese Weise werden die Bestandteile des Gemischs getrennt.

**Papier-Chromatografie.** Im einfachsten Fall benutzt man bei der Chromatografie als Adsorptionsmittel saugfähiges Papier und als Lösemittel Wasser. Mit diesem einfachen Verfahren lassen sich beispielsweise schwarze Tinte und auch manche Filzstift-Farben trennen. In der Praxis hat die Papier-Chromatografie allerdings kaum noch Bedeutung.

**Gel-Chromatografie.** Heute steht eine große Palette chromatografischer Verfahren zur Verfügung. Bei der Gel-Chromatografie benutzt man anstelle des Adsorptionsmittels eine gelartige Substanz mit Poren ganz bestimmter Größe, in die sich die Teilchen der zu trennenden Stoffe unterschiedlich gut einlagern können.

Das Gel wird in eine senkrecht stehende Röhre eingefüllt, das zu trennende Gemisch wird von oben auf die so vorbereitete *Chromatografie-Säule* gegeben. Mit Wasser oder einem anderen Lösemittel wird dann die Probe durch die Säule „gespült". Da sich die Teilchen der einzelnen Mischungsbestandteile unterschiedlich gut in die Poren des Gels einlagern und auch unterschiedlich schnell von dem Lösemittel herausgewaschen werden, kommen die einzelnen Bestandteile der Probe nacheinander am unteren Ende der Säule an. Dort können sie dann einzeln entnommen werden.

Auf diese Weise können bei der Doping-Kontrolle einzelne Stoffe aus der Urin-Probe isoliert und dann identifiziert werden.

Die Gel-Chromatografie besitzt auch in der Biochemie eine besondere Bedeutung, denn hier hat man häufig Teilchen ganz unterschiedlicher Größe. Insgesamt sind chromatografische Verfahren aus allen Bereichen der analytischen Chemie nicht mehr wegzudenken. Ihr Einsatz reicht von der Lebensmittelkontrolle über die Umweltanalytik bis zur Entwicklung neuer Arzneimittel und zur Früherkennung angeborener Stoffwechselerkrankungen bei Neugeborenen.

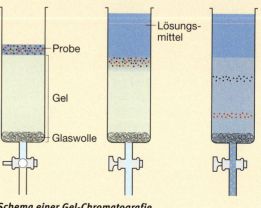

*Dopingverdacht im Radsport*

*Schema einer Gel-Chromatografie*

48 Lebensmittel – alles gut gemischt

# Lebensmittel – alles gut gemischt

**Basiswissen**

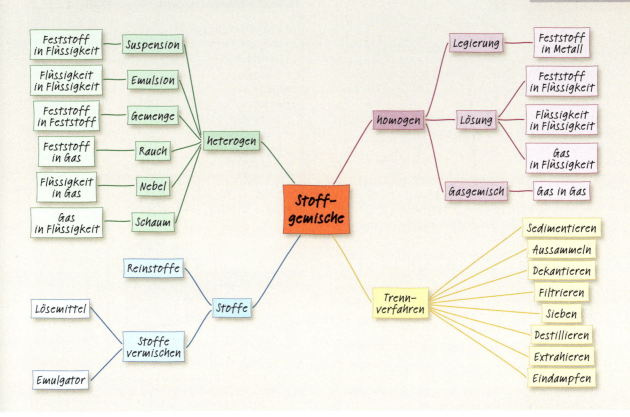

## Lebensmittel enthalten Zusatzstoffe

**Chemie in unserer Welt**

**Lebensmittelüberwachung.** Für unsere Ernährung sind wir auf Lebensmittel angewiesen. Doch die Auswahl von Lebensmitteln ist nicht beliebig. Wir müssen mit unseren Speisen und Getränken alle Nährstoffe aufnehmen, die wir zum Leben brauchen. Wichtig ist aber auch, dass die Lebensmittel keine schädlichen Stoffe enthalten.

Früher wurden die Speisen von Königen durch den Mundschenk gekostet. Er musste garantieren, dass die Lebensmittel unverdorben und frei von Giften waren. Heute hat die Lebensmittelchemie diese Aufgabe übernommen. Die Lebensmittel werden dabei in ihre Bestandteile zerlegt. Danach werden die einzelnen Inhaltsstoffe untersucht und identifiziert. Der Gehalt der Inhaltsstoffe wird dann auf dem Lebensmitteletikett angegeben.

Heute müssen auch kleinste Mengen von allergieauslösenden Stoffen wie etwa Spuren von Nüssen, Ei oder Soja ausgewiesen werden. So kann der Verbraucher schon beim Einkauf darauf achten, welche Stoffe in den Lebensmitteln enthalten sind.

**Lebensmittelzusatzstoffe.** Die Chemie hat noch weitere Aufgabenfelder im Zusammenhang mit Lebensmitteln. So werden Konservierungsstoffe zugefügt, um Lebensmittel haltbarer zu machen. Auch die Farbe oder der Geschmack können durch Zusatzstoffe beeinflusst werden.

Daneben gewinnt man aus Lebensmitteln auch Stoffe, die in der Küche gebraucht werden. Stärke zum Binden von Soßen, Lecithin als Emulgator und Glutamat als Geschmacksverstärker sind nur einige Beispiele. Auch die Gewinnung von Zucker aus Zuckerrohr oder Zuckerrüben ist ein chemischer Prozess, der natürlich von Chemikern überwacht wird.

Oft nutzt man von Chemikern entwickelte Trennverfahren, um Stoffe aus Lebensmitteln zu entfernen: So wird Koffein aus Kaffee entfernt oder Kakao entölt und von Bitterstoffen befreit.

Seit einiger Zeit haben in der professionellen Küche neue Arbeitstechniken Einzug gehalten, die für das Arbeiten im Labor entwickelt wurden. Man gart im Drucktopf oder kühlt mit flüssigem Stickstoff.

# Prüfe dein Wissen

## Quiz

**A1 a)** Erkläre die Begriffe des Fensters.
**b)** Notiere auf der Vorderseite von Karteikarten den Begriff, auf der Rückseite die Erklärung.
**c)** Ordne die Begriffe den Basiskonzepten „Materie", „chemische Reaktion" und „Energie" zu. Begründe deine Zuordnung.

**A2** Suche aus der folgenden Liste die Stoffe heraus, bei denen es sich um Gemische handelt:
Edelstahl, Diamant, Backpulver, Marmelade, Kaffeepulver, Aluminium, Leitungswasser, Mineralwasser, Benzin.

**A3** Nenne je zwei Beispiele für folgende Gemischtypen: Suspensionen, Emulsionen, Legierungen und Lösungen.

**A4 a)** Ordne folgende Gemische einem Gemischtyp zu: Beton, Bodylotion, Apfelsaft, Sekt, Tinte, Ketchup, Styropor, Hausmüll, Schlagsahne.
**b)** Zeichne für jedes der Gemische ein Teilchenmodell.

**A5** Gib Verfahren an, mit denen sich die einzelnen Bestandteile aus dem folgenden Gemisch abtrennen lassen:
**a)** Wasser/Alkohol/Farbstoff-Gemisch
**b)** Sand/Salz/Eisenspäne
**c)** Rauch in der Luft

## Know-how

**A6** Wasser ist durch Tinte blau gefärbt. Durch welche Verfahren könnte man den Farbstoff vom Wasser trennen? Gib die Vorteile und Nachteile der Verfahren an.

**A7** Man gibt jeweils einen Teelöffel der folgenden Stoffe in ein Glas mit Wasser und rührt um: Zucker, Mehl, Öl, Essig, Grieß. Beschreibe deine Beobachtungen. Gib für alle entstehenden Gemische den Gemischtyp an.

**A8** Es macht einen geschmacklichen Unterschied, ob du Tee drei oder fünf Minuten ziehen lässt. Begründe.

**A9** Manche dickflüssigen Medikamente muss man vor Gebrauch schütteln. Nenne den vorliegenden Gemischtyp. Beschreibe, was sich bei längerem Stehen der Medikamente beobachten lässt.

**A10** Manche Flüsse führen im Sand und Schlamm kleine Goldkörnchen mit sich. Beschreibe das Verfahren des Goldwaschens. Welche Eigenschaft wird zum Trennen genutzt?

### Die wichtigsten Begriffe

- heterogenes Gemisch
- homogenes Gemisch
- Gemenge
- Legierung
- Lösung
- Emulsion
- Suspension
- Rauch, Nebel, Aerosol
- Sedimentation
- Extraktion

## Natur – Mensch – Technik

**A11 a)** Autowaschanlagen müssen mit Ölabscheidern ausgerüstet sein. Nenne die Gründe für diese Maßnahme.
**b)** Beschreibe und erkläre das Trennprinzip. Schreibe dazu einen kurzen Informationstext.

**A12** Informiere dich über den Aufbau und die Wirkungsweise von Rußpartikelfiltern in neuen Dieselfahrzeugen.

**A13** Ein Gemisch aus den Kunststoffen Polypropylen, Polyethylen, Polystyrol und Polyvinylchlorid soll getrennt werden.
**a)** Das Schwimm/Sink-Verfahren ist eine Möglichkeit. Beschreibe das Verfahren mithilfe der Tabelle rechts. Erkläre das Wirkungsprinzip des Verfahrens.
**b)** Eine andere Möglichkeit ist die Trennung der Stoffe in einem Hydrozyklon. Bei diesem Verfahren werden die Kunststoffe zunächst gemahlen und dann mit Wasser in den Hydrozyklon gegeben. Erläutere das Wirkungsprinzip.

| Kunststoffe | Dichte ($\frac{g}{cm^3}$) |
|---|---|
| Polypropylen | 0,91 |
| Polyethylen | 0,95 |
| Polystyrol | 1,05 |
| Polyvinylchlorid | 1,30 |

| Trennmittel | Dichte ($\frac{g}{cm^3}$) |
|---|---|
| Wasser | 1,0 |
| Kochsalz-Lösung | 1,2 |
| Fixiersalz-Lösung | 1,28 |

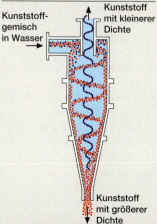

50 Lebensmittel – alles gut gemischt

## Wissen vernetzt

### A1 Salzgewinnung

Lüneburg, eine Stadt in der Lüneburger Heide, verdankte ihren früheren Reichtum dem Salz aus einem Salzstock, der unmittelbar unter der Altstadt liegt. Das Grundwasser löste das Steinsalz heraus. Diese Sole wurde hochgepumpt und in großen, mit Holz beheizten Siedepfannen eingedampft. Das zum Heizen der Öfen benötigte Holz wurde in mühsamer Arbeit aus den Wäldern der Umgebung herangeschafft.
Salz war früher ein kostbares Gut und sehr teuer. Die Arbeit an den Siedepfannen war hart. Jeder musste mit anfassen! Der Siedemeister überwachte den Siedeprozess. Frauen und Kinder führten Hilfsarbeiten aus. Sie sorgten für das Feuer, leerten die Siedepfannen und füllten das Salz in Säcke.

**a)** Viele Orte, an denen Salz gefunden wurde, tragen die Silbe „hall" oder „salz" im Namen. Suche im Atlas nach solchen Orten.
**b)** Heute wird Salz aus unterirdischen Steinsalz-Lagerstätten gewonnen. Suche im Atlas Orte, an denen in Deutschland Steinsalz abgebaut wird.
**c)** Informiere dich über die Entstehung der Lüneburger Heide. Stelle einen kurzen Bericht zusammen.
**d)** Vergleiche die Bedeutung des Salzes im Mittelalter mit seiner Bedeutung heute. Schreibe einen kurzen Informationstext.
**e)** Auf den Verpackungen von Speisesalz für den Haushalt findet man meist Angaben über Zusatzstoffe. Stelle die Angaben für einige Handelsprodukte in Form einer Tabelle zusammen. Gib dabei auch an, welchen Zweck die einzelnen Zusatzstoffe haben.

### A2 Zuckerherstellung

Bis Anfang des 19. Jahrhunderts konnte Zucker nur in tropischen Ländern aus Zuckerrohr gewonnen werden. In Europa blieb Zucker deshalb ein Luxusprodukt. Die erste kleine Fabrik zur Gewinnung von Zucker aus Rüben wurde 1802 in Schlesien errichtet.

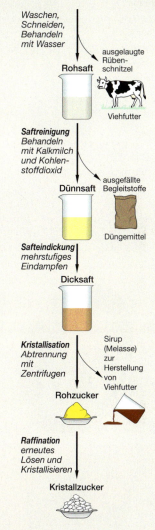

**a)** Stelle die einzelnen Schritte der Gewinnung von Zucker aus der Zuckerrübe in einer Tabelle zusammen. Gib an, welche Trennverfahren dabei angewendet werden.
**b)** Erläutere, was mit den Nebenprodukten der Zuckerherstellung geschieht.
**c)** Frage zuhause nach, wie viel an Haushaltszucker monatlich in eurer Familie verbraucht wird. Vergleiche diesen Wert auch mit den Angaben deiner Klassenkameraden.

Lebensmittel – alles gut gemischt

# 4 Chemie in der Küche

Es ist ein tolles Erlebnis, mit Eltern und Freunden in der Küche zu stehen und gemeinsam leckere Speisen zuzubereiten. Die Suppe köchelt auf dem Herd, der Braten bruzzelt, verführerische Düfte ziehen durch das ganze Haus: so appetitlich kann Chemie sein.
Die Küche ist im Prinzip nur ein Chemielabor und auch die Handgriffe ähneln denen eines Chemikers: Stoffe werden abgefüllt, verrührt und erhitzt. In der Küche verwendet man geeignete Lösemittel wie beispielsweise Wasser oder Öl. Durch Erhitzen kann man aus Lebensmitteln ein schmackhaftes Essen zubereiten.
Die Zubereitung gelingt aber nicht immer reibungslos. Wie im Chemielabor benötigt man in der Küche Geschick und Übung.

Zentrale Fragen:
- Wie verändern sich Lebensmittel bei der Zubereitung?
- Was sind die Kennzeichen einer chemischen Reaktion?
- Welcher Zusammenhang besteht zwischen Energieumsatz und der chemischen Reaktion?
- Was bedeutet der Begriff Energieumwandlung?
- Welche Rolle spielen chemische Reaktionen im Alltag und in der Natur?

## 4.1 Kochen, Braten, Backen – Vorgänge in der Küche

*Kross gebratenes Fleisch*

*Ein gekochtes Ei*

*Gebackene Plätzchen*

In der Küche werden Lebensmittel durch verschiedene Verfahren für den Verzehr zubereitet. Dabei werden sie auf unterschiedliche Weise erhitzt: So werden beispielsweise Fleisch oder Fisch gebraten, Eier oder Nudeln werden gekocht und Plätzchen oder Brot werden gebacken.

**Braten.** Wenn man rohes Fleisch kauft, hat es eine rötliche Farbe und ist sehr weich. Man kann es in roher Form essen; leichter verdaulich und schmackhafter wird das Fleisch, wenn man es kocht oder brät.
Gibt man ein Stück Fleisch in eine heiße Pfanne, so stellt man schon nach kurzer Zeit eine Veränderung fest: die rötliche Farbe an der Oberfläche ist verschwunden; das Fleischstück sieht nun hellbraun aus. Brät man das Stück noch einige Minuten bei großer Hitze weiter, so setzt sich die Veränderung fort: An der Oberfläche bildet sich eine dunkelbraune Kruste.
Wenn man das Fleischstück nun aufschneidet, kann man auch Veränderungen im Inneren des Fleisches erkennen. Es sind offensichtlich neue Stoffe entstanden, die andere Eigenschaften haben als das rohe Fleisch. Niemand wundert sich, dass das Fleisch auch nach dem Abkühlen in seinem gebratenen Zustand verbleibt. Bleibende Veränderungen beim Erhitzen sind uns vertraut.

**Kochen.** Schlägt man ein rohes Ei auf, so treten zwei flüssige Stoffe aus: das klare Eiweiß und das Eigelb. Kocht man ein rohes Ei im Wasserbad, so wird das vorher klare Eiweiß langsam undurchsichtig. Nach etwa sieben Minuten ist das Eigelb fest: das Ei ist hartgekocht.
Hier entstehen also auch neue Stoffe mit neuen Eigenschaften. Die Veränderung der Bestandteile des Eies ist dauerhaft und bleibt nach dem Abkühlen erhalten.

Kartoffeln und verschiedene andere Gemüsearten wie Mohrrüben oder Blumenkohl sind im rohen Zustand hart, werden aber durch das Kochen weich und entfalten ihr typisches Aroma.

**Backen.** In der Weihnachtszeit ist das Plätzchenbacken sehr beliebt. Ein Plätzchenteig besteht aus Mehl, Zucker, Eiern und Backpulver. Außerdem kommen noch bestimmte Aromen, wie beispielsweise Vanille, hinzu. Der Teig ist sehr weich und leicht verformbar.
Im Ofen wird die Masse ausgebacken. Dabei wird der Plätzchenteig langsam dunkler und das Volumen der Plätzchen nimmt zu. Die fertigen Plätzchen sind gelbbraun und fest und sie duften herrlich. Auch hier sind offensichtlich neue Stoffe entstanden. Dank der gewünschten Eigenschaften dieser Stoffe verzehren wir die gebackenen Plätzchen gern.

> Beim Kochen, Braten und Backen verändern sich die Lebensmittel. Die neu entstandenen Stoffe weisen neue Eigenschaften auf. Bei den Vorgängen in der Küche spielt die Veränderung der Temperatur eine große Rolle.

**1** Beschreibe die Veränderungen, die beim Backen eines Kuchens stattfinden.
**2** Nenne die Veränderungen, die du bei der Herstellung von Eischnee beobachten kannst. Vergleiche sie mit der Herstellung einer Majonäse und der Veränderung beim Braten eines Spiegeleies.
**3** Nenne weitere Beispiele aus der Küche, bei denen Lebensmittel chemisch verändert werden.
**4** In Kochbüchern werden weitere Zubereitungsarten genannt. Informiere dich über die folgenden Garverfahren und beschreibe kurz die Unterschiede: Dünsten, Dampfgaren, Schmoren, Pochieren, Frittieren.

Chemie in der Küche **53**

## 4.2 Karamellisieren – eine chemische Reaktion

*Eine Crème Brûlée wird zubereitet.*

Karamellisierter Zucker verleiht Desserts eine besonders edle Geschmacksnote. Um Karamellmasse herzustellen, gibt man Zucker mit ein wenig Wasser in einen hitzebeständigen Topf und erhitzt vorsichtig. Bei der Zubereitung einer Crème Brûlée gibt man den Zucker auf eine Crememasse und erhitzt ihn dort mit einem Gasbrenner, so dass die oberste Zuckerschicht karamellisiert.

**Erhitzen von Zucker.** Im Labor kann man die Karamellbildung genau untersuchen. Dazu erhitzt man langsam etwas Zucker. Schon nach kurzem Erwärmen wird der Zucker flüssig. Zunächst ist die Schmelze farblos. Nach einiger Zeit wird sie jedoch leicht bräunlich und zunehmend zähflüssig: Man nimmt den typisch süßlichen Karamellgeruch wahr.
Erhitzt man weiter, steigen beißend riechende Nebel auf. Die Schmelze wird erst dunkelbraun, dann bildet sich ein schwarzer voluminöser Schaum, der erstarrt und sich nach dem Abkühlen nicht mehr verändert.

**Chemische Reaktion.** Mit zunehmender Temperatur findet eine dauerhafte Veränderung des Zuckers statt: aus dem weißen kristallinen Feststoff bilden sich beim Erhitzen und gasförmige Stoffe und ein voluminöser schwarzer Feststoff.
Solche Vorgänge, bei denen neue Stoffe entstehen, bezeichnet man als *chemische Reaktion*. Die entstehenden Stoffe nennt man Produkte. Die Produkte unterscheiden sich von den Ausgangsstoffen durch ihre Eigenschaften.

Bei vielen Vorgängen in der Küche laufen chemische Reaktionen ab. So entstehen auch beim Braten eines Fleischstücks, beim Kochen eines Eies oder beim Backen von Plätzchen neue Stoffe. Man erkennt diese neuen Stoffe daran, dass sie im Vergleich zu den Ausgangsstoffen anders aussehen und einen anderen Geruch, einen anderen Geschmack oder eine andere Konsistenz aufweisen.

> Bei chemischen Reaktionen entstehen neue Stoffe. Die Produkte unterscheiden sich durch ihre charakteristischen Eigenschaften von den Ausgangsstoffen.

**1** Beschreibe, woran man erkennt, dass bei der Karamellbildung neue Stoffe entstehen.
**2** Erkläre, woran man beim Braten von Fleisch, beim Kochen von Eiern und beim Backen erkennen kann, dass chemische Reaktionen stattgefunden haben.
**3** Bei der Zubereitung von Süßspeisen erhitzt man die Zutaten weniger als etwa beim Braten von Fleisch. Begründe die vorsichtigere Arbeitsweise.
**4** Begründe, warum das Erwärmen von Kuvertüre keine chemische Reaktion ist.
**5** Nenne chemische Reaktionen aus deinem Alltag außerhalb der Küche. Gib dazu die Veränderungen an.

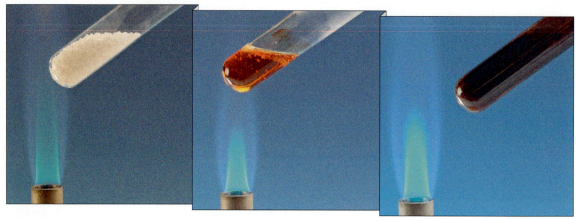

*Erhitzen von Zucker im Labor*

# Lebensmittel verändern sich

**Praktikum**

### V1: Erhitzen von Zucker

*Materialien:* Spatel, Adsorptionsstopfen, Gasbrenner; Zucker.

*Durchführung:*
1. Gib zwei Spatel Zucker in ein Reagenzglas. Verschließe es anschließend mit einem Adsorptionsstopfen.
2. Erhitze vorsichtig bis eine Reaktion einsetzt. Erwärme anschließend noch etwas weiter.

*Aufgaben:*
a) Notiere deine Beobachtungen.
b) Handelt es sich um eine chemische Reaktion?

### V2: Erhitzen von Kuvertüre

*Materialien:* Metalltopf, Heizplatte, Löffel; Kuvertüre.

*Durchführung:*
1. Gib in einen kleinen Metalltopf etwas Kuvertüre.
2. Erwärme die Kuvertüre und lass wieder abkühlen.
*Hinweis:* Es darf kein Wasser in den Topf gelangen.

*Aufgaben:*
a) Notiere deine Beobachtungen.
b) Handelt es sich um eine chemische Reaktion?

*Selbst hergestellte Karamellbonbons*

**Experimentelle Hausaufgabe:
Karamellbonbons zum Selbermachen**

*Materialien:* Pfanne, Backpapier; Butter, Zucker, süße Sahne.

*Durchführung:*
1. Schmilz ein Stück Butter in einer kleinen Pfanne bei mittlerer Temperatur.
2. Rühre einen Esslöffel Zucker und zwei Teelöffel süße Sahne hinzu.
3. Gib das hellbraune Gemisch auf ein Backpapier.
*Hinweis:* Achte darauf, dass das Gemisch nicht zu dunkel wird.

*Aufgaben:*
a) Notiere deine Beobachtungen.
b) Informiere dich über verschiedene Arten von Karamell.

---

# Reifungsprozesse

**Exkurs**

Chemische Reaktionen finden nicht nur in der Küche und im Labor statt. Auch in der Natur laufen chemische Reaktionen ab. Ein Beispiel ist das Reifen von Obst.
Ein unreifer Apfel ist grün, schmeckt sauer und ist hart. Ein reifer Apfel dagegen hat eine gelbrötliche Farbe, schmeckt süß und ist weicher. Bei dem Reifungsprozess sind also neue Stoffe entstanden.
Beim Reifen werden grüne Pflanzenfarbstoffe zunächst zu gelben und dann zu roten Farbstoffen umgewandelt. Die im Apfel enthaltene geschmacklose Stärke wird zu Zucker umgewandelt. Außerdem werden die sogenannten Gerüststoffe, die den unreifen Apfel hart machen, teilweise abgebaut: Der Apfel wird weicher.

*Unreife und reife Äpfel*

Chemie in der Küche 55

## 4.3 Chemische Reaktionen im Labor

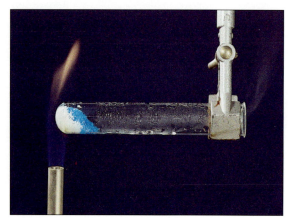

*Blaues Kupfersulfat-Hydrat wird erhitzt*

*Weißes Kupfersulfat reagiert mit Wasser*

Bei der Zubereitung von Lebensmitteln in der Küche finden zahlreiche chemische Reaktionen statt. Lebensmittel sind in den meisten Fällen Gemische verschiedener Stoffe. Die einzelnen ablaufenden Reaktionen lassen sich daher nicht ohne Weiteres identifizieren. Die Prozesse beim Kochen, Backen und Braten sind nur auf den ersten Blick einfach.
Um die Vorgänge bei einer chemischen Reaktion genauer untersuchen zu können, betrachtet man deshalb in der Chemie zunächst einfache überschaubare Reaktionen. Dazu eignen sich Laborexperimente mit Kupfersulfat und Kupfersulfat-Hydrat besonders gut.

**Bildung von weißem Kupfersulfat.** Erhitzt man blaues Kupfersulfat-Hydrat, so verschwindet die blaue Farbe; gleichzeitig entstehen Tröpfchen einer farblosen Flüssigkeit, die sich als Wasser erweist. Außerdem hat sich ein neuer Stoff gebildet: weißes Kupfersulfat. Es hat also eine chemische Reaktion stattgefunden.

Um die chemische Reaktion kürzer beschreiben zu können, verwendet man ein Reaktionsschema. Für die Bildung von weißem Kupfersulfat und Wasser aus blauem Kupfersulfat-Hydrat lautet das Reaktionsschema:

Kupfersulfat-Hydrat ⟶ Kupfersulfat + Wasser

Im Reaktionsschema notiert man zunächst den Namen des Ausgangsstoffs. Es folgen der Reaktionspfeil und der Name des Produkts. Der Pfeil gibt also die Richtung der Reaktion an. Sind mehrere Ausgangsstoffe oder Produkte vorhanden, so verbindet man diese mit einem Pluszeichen.

Das Reaktionsschema liest man als: „Kupfersulfat-Hydrat reagiert zu Kupfersulfat und Wasser."

**Bildung von blauem Kupfersulfat-Hydrat.** Tropft man Wasser auf weißes Kupfersulfat, so entsteht ein blauer Stoff. Dabei erwärmt sich das Gemisch. Durch die Reaktion von weißem Kupfersulfat mit Wasser hat sich blaues Kupfersulfat-Hydrat gebildet.
Das Reaktionsschema für diese Reaktion lautet:

Kupfersulfat + Wasser ⟶ Kupfersulfathydrat

Dieses Reaktionsschema liest man als: „Kupfersulfat reagiert mit Wasser zu Kupfersulfat-Hydrat."

Die Bildung von blauem Kupfersulfat-Hydrat ist die Umkehrung zu der Bildung von weißem Kupfersulfat. Die Bildung von weißem Kupfersulfat ist also eine umkehrbare Reaktion.
Viele Reaktionen sind jedoch nicht so einfach umkehrbar. So werden aus gebackenen Plätzchen nicht wieder rohe Teighäufchen und aus knusprig gebratenem Fleisch wird kein rohes Fleischstück mehr. Die meisten Reaktionen, die bei der Zubereitung von Lebensmitteln stattfinden, sind für uns nicht umkehrbar.

> Chemische Reaktionen können in Kurzform durch ein Reaktionsschema beschrieben werden. Die Ausgangsstoffe werden auf der linken Seite und die Produkte auf der rechten Seite notiert. Die Reaktion wird durch den Reaktionspfeil dargestellt.

**1** Nenne die Veränderungen, die zeigen, dass bei der Reaktion von Kupfersulfat mit Wasser eine chemische Reaktion stattfindet.
**2** Zucker reagiert beim Erhitzen zu Karamell. Stelle ein Reaktionsschema auf.
**3** Benenne Ausgangsstoffe und Produkte bei drei selbst gewählten chemischen Reaktionen aus dem Alltag.

## 4.4 Energie bei chemischen Reaktionen

*Ein gemütliches Feuer*

Energie begegnet uns in vielen verschiedenen Erscheinungsformen: Als Licht, als Wärme, als elektrische Energie und als Bewegungsenergie.
Im Alltag spricht man fälschlich davon, dass Energie verbraucht wird. Energie ist da, sie kann weder verbraucht noch neu geschaffen werden. Energie kann aber von einer Energieform in andere Energieformen überführt werden. So wird im Backofen elektrische Energie in Wärme und in der Glühlampe elektrische Energie in Licht und Wärme umgewandelt. In der Chemie betrachtet man noch eine weitere Energieform: In Stoffen ist Energie chemisch gespeichert. Man spricht daher von chemischer Energie.

**Stoffe und Energie.** Alle Stoffe haben eine bestimmte Menge an chemischer Energie. Manche Stoffe dienen auf Grund ihres hohen Energiegehalts als Brennstoffe. Ihre Energie wird beim Verbrennen als Wärme und als Licht frei. Andererseits gibt es auch Vorgänge, bei denen von außen Energie zugeführt werden muss. Stoffe nehmen bei einer chemischen Reaktion Energie auf oder geben Energie ab: Sie tauschen also mit der Umgebung Energie aus. Der Energieaustausch kann in Form von Wärme, von Licht, von Bewegungsenergie oder auch von elektrischer Energie erfolgen. Bei allen chemischen Reaktionen spielt der Wärmeaustausch eine zentrale Rolle.

**Energieumsatz.** Wird bei einer chemischen Reaktion Wärme an die Umgebung abgegeben, so spricht man von einer **exothermen** Reaktion. Wird bei einer chemischen Reaktion Energie aus der Umgebung aufgenommen, so spricht man von einer **endothermen** Reaktion.
Auch bei der Reaktion von weißem Kupfersulfat mit Wasser wird Energie ausgetauscht: Bei der Bildung von Kupfersulfat-Hydrat wird Wärme frei. Es handelt sich also um eine *exotherme* Reaktion. Für die Rückreaktion zu weißem Kupfersulfat muss Wärme zugeführt werden. Diese Reaktion ist also *endotherm*. Im Reaktionsschema gibt man den Energieumsatz nach einem Semikolon im Anschluss an die Produkte an.

Da bei chemischen Reaktionen ein Energieaustausch stattfindet, ist der Energiegehalt der Ausgangsstoffe ein anderer als der Energiegehalt der Produkte. Den Energiegehalt kann man übersichtlich in einem **Energiediagramm** darstellen.

> Bei chemischen Reaktionen findet ein Energieumsatz statt. Bei exothermen Reaktionen wird Energie an die Umgebung abgegeben. Bei endothermen Reaktionen wird Energie aus der Umgebung aufgenommen.

**1** Erkläre, was man unter „Energieerhalt" versteht.
**2** Gib je ein Beispiel für eine exotherme Reaktion an, bei der Energie in Form von Wärme, von Bewegungsenergie oder von Licht frei wird.

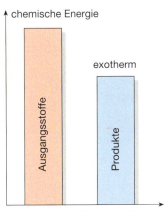

*Energieaustausch bei chemischen Reaktionen*

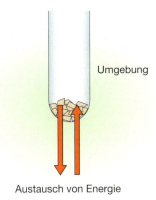

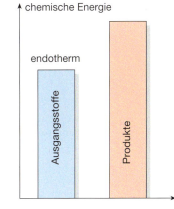

Chemie in der Küche **57**

# 4.5 Lebensmittel haben es in sich – Nahrung und Energie ✯

*Brennwertangaben auf einem Milchkarton*

*Ein Fettbrand auf dem Herd*

Alle Lebewesen benötigen Energie. Pflanzen beziehen sie aus dem Sonnenlicht. Menschen und Tiere erhalten die lebensnotwendige Energie durch den Abbau von Nährstoffen, die in Lebensmitteln enthalten sind. Dieser Abbau ist eine Abfolge von langsam ablaufenden exothermen Reaktionen.

**Energiegehalt von Lebensmitteln.** Wie alle Stoffe enthalten Lebensmittel *chemische Energie.* Der Energiegehalt ist dabei abhängig von den enthaltenen Nährstoffen. Auf Verpackungen von Lebensmitteln ist ihr Energiegehalt häufig als Brennwert angegeben. Diese Angabehat die Einheit Kilojoule (kJ) pro 100 g oder pro 100 ml. Häufig findet man auch noch Angaben in Kilokalorien (kcal). Dabei handelt es sich um eine ältere Einheit, die im Lebensmittelbereich immer noch verwendet wird; 1 kcal entspricht etwa 4,2 kJ. Mit 1 kJ kann man etwa 240 ml Wasser um 1 °C erwärmen. Für die Erwärmung von 1 l Wasser um 1 °C werden also etwa 4,2 kJ oder genau 1 kcal benötigt.

Der Energieumsatz im Körper kann mit einfachen Mitteln nicht beobachtet werden. Man kann allerdings Nährstoffe auch außerhalb des Körpers verbrennen und so den Energiegehalt der Lebensmittel ermitteln: Verbrennt man ein Stück Würfelzucker in einer besonderes isolierten Apparatur, einem sogenannten Kalorimeter, so könnte man mit der freiwerdenden Energiemenge 1 l Wasser um 4 °C erwärmen. Die gleiche Menge an Fett liefert mehr als doppelt so viel Energie.

Fett hat einen sehr hohen Energiegehalt. Fett kann sich auch in der Küche entzünden und verbrennen, wenn es in einer Pfanne zu stark erhitzt wird. Versucht man dann, das brennende Fett mit Wasser zu löschen, so kommt es zu einer Explosion mit hohen Stichflammen. Die Feuerwehr warnt immer wieder vor Unfällen bei solchen Fettbränden.

**Energiebedarf.** Auch bei völliger Ruhe braucht der Mensch Energie. Man bezeichnet diese Energie-menge als *Grundumsatz.* Er hängt von verschiedenen Faktoren ab: Jüngere Menschen haben einen höheren Grundumsatz als ältere Menschen. Bei Frauen ist er niedriger als bei Männern. Außerdem haben schwergewichtige Personen einen höheren Grundumsatz als leichtgewichtige.

Die Energiemenge, die ein Mensch für Leistungen über den Grundumsatz hinaus benötigt, bezeichnet man als *Leistungsumsatz.* Er hängt von Art und Dauer der Tätigkeit ab: Bei einer Stunde Fußballspielen verbraucht man beispielsweise zehnmal so viel Energie wie in einer Stunde Chemieunterricht.

Im Durchschnitt benötigt eine erwachsene Frau ungefähr 8000 kJ, ein erwachsener Mann ungefähr 10 000 kJ Energie pro Tag.

Essen wir zu viel, übersteigt die Energiezufuhr den Energiebedarf. Die Energiebilanz ist nicht mehr ausgeglichen und überschüssige Energie wird in Form von Körperfett gespeichert. Übergewicht mit zahlreichen gesundheitlichen Risiken ist die Folge. Essen wir zu wenig, so können sich ebenfalls gesundheitliche Schäden ergeben. Ein wesentliches Ziel einer ausgewogenen Ernährung liegt also in einer ausgeglichenen Energiebilanz.

> Alle Lebensmittel haben einen bestimmten Energiegehalt. Der Energiehalt wird in Kilojoule (kJ) pro 100 g oder pro 100 ml angegeben. Die Energiezufuhr sollte mit dem Energiebedarf übereinstimmen.

**1** Beschreibe den Unterschied von Grundumsatz und Leistungsumsatz des Menschen.

**2** Beschreibe, woran man erkennen kann, dass Lebensmittel Energie enthalten.

**3** Stelle verschiedene Lebensmittel mit sehr hohem Energiegehalt und mit sehr geringem Energiegehalt zusammen.

# 4.6 Gesunde Ernährung ☆

Zum Leben benötigen wir ständig Energie: Wir bewegen uns, wachsen, denken und halten unsere Körpertemperatur konstant. Selbst für Atmung und Verdauung benötigen wir Energie. Diese Energie erhält unser Körper aus der Nahrung.
Eine zu üppige Ernährung und fehlende körperliche Bewegung können jedoch zu Übergewicht und zu Krankheiten führen. Die Nahrungsmenge muss folglich dem Energiebedarf angepasst sein. Bei der Auswahl der Lebensmittel kommt es aber nicht nur auf die Menge an. Auch die richtige Zusammensetzung der Nahrung ist wichtig.

**Inhaltsstoffe der Nahrung.** Alle natürlichen Nahrungsbestandteile bezeichnet man als **Nährstoffe.** Sie werden nach ihrer Bedeutung für unseren Körper in Hauptnährstoffe und Ergänzungsstoffe unterteilt: Fette, Kohlenhydrate und Eiweiße bilden die *Hauptnährstoffe.* Bei ihrem Abbau wird die benötigte Energie frei. Der Energiegewinn ist hierbei unterschiedlich groß: Ein Gramm Fett liefert etwa 39 kJ, ein Gramm Kohlenhydrate und ein Gramm Eiweiß jeweils 17 kJ.

Die Hauptnährstoffe dienen nicht nur der Energieversorgung, sondern auch als Baustoffe für das Wachstum und die Erneuerung von Zellen und Organen. Eine zentrale Rolle spielen hier die Eiweiße. Sie sind beispielsweise am Aufbau von Muskeln, Haut und Haaren beteiligt.

Mit der Nahrung nehmen wir auch Vitamine, Mineralstoffe, Ballaststoffe und Wasser zu uns. Diese *Ergänzungsstoffe* liefern keine Energie, sind aber für eine gesunde Ernährung unentbehrlich. So spielen Vitamine und Mineralstoffe eine wesentliche Rolle bei der Regulierung des Stoffwechsels. Ballaststoffe sind unverdauliche Bestandteile von Pflanzen, die im Darm quellen und die Darmtätigkeit verstärken. Wasser dient als Baustoff, Lösemittel und Transportmittel.

Unsere Nahrung muss die verschiedenen Nährstoffe in einem bestimmten Verhältnis enthalten. Kein Lebensmittel allein erfüllt diese Anforderung. Bei der Ernährung müssen wir daher auf eine abwechslungsreiche Auswahl der Lebensmittel achten.

**Tipps für eine gesunde Ernährung.** Unsere Nahrung besteht aus verschiedenen Lebensmitteln. In dem dargestellten Ernährungskreis sind diese zu Gruppen zusammengefasst. Die Größe des Ausschnittes steht für den Anteil, den die jeweilige Lebensmittelgruppe in einer gesunden Ernährung ausmachen sollte: Brot, Nudeln, Reis und Kartoffeln enthalten reichlich *Kohlenhydrate* und Ergänzungsstoffe, aber kaum Fett. In einer gesunden Ernährung nehmen sie den ersten Platz ein.

Gemüse und Obst sind kalorienarm und reich an Ergänzungsstoffen. Bei einer ausgewogenen Ernährung sollten täglich fünf Portionen Gemüse und Obst auf dem Speiseplan stehen.
Milch und Milchprodukte enthalten wertvolles *Eiweiß* sowie Vitamine und Mineralstoffe. Die Empfehlung lautet hier: Täglich Milch und Milchprodukte verzehren.

Viele Menschen nehmen mit der Nahrung zuviel tierisches Eiweiß zu sich. 300 bis 600 Gramm Fleisch und Wurst pro Woche reichen völlig aus.

*Fett* und fettreiche Lebensmittel sind besonders energiereich und können Übergewicht fördern. Ihr Anteil sollte möglichst gering sein. Auf versteckte Fette in Wurstwaren, Käse, Süßigkeiten sowie in Fastfood-Gerichten müssen wir besonders achten.

Reichlich Flüssigkeit zu trinken, lautet eine weitere Empfehlung. Täglich sollten wir 1,5 Liter Wasser oder andere kalorienarme Getränke zu uns nehmen.

> Eine gesunde Ernährung enthält eine angemessene Menge nährstoffreicher und energiearmer Lebensmittel, die abwechslungsreich miteinander kombiniert werden.

**1** Erkläre die Begriffe Nährstoff, Hauptnährstoff und Ergänzungsstoff und verdeutliche die Zusammenhänge in grafischer Form.
**2** Notiere, was du an einem Tag gegessen hast. Vergleiche diese Aufstellung mit den Empfehlungen für eine gesunde Ernährung.

Chemie in der Küche **59**

# Chemische Reaktionen im Alltag

Ergebnisse:

→ **Vom Sauerstoff zum Kohlenstoffdioxid**

Wie alle Tiere und Pflanzen gewinnt der Mensch die Energie, die er benötigt, aus exothermen Reaktionen. Mit der Nahrung nehmen wir Nährstoffe wie Kohlenhydrate, Fett und Eiweißstoffe auf. Die Atmung liefert den Reaktionspartner Sauerstoff. Nährstoffe und Sauerstoff werden mit dem Blut zu den einzelnen Zellen transportiert. Dort reagieren sie in einer exothermen Reaktion miteinander. Als Reaktionsprodukte entstehen Wasser und Kohlenstoffdioxid, die ausgeschieden werden.

→ **Vom Kohlenstoffdioxid zum Sauerstoff**

Das bei der Atmung von Menschen und Tieren frei gewordene Kohlenstoffdioxid sammelt sich nicht in der Atmosphäre an, sondern wird in der Natur wieder umgewandelt: Tagsüber nehmen die grünen Pflanzen Kohlenstoffdioxid und Wasser auf und produzieren daraus Traubenzucker. Als Nebenprodukt entsteht dabei der für uns lebensnotwendige Sauerstoff. Die Reaktion von Kohlenstoffdioxid mit Wasser ist endotherm, als Energiequelle wird das Sonnenlicht benötigt. Man bezeichnet diesen gesamten Vorgang als Photosynthese.

→ **Vom rohen Teig zum fertigen Kuchen**

Wenn der Hefeteig angerührt ist, stellt man ihn zur Seite und wartet, bis er „aufgegangen" ist. Das dauert etwa eine halbe Stunde. In dieser Zeit nimmt das Volumen des Teiges deutlich zu. Ursache dafür ist die Bildung eines gasförmigen Stoffes, dessen Bläschen den Teig aufblähen. Bei dem Gas handelt es sich um Kohlenstoffdioxid, das aus Zucker gebildet wird. Die für das „Aufgehen" notwendige Hefe bringt diese Reaktion in Gang. Je höher die Temperatur ist, desto schneller erfolgt die Gasentwicklung und desto schneller geht der Teig auf. Steigt die Temperatur jedoch über 42 °C, so stirbt die Hefe ab.

→ **Vom Brotteig zum Zucker**

Jeder kennt das: Kaut man lange genug auf einem Stück Brot, so schmeckt es süß. Aus dem Auftreten des süßen Geschmacks als neuer Eigenschaft kann man schließen, dass ein neuer Stoff entstanden ist. Dabei handelt es sich um Traubenzucker. Also muss eine chemische Reaktion stattgefunden haben. Chemisch gesehen besteht Brot im Wesentlichen aus Stärke. Durch die Reaktion mit dem Speichel entsteht dabei unter anderem süßer Traubenzucker.

---

**Experimentelle Hausaufgabe:**
**Wir stellen Brausepulver her**

*Materialien:* Teelöffel, Trinkglas;
Zucker, Zitronensäure, Natron.

*Durchführung:*
1. Zwei Teelöffel Zucker, zwei Teelöffel Zitronensäure und ein Teelöffel Natron werden in einem Glas durch Schütteln gut vermischt.
2. Gib etwas von dem Gemisch auf ein Stück Papier und prüfe Aussehen und Geschmack.
3. Stelle Brauselimonade her, indem du einen Teelöffel des Gemisches im Glas mit Wasser übergießt.

*Aufgaben:*
a) Notiere deine Beobachtungen.
b) Entscheide, ob bei der Herstellung von Brause eine chemische Reaktion stattfindet. Begründe.

# Chemie in der Küche

**Basiswissen**

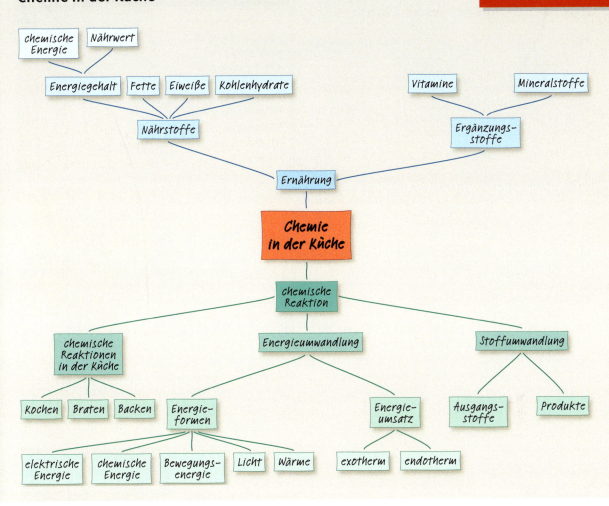

## Kochen und Chemie

**Chemie in unserer Welt**

Immer mehr Menschen achten auf eine gesunde ausgeglichene Ernährung. Hierbei sind die Angaben zu den Inhaltsstoffen auf Verpackungen und das Wissen um den Energiegehalt von Lebensmitteln hilfreich.

Das Ziel einer guten Köchin oder eines guten Kochs ist es, ein schmackhaftes Essen zuzubereiten. Er muss sich dabei über die chemischen Grundlagen der Kochkunst im Klaren sein. Er weiß, dass die Reaktionen, die er durch die Temperaturveränderung hervorruft, von ihm nicht einfach rückgängig gemacht werden können. Auch wenn man als Köchin oder Koch nicht auf die Methoden der Chemiker zurückgreift, ist man dennoch auf die Untersuchungsergebnisse der Lebensmittelchemie angewiesen.

Der Beruf des Lebensmittelchemikers ist hochinteressant, da er neben den genannten Bereichen auch noch das Gebiet Lebensmittelkontrolle beinhaltet.

**Molekulare Küche.** Ganz moderne Köche greifen noch stärker auf die Erkenntnisse der Chemie zurück. Die sogenannten Molekularköche verwenden neben den üblichen Küchentechniken auch solche aus der Lebensmittelchemie, um Gerichte mit völlig neuartigen Eigenschaften zu erzeugen: Schäume und Gelees aus Gemüse, heißes „Eis", das beim Abkühlen im Mund schmilzt, Bonbons aus Olivenöl oder „Kaviar" aus Melonen. Auf die Erkenntnisse der modernen Chemie greift man auch zurück, wenn es um das Haltbarmachen und Konservieren von Lebensmitteln geht.

# Prüfe dein Wissen

## Quiz

**Die wichtigsten Begriffe**
- chemische Reaktion
- Reaktionsschema
- Energieformen
- chemische Energie
- exotherm
- endotherm
- Aktivierungsenergie
- Katalysator
- Energiegehalt
- Nährstoffe

**A1 a)** Erkläre die Begriffe des Fensters.
**b)** Notiere auf der Vorderseite von Karteikarten den Begriff, auf der Rückseite die Erklärung.
**c)** Ordne die Begriffe den Basiskonzepten „Materie", „chemische Reaktion" und „Energie" zu. Begründe deine Zuordnung.

**A2** Entscheide, in welchen Fällen eine chemische Reaktion abläuft. Begründe.
**a)** Kochsalz wird in Wasser gelöst.
**b)** Brausepulver wird in Wasser gelöst.
**c)** Wasser verdampft.
**d)** Für ein Käsefondue wird Käse erwärmt.
**e)** Ein Schnitzel wird mit Käse überbacken.
**f)** Obst verfault.
**g)** Ein Erdbeermilchshake wird hergestellt.

**A3** Nenne die Beobachtungen, die zeigen, dass es sich bei folgenden Vorgängen um exotherme Reaktionen handelt:
**a)** Abbau von Nährstoffen im menschlichen Körper,
**b)** Umwandlung von blauem Kupfersulfat-Hydrat zu weißem Kupfersulfat,
**c)** Verbrennen einer Kerze.

**A4** Erkläre an einem selbst gewählten Beispiel den Begriff „Energieaustausch".

## Know-how

**A5** Zeichne ein Energiediagramm für den Vorgang der Fettverbrennung.

**A6** Stelle jeweils das Reaktionsschema auf. Gib dabei den Energieumsatz an:
**a)** Umwandlung von weißem Kupfersulfat zu blauem Kupfersulfat-Hydrat.
**b)** Umwandlung von blauem Kupfersulfat-Hydrat zu weißem Kupfersulfat.

**A7** In der Umgangssprache wird häufig vom Energieverbrauch von Geräten oder im Haushalt gesprochen. Beurteile die Verwendung dieses Begriffs.

**A8** Nenne die Energieform, in die die chemische Energie bei folgenden Vorgängen jeweils umgewandelt wird:
**a)** Eine Batterie wird entladen.
**b)** Ein Stück Kohle wird verbrannt.
**c)** Ein Wärmepack wird aktiviert.
**d)** Ein Airbag wird gezündet.

## Natur – Mensch – Technik

**A9** Viele Sportler essen Traubenzucker, um ihrem Körper Energie nachzuliefern. Im Stoffwechsel reagiert Traubenzucker mit Sauerstoff zu Wasser und Kohlenstoffdioxid.
**a)** Notiere das Reaktionsschema.
**b)** Gib an, ob es sich um eine endotherme oder exotherme Reaktion handelt.

**A10** Ein Silvesterfeuerwerk wird abgebrannt. In welche Energieformen wird dabei die chemische Energie der in den Feuerwerkskörpern enthaltenen Chemikalien umgewandelt? Begründe deine Antwort.

**A11** Blanchieren ist die Bezeichnung für ein kurzes Eintauchen von Lebensmitteln in kochendes Wasser. Das schonende Verfahren wird vor allem angewandt, um das Braunwerden von Gemüse zu verhindern. Manche Lebensmittel sind nach  dem Blanchieren verträglicher. Vor dem Einfrieren werden Lebensmittel blanchiert, um sie haltbarer zu machen.
Gib an, ob beim Blanchieren chemische Reaktionen ablaufen. Begründe deine Antwort.

**A12** Erhitzt man einen dünnen Glasstab in der rauschenden Flamme des Gasbrenners, so wird der Stab weich und beginnt zu leuchten. Die Leuchtfarbe verändert sich bei steigender Temperatur von Rot über Orange nach Gelb. Lässt man den Stab wieder abkühlen, so wird er wieder fest und leuchtet nicht mehr.
Vergleiche diesen Vorgang mit den chemischen Reaktionen von Kupfersulfat-Hydrat zu Kupfersulfat und von Kupfersulfat zu Kupfersulfat-Hydrat.

62 Chemie in der Küche

## Wissen vernetzt

**A1 Chemische Reaktionen rund um die Kartoffel**

Im 16. Jahrhundert gelangte die Kartoffel aus Südamerika nach Europa. Hier wurde die Pflanze zunächst wegen ihrer schönen Blüten in Ziergärten angebaut. Erst in Hungerzeiten in der Mitte des 18. Jahrhunderts erkannte man ihren Wert als Nahrungsmittel: Die Kartoffel enthält viel Stärke und ist reich an Vitaminen. Sie wurde daher zu einem wichtigen Grundnahrungsmittel.

Sowohl beim Wachstum einer Kartoffelpflanze als auch bei der weiteren Verwendung von Kartoffeln spielen chemische Reaktionen eine zentrale Rolle.

*Kartoffelpflanze mit Kartoffelknollen*

**1.** Im Frühjahr werden Saatkartoffeln auf dem Acker gepflanzt. Die Kartoffelknollen keimen aus und es wachsen dann neue Kartoffelpflanzen. Bei der Photosynthese bilden sich in den grünen Pflanzenteilen Reservestoffe: Dabei wird mithilfe des Sonnenlichts aus Kohlenstoffdioxid und Wasser neben Sauerstoff auch Zucker gebildet. Ein Teil des Zuckers wird in Stärke umgewandelt und in neu gebildeten Kartoffelknollen gespeichert.

**2.** Bei der maschinellen Kartoffelernte kommen Roder zum Einsatz: Sie reißen den Boden auf und trennen die Kartoffelknollen von den restlichen Pflanzenteilen. Gelegentlich werden dabei auch einzelne Kartoffeln zerquetscht. Sie bleiben auf dem Acker liegen und verfaulen.

*Kartoffelernte: Vom Acker ...*

**3.** Die geernteten Kartoffeln gelangen zum Verbraucher und kommen beispielsweise gekocht als Salzkartoffeln auf den Tisch. Im menschlichen Körper wird die in den Kartoffeln enthaltene Stärke zu Traubenzucker umgewandelt, der dann in den Muskeln verbraucht wird.

**4.** Kartoffeln lassen sich zu Tiefkühl-Pommes-Frites verarbeiten. Eine Maschine schält dazu die Kartoffeln und schneidet sie in Stäbchen. Anschließend werden sie bei 160 °C frittiert und dann tiefgefroren.

**5.** Kartoffeln können zur Stärkeproduktion eingesetzt werden. Dabei wird die Kartoffel zunächst zerrieben und die Stärke ausgewaschen. Der entstandene Stärkebrei wird dann noch getrocknet.

**6.** Eine weitere Verwendungsmöglichkeit für Kartoffeln besteht in der Herstellung hochprozentiger alkoholischer Getränke: Bei der alkoholischen Gärung bilden Hefepilze aus Kartoffelstärke Alkohol, der anschließend destilliert wird.

**a)** Überprüfe und entscheide bei jedem der sechs Punkte, ob bei den beschriebenen Vorgängen chemische Reaktionen ablaufen.
**b)** Stelle Reaktionsschemata der jeweiligen Reaktionen auf.
**c)** Begründe, ob es sich bei den einzelnen Vorgängen um exotherme oder endotherme Reaktionen handelt.

*... auf den Tisch*

Chemie in der Küche **63**

# 5 Feuer und Flamme

Ein Abend an einem Lagerfeuer ist ein Erlebnis, an das man sich gerne erinnert: Man genießt das flackernde, geheimnisvolle Licht und die wohlige Wärme, die von dem Feuer ausgehen. Hängt man dann einen Teekessel in die Flammen, kann man mit heißem Tee die Wärme auch innerlich fühlen. Kommt ein leichter Wind auf, beobachtet man, wie glimmende Äste und Zweige hell aufflammen. Am Ende ist ein ganzer Stapel Holz verheizt, und zurück bleibt ein Häufchen Asche, in der nur noch wenig Glut glimmt, die schließlich völlig erlischt. Gelegentlich nimmt ein solcher Abend auch einen unglücklicheren Verlauf. Blasen an den Fingern oder angesengte Haare gehören dabei noch nicht zu den schlimmsten Folgen: Im Einzelfall muss die Feuerwehr anrücken und Schlimmeres verhindern.

**Zentrale Fragen:**
- Welche Bedingungen müssen erfüllt sein, damit ein Feuer entfacht werden kann und selbstständig weiterbrennt?
- Wie ist der Vorgang der Verbrennung aus wissenschaftlicher Sicht zu erklären?
- Welche Rolle spielt die Luft bei der Verbrennung?

# 5.1 Eine Kerzenflamme – naturwissenschaftlich betrachtet

*Flammenrand einer Kerze*    *Eine Kerze erlischt bei Luftabschluss*

Nicht nur zu Weihnachten ist man fasziniert vom Leuchten einer Kerzenflamme, von ihrem Flackern, wenn die Luft sich bewegt, und vom Glühen des Dochtes, wenn man die Flamme ausbläst. Es ist aber auch interessant, die Kerzenflamme mit den Augen der Wissenschaft zu betrachten. Kerzen bestehen aus unterschiedlichen Materialien: Früher wurden sie aus Bienenwachs hergestellt, heute verwendet man vorwiegend *Paraffin*, das aus Erdöl gewonnen wird. In der Längsachse der Kerze befindet sich ein Baumwollfaden als *Docht*.

**Funktion des Dochtes.** Wenn man eine Kerze anzündet, bildet sich um den Docht herum sehr schnell eine kleine Pfütze aus geschmolzenem Paraffin. Man könnte daher vermuten, dass bei der Kerze das flüssige Paraffin brennt. Um diese Vermutung zu überprüfen, schmilzt man etwas Paraffin in eine Porzellanschale und versucht, die Schmelze mit einem brennenden Holzspan zu entzünden. Das gelingt nicht. Auch festes Paraffin lässt sich nicht mit einem Holzspan entflammen.

In der Flamme verbrennt offensichtlich weder festes noch flüssiges Paraffin. Die Funktion einer Kerze muss daher mit dem Docht zusammenhängen: Der Docht wirkt wie ein Vergaser. Er saugt flüssiges Paraffin auf und verdampft es. In der Flamme verbrennt dann Paraffin-Dampf. Diese Vermutung kann man mit einem einfachen Experiment bestätigen: Bläst man eine Kerzenflamme aus und nähert dem Docht sofort ein brennendes Streichholz, so springt die Flamme auf den Docht über, manchmal bis zu 2 cm weit. Direkt nach Löschen der Flamme ist also noch gasförmiges Paraffin vorhanden, das leicht wieder entzündet werden kann.

**Kerzenflamme.** Naturwissenschaftlich gesehen besteht eine Flamme im Wesentlichen aus glühenden Gasen, die in charakteristischen Farben leuchten.

Daneben enthält die Kerzenflamme oft auch glühende Rußpartikel. Eine Kerzenflamme leuchtet im oberen Teil sehr hell, im unteren Teil ist sie eher dunkel. Hält man ein Stück Papier ganz kurz in den hellen Teil der Flamme, so fängt das Papier an, ringförmig am *Außenrand* der Flamme zu brennen. Diese Zone der Flamme ist die heißeste Zone; die dunkleren Bereiche sind dagegen nicht so heiß. Hält man ein Ende eines etwa 5 cm langen Glasrohres in den dunklen Teil der Kerzenflamme und nähert dem anderen Ende ein brennendes Streichholz, so lässt sich eine Flamme am Glasrohr entzünden. Diese *Tochterflamme* zeigt, dass sich noch unverbrannter Paraffindampf in der Mitte der Kerzenflamme befindet: er kann mit dem Glasrohr nach außen abgeleitet und entzündet werden.

**Ersticken der Kerzenflamme.** Stellt man ein Becherglas über eine brennende Kerze, so erlischt sie bald. Je kleiner das Gefäß ist, umso schneller geht die Flamme aus. Zur Verbrennung ist *Luft* notwendig. Luft ist ein homogenes Gasgemisch, das im Wesentlichen Sauerstoff und *Stickstoff* enthält. Nur der Sauerstoff unterhält Verbrennungsvorgänge; ist er verbraucht, so *erstickt* die Flamme.

> In einer Kerzenflamme brennt am Docht gasförmiges Paraffin. Für die Verbrennung ist Sauerstoff notwendig.

**1** Erkläre die Funktion eines Dochtes beim Brennen von Kerzen oder Teelichtern.
**2** Beschreibe eine Kerzenflamme aus naturwissenschaftlicher Sicht.
**3** Recherchiere, wie eine Öllampe aufgebaut ist und erkläre ihre Funktion. Schreibe einen kurzen Sachtext.
*Experimentelle Hausaufgabe:*
**4** Stelle drei verschieden große Gläser bereit. Entzünde drei Teelichter. Stülpe je ein Glas über ein Teelicht und miss die Zeit, bis die Flamme erlischt. Erkläre.

## Theorie — Aktivierungsenergie

In einem Feuer laufen chemische Reaktionen ab; Brennstoffe werden dabei in andere Stoffe umgewandelt. Energetisch gesehen handelt es sich dabei um exotherme Reaktionen: Je nach Größe des Feuers spürt man die wohlige Wärme oder die sengende Hitze.

Jeder weiß, wie man ein Feuer entfacht: Zunächst muss man die Brennstoffe mit einem Feuerzeug oder einem Streichholz anzünden. Energetisch betrachtet muss man also Energie zuführen. Dann erst kommt die Verbrennung in Gang und die exothermen Reaktionen setzen Energie frei.

Beim Anzünden eines Feuers muss also zunächst Energie zugeführt werden, dann erst können die exothermen Reaktionen starten. In der Chemie bezeichnet man die Energie, die man zuführen muss, um eine Reaktion in Gang zu setzen, als Aktivierungsenergie.

**Aktivierungsenergie im Modell.** Den Start einer exothermen Reaktion kann man sich durch ein einfaches Modell veranschaulichen: Ein Tennisball ist in einer Dachrinne gelandet. Bevor er wieder auf den Boden gelangen kann, muss er über den Rand der Rinne gehoben werden. Erst dann kann er von alleine zu Boden fallen. Genauso muss man die Stoffe bei vielen Reaktionen zunächst in einen

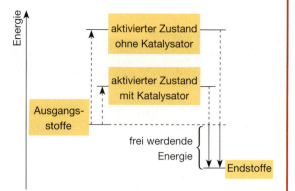

*Energiediagramm einer exothermen Reaktion mit und ohne Katalysator*

energiereicheren Zustand, den sogenannten aktivierten Zustand, bringen. Dann läuft die exotherme Reaktion von alleine ab.

**Katalysatoren.** Bei vielen Reaktionen ist die Aktivierungsenergie so hoch, dass sie gar nicht ablaufen. Ein Beispiel ist die Umwandlung giftiger Autoabgase in ungefährliche Stoffe. Um diese Umwandlung in Gang zu setzen, benutzt man einen Katalysator. Katalysatoren sind Stoffe, die die Aktivierungsenergie herabsetzen und so Reaktionen erst ermöglichen. Der Katalysator wird dabei nicht verbraucht.

## Praktikum — Kerzenversuche

**V1: Experimente mit einer Kerze**

**Materialien:** Becherglas (250 ml), Glasrohr mit Spitze (5 cm), Tiegelzange, Trichter, gebogenes Glasrohr, Schlauchstücke, Kolbenprobe;
Kerze oder Teelicht, Streichhölzer, Kalkwasser.

**Durchführung:**
1. Zünde die Kerze an und beobachte sie genau.
2. Halte das Glasrohr mit der Tiegelzange mitten in die Flamme und mit der Spitze schräg nach oben. Führe eine Streichholzflamme an das spitze Ende des Glasrohres.
3. Stülpe das Becherglas über die brennende Kerze und versuche, die Flamme durch Zufuhr von Luft vor dem Erlöschen zu retten.
4. Blase die Kerzenflamme aus. Entzünde den entstehenden Qualm mit einer darüber gehaltenen Streichholzflamme (Fernzündung).

**Untersuchung der Verbrennungsgase**

5. Baue die Apparatur nach der Abbildung auf. Entzünde die Kerze und ziehe die Verbrennungsgase in den Kolbenprober.
6. Drücke das aufgefangene Gas anschließend in ein Reagenzglas mit Kalkwasser.

**Aufgaben:**
a) Beschreibe das Aussehen der Kerzenflamme. Wo ist sie hell, wo dunkel?
b) Erkläre deine Beobachtungen bei den Arbeitsschritten 3 und 4.
c) Notiere deine Beobachtungen bei der Untersuchung der Verbrennungsgase und erkläre sie.
d) Beschreibe, was mit dem Paraffin passiert, wenn die Kerze brennt.

## 5.2 Geschichte des Feuermachens ☆

*Blitzeinschläge können ein Feuer entfachen*

*Reibungswärme entzündet trockenes Gras*

Feuer spielte in der gesamten Menschheitsgeschichte eine entscheidende Rolle. Erst seitdem man Wohnhöhlen heizen und Speisen warm zubereiten konnte, wurde das Leben auch in den kalten Regionen der Erde erträglich. Heute wäre ein Leben ohne Feuer für uns undenkbar.

**Feuermachen.** Funde von Holzkohlenresten im Vorderen Orient belegen, dass Feuer bereits vor rund 800 000 Jahren genutzt wurde. Zunächst waren es wohl Blitzeinschläge, die das Holz trockener Sträucher oder Bäume entzündeten. Die so entstandenen Feuer hielten die Menschen sorgfältig am Brennen. Der Wunsch, selbständig und jederzeit Feuer machen zu können, erfüllte sich, als man mit einem *Feuerstein* Funken schlagen konnte. So fand man in einer Höhle im heutigen Belgien 10 000 Jahre alte Stücke Eisenkies, die Schlagspuren durch einen Feuerstein aufweisen. Man schlug wohl mit dem harten Feuerstein, dem sogenannten Flint, kräftig auf das Stück Eisenkies und erzeugte so Funken, mit denen man trockenes Brennmaterial entfachte. Diese Brennstoffe wurden später auch als Zunder bezeichnet; das Wort „zünden" weist noch heute auf diese Art des Feuermachens hin. Bei einer anderen Methode wurde ein *Stab aus Hartholz* so schnell auf einem Brett gedreht, dass die dabei erzeugte Reibungswärme trockenes Holz oder Gras entflammen konnte.

Als man im Mittelalter die Glasbearbeitung beherrschte, konnte man erste *Brenngläser* anfertigen. Mithilfe gebündelter Sonnenstrahlen konnte trockenes Holz entzündet werden. Auch heute noch nutzt man das Prinzip der Lichtbündelung zur Erzeugung höherer Temperaturen. Dabei wird aber nicht mehr Holz entzündet, sondern Wasser erhitzt. Beispiele sind Solarkocher oder Sonnenöfen.

**Streichhölzer und Feuerzeuge.** Mit der Erfindung der Streichhölzer wurde das Feuermachen sehr viel einfacher. Ein Streichholzkopf enthält besondere Brennstoffe, die durch das Reiben an der Reibfläche der Streichholzschachtel entzündet werden können.

Die Bedeutung von Streichhölzern sank mit der Verbreitung von Benzinfeuerzeugen. Sie enthalten mit Benzin getränkte Watte. Durch Reiben eines Stahlrades auf einem Feuerstein entzündete man das am Docht verdampfende Benzin.

Die heute genutzten Feuerzeuge sind dagegen meist Gasfeuerzeuge mit Piezozündung: Ein kleiner Tank enthält Butan, das unter Druck flüssig gehalten wird. Öffnet man das Ventil, dann strömt das Gas aus. Durch Drücken des Piezozünders wird ein Funke erzeugt, der das Gas entzündet.

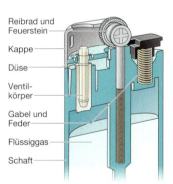

Zum Feuermachen braucht man eine Zündquelle und leicht entzündliche Brennstoffe.

**1** Beschreibe, wie man mithilfe einer Bohrmaschine und eines Holzbrettes ein Feuer entfachen könnte.
**2** Erkläre, wie Benzinfeuerzeuge und Gasfeuerzeuge funktionieren. Beschreibe die Unterschiede.
**3** Man spricht beim Brennstoff für Feuerzeuge und Campingkocher oft von „Flüssiggas". Erläutere diesen Begriff.
**4** Erläutere ausführlich, wie du vorgehst, um mit Streichhölzern ein Osterfeuer zu entzünden.
**5** Beschreibe, wie das Leben aussehen könnte, wenn wir nicht gelernt hätten, Feuer zu machen.

Feuer und Flamme

## 5.3 Wissenschaftliche Betrachtung einer Grillparty

*Grillen – eine Wissenschaft für sich. Anzünden, Qualmbildung und Glut*

Markus feiert Geburtstag und will im Freien grillen. Er holt Holzkohle und zusätzlich Holz und Papier: „Wir machen damit erst einmal ein Holzfeuer. Dann können wir die Holzkohle auflegen". Trotz des guten Ratschlags kommt das Feuer schlecht in Gang. Es qualmt und droht immer wieder auszugehen. „Damit das Feuer richtig brennt, müssen wir Luft zufächeln", bemerkt Carola. Mit einem Kehrblech schlägt Carola vor der spärlichen Glut auf und ab. Schließlich brechen erste Flammen hervor. „Noch ein bisschen Wind, und wir können die Holzkohle darauf legen", sagt sie.

**Feuermachen aus chemischer Sicht.** Die beschriebenen Tipps für das Entzünden eines Grillfeuers sind allgemein bekannt. Das richtige Verständnis dafür liefert aber erst eine wissenschaftliche Betrachtung: Um ein Grillfeuer anzuzünden, benötigt man *Brennstoffe*, also brennbare Stoffe wie Papier, trockenes Holz oder Holzkohle. Außerdem benötigt jede Verbrennung *Sauerstoff*.
Eine wichtige Rolle spielt auch der *Zerteilungsgrad* des Brennstoffs: So gelingt es kaum, ein dickes Stück Holz zum Brennen zu bringen. Vielmehr muss man das Holz zunächst in kleine Holzscheite zerkleinern und es dann anzuzünden. Das hat den Vorteil, dass die Luft besser an das Holz herankommt. Bei lockerer Schichtung des Brennmaterials ist die Luftzufuhr optimal, die Frischluft erreicht die Brennstoffe schneller und gleichzeitig an vielen Stellen.
Stoffe brennen nur, wenn die *Zündtemperatur* erreicht wird. Dazu genügt bei einem Streichholz bereits die Reibungswärme an der Reibfläche. Mit einem brennenden Streichholz lassen sich dann Papier und Holzspäne anzünden. Man benötigt dazu eine Zündtemperatur von etwa 300 °C. Durch das Holzfeuer wird schließlich auch die Entzündungstemperatur der Holzkohle erreicht. Mit der Entzündungstemperatur wird die Aktivierungsenergie für die Reaktion bei der Verbrennung geliefert.

**Feuer und Flamme.** Solange die Temperatur zu niedrig ist, bildet sich bei einem Holzkohle-Feuer viel *Qualm*. Dabei handelt es sich um ein Aerosol, das flüchtige, brennbare Substanzen enthält. Daher lässt sich der Qualm auch mit einem brennenden Holzspan entzünden. Nach einiger Zeit bildet sich schließlich eine rote *Glut* oder eine Flamme, die nur noch wenig qualmt und sehr heiß ist. Während das Leuchten einer Flamme auf glühenden Gasen beruht, handelt es sich bei der Glut um leuchtende Feststoffe, die Licht abstrahlen. Je höher die Temperatur der Glut ist, desto heller ist diese Strahlung.

Am Schluss bleibt von den Brennstoffen nur noch *Asche* zurück. Es handelt sich dabei nicht um ein Verbrennungsprodukt, sondern um einen Rückstand aus den nicht brennbaren Stoffen, die in Papier, Holz oder Grillkohle enthalten sind. Reine Holzkohlenasche sieht weiß aus. Sie kann als Pflanzendünger verwendet werden.

> Für ein Feuer benötigt man einen Brennstoff mit einem geeigneten Zerteilungsgrad und eine gute Luftzufuhr. Auch muss die Zündtemperatur erreicht werden.

**1** Du möchtest einen Stapel dicht gepacktes Zeitungspapier verbrennen. Erläutere, wie du vorgehst.
**2** Alte Herde aus Eisen enthalten zwei Klappen: eine Öffnung für den Brennstoff und eine Luftklappe. Erkläre diese Bauweise.
**3** Birkenrinde enthält Harze und Öle, sie brennt deshalb besonders gut. Begründe die gute Brennbarkeit.
**4** Die Entzündungstemperatur von Benzin beträgt 200 °C. Plane ein Experiment, mit dem du diesen Messwert bestätigen kannst.
**5** Grillkohlenasche sieht weiß aus. Sieh in einem Lexikon oder im Internet nach, welche weißen Substanzen in der Asche enthalten sind.

## Brennbare Stoffe im Alltag

Ergebnisse:

→ **Striktes Rauchverbot an Tankstellen**
„Rauchen verboten!" – Dieses Schild hat sicherlich jeder schon einmal an einer Tankstelle gesehen. Der Grund für das strikte Rauchverbot liegt auf der Hand: Die Kraftstoffe Benzin, Diesel oder Flüssiggas, die im Motor zusammen mit der Luft explosionsartig verbrennen, können auch an der Luft leicht entzündet werden. Benzin und Flüssiggas gehören zu den leichtentzündlichen Stoffen; vielfach reicht schon ein winziger Funke aus einem Feuerzeug oder einer glimmenden Zigarette. An Tankstellen wird durch ein Flammensymbol auf orangem Feld auf diese Gefahr hingewiesen. Ein Totenkopfsymbol zeigt an, dass Benzindämpfe giftig sind.

→ **Lacke und Klebstoffe enthalten brennbare Lösungsmittel**
In vielen Hobbykellern stehen Reste von Lacken, Klebstoffen oder Dichtungsmassen. In diesen Produkten sind Gefahrstoffe enthalten. Auf Verpackungen findet man daher Gefahrensymbole, die auf leichtentzündliche, hautreizende oder gesundheitsschädliche Stoffe hinweisen. Leichtentzündliche Lösemittel sind Bestandteile vieler Haushaltskleber. Früher enthielten auch viele Lacke solche Lösemittel. Heute sind dagegen viele Farben auch mit Wasser als Lösemittel erhältlich.

→ **Lampenöl**
Als Alternative zu Kerzen werden in Öllampen spezielle brennbare Öle verwendet. In der Zusammensetzung handelt es sich meist um Erdöldestillate wie Petroleum und Paraffin oder um Alkohole. Meist sind sie noch gefärbt und parfümiert. Bei richtiger Dochteinstellung der Öllampe russt das Öl nicht und auch Geruchsbelästigungen sind gering.

→ **Flambieren mit Alkohol**
Beim Flambieren (franz.: *flamber* = abflammen) wird die Speise mit hochkonzentrierten alkoholischen Getränken übergossen. Der verdunstende Alkohol wird entzündet. Beim Flambieren nimmt die Speise Aromastoffe des verwendeten Getränks auf. Zum Flambieren eignen sich Rum oder Weinbrand.

→ **Brennspiritus**
Brennspiritus ist Ethanol (Alkohol), das durch Zugabe eines Vergällungsmittels ungenießbar gemacht wurde. Der Spiritus kann damit ohne Alkoholsteuer als Brennstoff für Spiritusbrenner verkauft werden. Auf keinen Fall sollte man Spiritus zum Anzünden eines Grillfeuers verwenden: Stichflammen können gefährliche Brandverletzungen verursachen.

→ **Grill- und Feueranzünder**
Feueranzünder aus wachsgetränkten Holzspänen brennen geruchlos und extrem lange. Sie bringen jedes Grillfeuer und Kaminfeuer einfach und sicher zum Brennen.

→ **Treibmittel in Spraydosen**
Spraydosen sind bequem und schnell bei der Hand. Ein Druck auf den Sprühknopf genügt und schon sind die gewünschten Wirkstoffe gleichmäßig verteilt – wie auch die in der Spraydose enthaltenen Treibgase. Spraydosen dürfen inzwischen als Treibgase keine ozonschichtzerstörenden FCKWs (Fluorchlorkohlenwasserstoffe) mehr enthalten. Heute werden als Treibgase häufig Propan und Butan eingesetzt. Diese Gase sind leicht entzündlich. Deshalb niemals in eine offene Flamme sprühen: Es besteht ernste Verbrennungsgefahr!

## 5.4 Verbrennung – Reaktion mit Sauerstoff

*Verbrennung von Eisen in Luft und in Sauerstoff*

*Verbrennung von Kohlenstoff in Luft und in Sauerstoff*

In der Chemie als der Wissenschaft von den Stoffen und den Stoffänderungen will man genau wissen, was bei einer Verbrennung geschieht. Besonders einfach lässt sich die Verbrennung von Holzkohle untersuchen. Gute Holzkohle ist fast reiner Kohlenstoff. Sie verbrennt, ohne Asche zu hinterlassen.

**Reaktionspartner Sauerstoff.** Holzkohle glüht rot auf, wenn man sie in eine heiße Brennerflamme bringt. Bläst man Luft hinzu, wird die Glut deutlich heller; die Temperatur steigt. Nimmt man anstelle von Luft reinen Sauerstoff, so glüht Holzkohle noch heller auf und es bilden sich Flammen. Bei der Verbrennung spielt Sauerstoff also eine wichtige Rolle: Die Verbrennung von Kohle ist eine *chemische Reaktion* von Kohlenstoff und Sauerstoff. Bei dieser Reaktion entsteht *Kohlenstoffdioxid*. Dieses Gas lässt sich mit Kalkwasser nachweisen.

Das Reaktionsschema für die Reaktion von Kohlenstoff mit Sauerstoff lautet:

Kohlenstoff + Sauerstoff ⟶
    Kohlenstoffdioxid;   exotherm

Wenn bei der Reaktion nicht genug Sauerstoff zur Verfügung steht, bildet sich das farblose Gas *Kohlenstoffmonooxid*:

Kohlenstoff + Sauerstoff ⟶
    Kohlenstoffmonooxid;   exotherm

Kohlenstoffmonooxid ist ein starkes Atemgift. Als die Wohnungen noch mit Kohleöfen geheizt wurden, gab es immer wieder tödliche Vergiftungen, wenn die Luftzufuhr zum Ofen nicht ausreichend war.
Im Gegensatz zu Kohlenstoffdioxid ist Kohlenstoffmonooxid brennbar. Es verbrennt mit blauer Flamme zu Kohlenstoffdioxid:

Kohlenstoffmonooxid + Sauerstoff ⟶
    Kohlenstoffdioxid;   exotherm

**Oxidation.** Ebenso wie Kohlenstoff reagieren auch andere Stoffe mit Sauerstoff zu *Oxiden*. Man sagt, die Stoffe werden *oxidiert*. Der Name leitet sich von *oxygenium*, dem lateinischen Namen für Sauerstoff ab. Eine Reaktion mit Sauerstoff heißt dementsprechend auch *Oxidation*.

**Metalloxide.** Nicht nur Brennstoffe wie Paraffin, Papier oder Holzkohle reagieren mit Sauerstoff, sondern auch viele Metalle. Bei der Oxidation von Metallen bilden sich feste Oxide. So entsteht beispielsweise bei der Reaktion von Eisen mit dem Sauerstoff schwarzes *Eisenoxid*. Bei der Reaktion von Magnesium mit Sauerstoff bildet sich das weiße *Magnesiumoxid*:

Eisen + Sauerstoff ⟶ Eisenoxid;   exotherm

Magnesium + Sauerstoff ⟶
    Magnesiumoxid;   exotherm

Die Oxidation von Metallen ist eine exotherme Reaktion. Magnesium reagiert dabei heftiger mit Sauerstoff als Eisen.

> Eine Oxidation ist eine chemische Reaktion mit Sauerstoff. Bei dieser exothermen Reaktion entstehen Oxide.

**1** Beschreibe die Beobachtungen, die man bei der Reaktion von Holzkohle mit Luft und mit reinem Sauerstoff machen kann. Erkläre die Unterschiede.
**2** Bei starkem Erhitzen an der Luft glüht Kupferblech und es bildet sich ein schwarzes Reaktionsprodukt. Notiere das Reaktionsschema und erkläre, welcher Stoff oxidiert wird.
**3** Recherchiere die Dichte von Kohlenstoffdioxid. Vergleiche mit der Dichte von Luft.
**4** Recherchiere im Internet, wie man sich die Giftwirkung von Kohlenstoffmonooxid erklären kann.

# Reaktionen mit Sauerstoff

**Praktikum**

### V1: Nachweis von Sauerstoff

*Materialien:* Standzylinder mit Deckglas, Holzspan; Sauerstoff, Kalkwasser.

*Durchführung:*
1. Fülle den Standzylinder mit Sauerstoff.
2. Entzünde einen Holzspan an der Luft. Tauche den *brennenden* Holzspan in den Standzylinder und nimm ihn wieder heraus.
3. Blase die Flamme am Holzspan aus und tauche den nur noch *glimmenden* Holzspan in den Zylinder.
4. Gib in den Standzylinder etwas Kalkwasser, verschließe mit dem Deckglas und schüttele den Zylinder.

*Aufgaben:*
a) Notiere deine Beobachtungen.
b) Erkläre das Verhalten des glimmenden Holzspans.
c) Deute die Reaktion des Kalkwassers.

### V2: Nachweis von Kohlenstoffdioxid

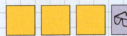

*Materialien:* 2 Kolbenprober, Verbrennungsrohr, zwei durchbohrte Stopfen, Becherglas (50 ml), Gasbrenner; Holzkohle, Sauerstoff, Kalkwasser.

*Durchführung:*
1. Gib in das Verbrennungsrohr einige kleine Stücke Holzkohle und spanne es zwischen zwei Kolbenprober ein.
2. Fülle einen der Kolbenprober mit 100 ml Luft. Prüfe, ob die Apparatur luftdicht verschlossen ist.
3. Erhitze die Holzkohle mit der rauschenden Flamme des Gasbrenners. Drücke die Luft dabei langsam von einem Kolbenprober in den anderen und zurück.
4. Leite schließlich den Inhalt des Kolbenprobers in ein kleines Becherglas mit etwas Kalkwasser ein.

*Aufgaben:*
a) Notiere deine Beobachtungen.
b) Beschreibe den Ablauf der Reaktion. Verwende dabei geeignete Fachbegriffe.
c) Erkläre die Beobachtungen im 4. Arbeitsschritt.

### V3: Vergleich der Brennbarkeit von Metallen

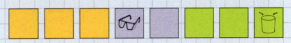

*Materialien:* Tiegelzange, Gasbrenner; Kupferdraht, Eisennagel, Eisenwolle, Magnesiumband.

*Durchführung:* Halte die Proben einige Zeit über den Innenkegel einer Brennerflamme.
*Hinweis:* Blicke beim Versuch mit Magnesium nicht direkt in die Flamme.

*Aufgaben:*
a) Notiere deine Beobachtungen in einer Tabelle. Achte dabei besonders auf die Stoffeigenschaften vor dem Erhitzen, das Verhalten beim Erhitzen und die Stoffeigenschaften nach dem Erhitzen.
b) Erkläre, warum sich der Eisennagel und die Eisenwolle unterschiedlich verhalten.
c) Stelle für alle abgelaufenen Reaktionen die Reaktionsschemata auf.
d) Ordne die Metalle nach der bei der Oxidation frei werdenden Energie.

### V4: Verbrennung von Magnesium

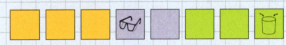

*Materialien:* Glaswanne, Standzylinder, Hülse von einem Teelicht, Gasbrenner, Tiegelzange; Magnesiumband.
*Hinweis:* Besprecht in eurer Gruppe zunächst den Ablauf des Versuchs und verteilt dann die Arbeitsaufgaben.

*Durchführung:*
1. Das Magnesiumband wird so in die Teelichthülse gesteckt, dass ein Stück herausragt.
2. Die Hülse wird auf die Wasseroberfläche gelegt.
3. Das Magnesiumband wird entzündet und der Standzylinder wird schnell darübergestülpt.
Die Öffnung des Standzylinders muss während des Versuchs unter der Wasseroberfläche bleiben.

*Aufgaben:*
a) Notiere deine Beobachtungen.
b) Schätze den Wasserstand im Standzylinder nach dem Abkühlen. Stelle in mehreren Skizzen den Ablauf des Versuchs dar.
c) Stelle das Reaktionsschema für die abgelaufene Reaktion auf.
d) Begründe, weswegen die Öffnung des Standzylinders während des Versuches unter der Wasseroberfläche sein soll.

Feuer und Flamme **71**

## Exkurs: Feuerwerk

Oft ist ein Feuerwerk der Höhepunkt eines großen Festes. Die Zuschauer warten oft lange, bis es endlich so weit ist. Dann sind sie fasziniert von den farbigen Leuchtspuren, die am dunklen Nachthimmel aufsteigen, zerplatzen, in alle Richtungen auseinander fliegen und dann langsam verglühen.

**Schwarzpulver.** Bereits vor rund eintausend Jahren wurden in China mit der Erfindung des Schwarzpulvers die Grundlagen der Feuerwerkskunst entwickelt. Zur Herstellung von Schwarzpulver zerrieb man Salpeter, Schwefel und Holzkohle und mischte die Stoffe gründlich. Durch den Kohleanteil ist das Gemisch dunkel gefärbt; daher stammt auch der Name Schwarzpulver.

Schwarzpulver brennt nach der Zündung mit heller Flamme ab; es bildet dabei in einer sehr schnellen Reaktion heiße, gasförmige Verbrennungsprodukte wie Kohlenstoffdioxid und Schwefeldioxid. Das gebildete Schwefeldioxid kann man dabei an seinem charakteristischen Geruch leicht erkennen. Bei der Reaktion von Schwarzpulver nimmt das Volumen sehr schnell um ein Vielfaches zu. Wird Schwarzpulver in einem geschlossenen Behälter entzündet – etwa in der Papphülse eines Böllers – so baut sich durch die schnell entstehenden Gase ein hoher Druck auf: der *Böller* explodiert dann mit lautem Knall.

**Raketen.** Zur Herstellung von *Silvesterraketen* verwendet man einseitig geschlossene Papphülsen. Darin befindet sich der *Treibsatz* aus Schwarzpulver, der mit einer Zündschnur gezündet wird. Die sich bildenden heißen Gase strömen aus der Öffnung der Papphülse aus und treiben die Rakete hoch in den Himmel.
Für die Entwicklung der passenden Geräuschkulisse enthält die Rakete einen *Knallsatz* mit zusätzlichem Schwarzpulver. Sind farbige Leuchterscheinungen gewünscht, ergänzt man noch den passenden *Leuchtsatz*. Es handelt sich um kleine Tonkugeln, die mit Schwarzpulver und bestimmten Salze beschichtet sind: Natriumsalze sorgen für gelbe Funken, Lithiumsalze für rote; Bariumsalze verursachen grüne Lichterscheinungen, Kupfersalze blaue.

Der Umgang mit Böllern und mit Silvesterraketen ist nicht ungefährlich: Immer wieder gibt es leichtere oder auch schwere, manchmal sogar tödliche Verletzungen. Am Besten lässt man sich von den Eltern zeigen, wie man sicher mit Feuerwerkskörpern umgeht.

**1** Beschreibe den Aufbau einer Silvesterrakete.
**2** Beschreibe die Erfahrungen, die du bereits mit Raketen oder Knallern gemacht hast.
**3** Erläutere, weshalb man nicht versuchen sollte, Knallkörper selbst zu bauen.

# Feuer und Flamme

**Basiswissen**

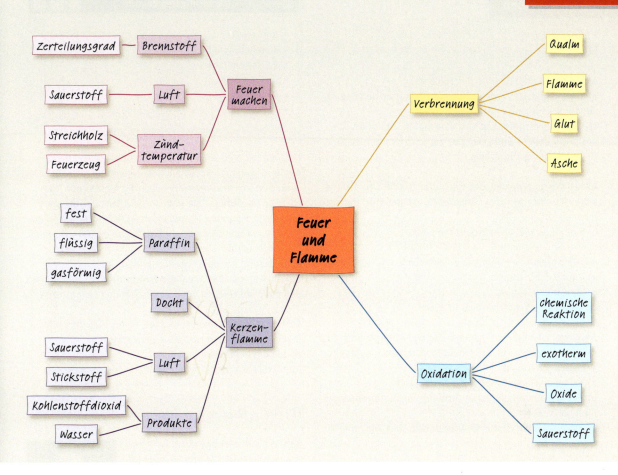

### Feuer – chemisch betrachtet

**Chemie in unserer Welt**

In einem Feuer laufen chemische Reaktionen ab, bei denen Brennstoffe mit Sauerstoff reagieren. Aus dieser Perspektive sind das Entzünden eines Feuers und auch die Kontrolle über den Ablauf der Verbrennung Aufgaben aus dem Bereich der Chemie.

**Geschichtliches.** Sicherlich haben sich die Menschen in der Steinzeit, die ihr Feuer mit Eisenkies und Feuerstein entzündeten, nicht direkt als Chemiker verstanden. Andererseits ist es aber einleuchtend, dass die Entwicklung von Zündhölzern von Chemikern betrieben wurde und dass die Fortschritte bei gut geeigneten und sicheren Brennstoffen und Treibstoffen Aufgaben der Chemie sind.

**Theorie der Oxidation.** Die gesamte Entwicklung auf diesem Gebiet war nur möglich vor dem Hintergrund tragfähiger Theorien, mit denen man gleichzeitig bekannte Erscheinungen erklären und Vorhersagen über bisher unbekannte Sachverhalte machen konnte. Eine ganz wichtige Rolle spielte dabei die Theorie, dass sich bei Verbrennungsreaktionen Sauerstoff mit den Brennstoffen verbindet: die Theorie der Oxidation.

**Berufe rund ums Feuer.** Ohne die Grundlagen, die die Chemie in diesem Bereich geliefert hat, gäbe es alle Berufe nicht, die in der Vergangenheit etwas mit Brennstoffen zu tun hatten und heute noch etwas damit zu tun haben: Das begann vor mehr als zweitausend Jahren mit den Menschen, die Öllampen und Wachsfackeln herstellten, ging über die Kerzenzieher im Spätmittelalter und reicht heute bis zu den Ingenieuren und Facharbeitern in Erdölraffinerien und Kraftwerken, die Verfahren entwickeln und verbessern mit, denen sich Erdgas und Erdöl reinigen und aufbereiten lassen. Auch Pyrotechniker, die Feuerwerke machen, sind eigentlich Chemiker.

# Prüfe dein Wissen

## Quiz

**A1 a)** Erkläre die Begriffe des Fensters.
**b)** Notiere auf der Vorderseite von Karteikarten den Begriff, auf der Rückseite die Erklärung.
**c)** Ordne die Begriffe den Basiskonzepten „Materie", „chemische Reaktion" und „Energie" zu.
Begründe deine Zuordnung.

**A2 a)** Gib an, welche der folgenden Stoffe Brennstoffe sind: Paraffin, Wasser, Pflanzenöl, Sauerstoff, Benzin, Alkohol, Kerosin, Glas.
**b)** Erläutere, wie sie verwendet werden.

**A3** Beschreibe den Unterschied zwischen:
**a)** Flamme und Glut,
**b)** Rauch und Qualm,
**c)** Verbrennungsprodukten und Asche.

**A4** Gegeben sind die folgenden Stoffe: Kohlenstoffdioxid, Kohlenstoffmonooxid, Schwefeldioxid, Kupferoxid, Magnesiumoxid, Eisenoxid.
**a)** Erläutere Gemeinsamkeiten dieser Stoffe.
**b)** Gib jeweils das Reaktionsschema für die Bildung der Stoffe an.
**c)** Unterteile die Stoffe in Metalloxide und Nichtmetalloxide.

**A5** Grillkohle lässt sich nicht einfach mit dem Streichholz entzünden. Erläutere die Maßnahmen, die man zur Entzündung der Grillkohle ergreift.

## Know-how

**A6** Erhitzt man einen Eisennagel in der Brennerflamme, so verändert er sich nur an der Oberfläche. Erhitzt man Eisenwolle, so glüht sie auf und wandelt sich zu einem schwarzen Stoff um. Erkläre das unterschiedliche Verhalten.

**A7** Erläutere, welche Wirkungen eintreten, wenn folgende Gase in ein Becherglas mit einer brennenden Kerzenflamme geleitet werden: **a)** Kohlenstoffdioxid, **b)** Luft, **c)** Sauerstoff, **d)** Kohlenstoffmonooxid, **e)** Wasserdampf.

**A8 a)** Die Zündmasse eines Streichholzkopfes enthält unter anderem Kaliumchlorat als Sauerstofflieferant.
Erläutere, welche Vorgänge ablaufen, wenn man mit dem Zündholzkopf über die Reibfläche der Streichholzschachtel streicht.
**b)** Begründe, weshalb das Holz des Streichholzes mit Paraffin getränkt ist.

**Die wichtigsten Begriffe**
- Brennstoff
- Zerteilungsgrad
- Zündtemperatur
- Verbrennung
- Oxidation, Oxidieren, Oxide
- Kohlenstoffmonooxid, Kohlenstoffdioxid

**A9** Verringert man bei einem Gasbrenner die Luftzufuhr, so verändert sich die Brennerflamme: Die rauschende Flamme ist blau bis farblos; sie geht in eine leuchtende Flamme über. Hält man eine Porzellanschale über die leuchtende Flamme, so sammelt sich unter der Schale schwarzer Russ, also Kohlenstoff.
**a)** Erläutere, wie es zu der Russbildung kommt.
**b)** Erkläre, welches Ergebnis zu erwarten ist, wenn man den gleichen Versuch mit der rauschenden Flamme macht.

**A10** Eine Kerzenflamme erlischt, wenn man hineinbläst, glühende Holzkohle wird dagegen entfacht.
**a)** Erkläre beide Wirkungen.
**b)** Erläutere, unter welchen Bedingungen sie auftreten.

## Natur – Mensch – Technik

**A11** Eine Glühlampe wird an einer Stelle mit einem Brenner stark erhitzt, bis ein Loch entsteht. Eine zweite Glühlampe bleibt unverändert. Beide Lampen werden gleichzeitig eingeschaltet. Notiere, welche Beobachtungen zu erwarten sind.

**A12** Früher wurde das Blitzlicht beim Fotografieren durch Verbrennung von Magnesiumdraht in einem Kolben erzeugt, der mit Sauerstoff gefüllt war. Die Zündung erfolgte mit einer Batterie. Erkläre die Vorgänge.

**A13** Am Nyos-See in Kamerun ereignete sich 1987 ein katastrophales Unglück: Aus dem See wurden große Mengen Kohlenstoffdioxid freigesetzt. In dem Tal, in dem der See liegt, erloschen zuerst die Herdfeuer – und dann erlosch auch alles Leben. Es gab mehr als 1700 Tote.
**a)** Erläutere, weshalb die Freisetzung von Kohlenstoffdioxid zu dem Unglück führen konnte. Berücksichtige dabei die Eigenschaften des Gases und die landschaftlichen Bedingungen.
**b)** Stelle begründete Vermutungen an, welche Rolle das Wetter dabei spielen könnte.

# Feuer und Flamme

**Wissen vernetzt**

## A1 Die Holzpellet-Heizung

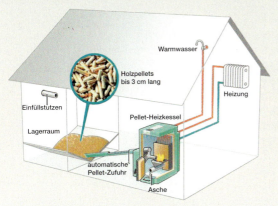

*Aufbau einer Heizungsanlage für Holzpellets*

Heizöl und Erdgas zur Befeuerung von Zentralheizungen werden immer teurer. Deshalb wurden Heizanlagen entwickelt, die mit Holz arbeiten. Darin werden in vielen Fällen aber keine Holzscheite verheizt, sondern sogenannte Holzpellets: Das sind bis zu 3 cm lange und etwa 1 cm dicke Presslinge, die aus Holzspänen oder Sägemehl gepresst werden. Holzpellets sind gegenüber Stückholz stets gleich groß und können daher besser maschinell transportiert und dem Brenner zugeführt werden.

Die bei der Verbrennung der Pellets freiwerdende Wärme wird zum Aufheizen von Wasser verwendet. Dieses Wasser wird im Kreislauf durch die Heizkörper und dann zurück in den Heizkessel geführt.
Die entstehenden Abgase gelangen durch den Kamin in die Luft, die Asche wird in einer Aschebox aufgefangen, und von Zeit zu Zeit mit dem Müll entsorgt.

Durch das Verheizen von Holz spart man große Mengen Heizöl ein; das Erdöl kann so für andere Anwendungen als zum Heizen genutzt werden. Holzpellets sind in den letzten Jahren zwar teurer geworden, aber man schont mit ihnen auch die Umwelt: Bei der Verbrennung von Erdöl-Produkten gelangt zusätzliches Kohlenstoffdioxid in die Atmosphäre, das möglicherweise den Klimawandel beschleunigt. Das bei der Verbrennung von Holz gebildete Kohlenstoffdioxid wurde dagegen kurz zuvor beim Wachstum des Holzes der Atmosphäre entnommen und wird dann nur zurückgeführt; es handelt sich also nicht um *zusätzliches* Kohlenstoffdioxid.

**a)** Beschreibe mit eigenen Worten die Funktion einer Holzpellet-Heizungsanlage.
**b)** Begründe, warum Holzpellets und keine Holzscheite verwendet werden.
**c)** Erläutere die Vorteile, die eine solche Heizanlage gegenüber der Ölheizung oder Gasheizung ausweist.

## A2 Der Verbrennungsmotor im Auto

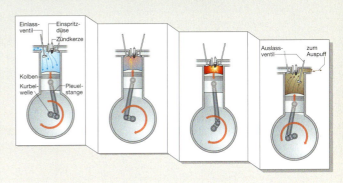

*Die vier Takte des Automotors*

Benzin verbrennt an der Luft ruhig und gleichmäßig. Ein Benzin-Luftgemisch verbrennt dagegen explosionsartig. Im Motor nutzt man diese explosionsartige Verbrennung in einem abgeschlossenen Raum, dem sogenannten Zylinder. Hier wird ein Teil der bei der Verbrennung frei werdenden Wärme in Bewegungsenergie umgewandelt. Die dabei in einem Zylinder ablaufenden Vorgänge entsprechen vier sich ständig wiederholenden Takten:
Im *1. Takt* öffnet sich das Einlassventil; der sich nach unten bewegende Kolben saugt Luft von außen in den Zylinder. Im *2. Takt* wird diese Luft stark zusammen gepresst; sie erhitzt sich dabei auf etwa 400 °C. Nun wird Benzin fein zerstäubt in den Zylinder eingespritzt. Im *3. Takt* erzeugt die Zündkerze einen Zündfunken, der das Benzin/Luft-Gemisch zur Explosion bringt. Dadurch wird der Kolben nach unten bewegt. Im *4. Takt* öffnet sich das Auslassventil; der sich nach oben bewegende Kolben drückt die heißen Reaktionsprodukte in die Auspuffanlage. Das Auslassventil schließt und das Einlassventil wird wieder geöffnet.

In einem Vierzylindermotor können sich diese Vorgänge etliche tausendmal in der Minute wiederholen. Die Kolbenbewegungen werden dabei über Kupplung und Getriebe auf die Räder übertragen.

**a)** Vergleiche den Vorgang der Verbrennung von Benzin in einer Abdampfschale und im Motor.
**b)** Erkläre mithilfe der Abbildung die Funktionen von Kolben, Pleuelstange und Zündkerze.
**c)** Beschreibe, wie die Auf-und-Ab-Bewegung des Kolbens in eine Kreisbewegung umgewandelt wird. Erkläre, weshalb diese Umwandlung notwendig ist.
**d)** Erläutere, welche Energieformen bei den Vorgängen in einem Viertaktmotor auftreten.
**e)** Stelle das Reaktionsschema für die Verbrennung von Benzin mit Sauerstoff auf.

# 6 Feuer – bekämpft und genutzt

Feuer strahlt oft Gemütlichkeit und wohltuende Wärme aus –
ob im Sommer beim abendlichen Grillfest oder im Winter vor dem Kamin.
Hintergrund ist in beiden Fällen eine einfache chemische Reaktion,
bei der Brennstoffe mit Sauerstoff reagieren und dabei Energie liefern.

Beim Umgang mit Feuer und Zündquellen muss man jedoch Vorsicht walten lassen.
Manchmal gerät ein kleines Feuer außer Kontrolle und schnell entsteht ein
großer Brand, der nur noch durch die Feuerwehr bekämpft werden kann.
Nur sie hat die passenden Hilfsmittel, um einen Brand schnell zu kontrollieren
und zu löschen.

In Kraftwerken nutzt man die chemische Energie von Brennstoffen,
um in kontrollierten Verbrennungsvorgängen letztlich elektrische
Energie zu gewinnen.

Zentrale Fragen:
- Unter welchen Bedingungen entstehen Brände?
- Welche Maßnahmen sind vor Ort zu treffen, um die Ausbreitung des Feuers zu verhindern?
- Wie löscht man Brände?
- Welche Brennstoffe werden in Kraftwerken eingesetzt? Wieviel Energie liefern sie?
- Wie wird die chemische Energie der Brennstoffe umgewandelt?

# 6.1 Brandentstehung – Brandbekämpfung

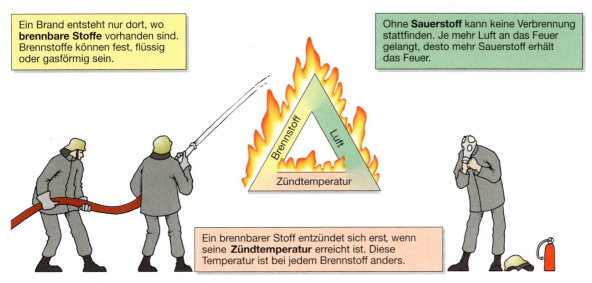

*Voraussetzungen für die Entstehung von Bränden*

Ein Brand kann sehr leicht entstehen, beispielsweise verursacht durch Reibung von brennbarem Material, durch Glut, Funkenflug oder Hitze.
Die Brandgefahr hängt dabei vom Zerteilungsgrad der brennbaren Stoffe ab: Je stärker das Brennmaterial zerkleinert und verteilt ist, desto leichter entflammt es. Damit es jedoch tatsächlich zu einem Brand kommt, müssen mehrere Voraussetzungen gleichzeitig erfüllt sein.

**Vorraussetzung für einen Brand.** Ganz ähnlich wie beim Entzünden eines Feuers muss neben einem *brennbaren Stoff* auch genügend *Sauerstoff* vorhanden sein. Überdies muss zunächst die *Zündtemperatur* erreicht werden. Bei den brennbaren Stoffen kann es sich um feste, um flüssige oder auch um gasförmige Stoffe handeln.
Kommt es zu einem größeren Brand, so muss die Feuerwehr anrücken, um das Feuer zu löschen.

**Brandbekämpfung.** Bei der Brandbekämpfung arbeiten alle Feuerwehren dieser Welt nach den gleichen Prinzipien: Sie versuchen, wenigstens eine der drei Voraussetzungen für einen Brand auszuschalten.

Das wichtigste Hilfsmittel ist Löschwasser. Die Löschwirkung beruht hauptsächlich auf einer starken Abkühlung des Brandherdes. Die Temperatur des brennenden Materials wird schließlich so weit erniedrigt, dass sie unterhalb der Zündtemperatur liegt. Nach dem gleichen Prinzip kann ein kleines Feuer bereits durch einen Luftzug gelöscht werden, ähnlich wie beim Ausblasen einer Kerze.

Ein Brand kann auch bekämpft werden, indem man den Zutritt von Frischluft und damit die Zufuhr von Sauerstoff verhindert. So kann ein kleines Lagerfeuer einfach gelöscht werden, indem es mit Sand abgedeckt wird. Ganz ähnlich wirken auch die meisten Handfeuerlöscher: Das unbrennbare Gas Kohlenstoffdioxid oder ein Löschpulver wird unter hohem Druck auf den Brandherd geleitet. Brennendes Öl löscht die Feuerwehr mit Löschschaum. Das Feuer erstickt, da der Schaum den Zutritt von Frischluft verhindert.

Die Bekämpfung von Bränden wird vielfach unterstützt, indem man brennbares Material beseitigt. So reißen Feuerwehrleute bei Wohnungsbränden brennende Möbelstücke heraus und werfen sie nach draußen, um sie dort zu löschen. Bei Waldbränden werden Brandschneisen in den Wald geschlagen, um so die Ausbreitung des Brandes zu verhindern. Ein ausbrechender Waldbrand kann dann nicht so leicht auf den benachbarten Bereich überspringen.

Ein Brand wird gelöscht, indem man den Brennstoff entfernt, den Sauerstoffzutritt verhindert oder die Zündtemperatur des Brennstoffes unterschreitet

**1** Nenne die Bedingungen, die zur Entstehung eines Brandes führen und erkläre, nach welchen Prinzipien ein Brand gelöscht werden kann.
**2** Informiere dich über Verhaltensregeln bei Gasgeruch. Erkläre die einzelnen Maßnahmen.
**3** Informiere dich über die Entstehung von Waldbränden. Beschreibe mögliche Schutzmaßnahmen.

Feuer – bekämpft und genutzt **77**

# Löschen – Retten – Bergen – Schützen (I)

**Ergebnisse:**

→ **Alarmierung der Feuerwehr**
Notrufnummer **112** anrufen und folgende Angaben machen:
**W**er meldet?             … (Namen, Adresse)
**W**o brennt es?           … (Ort, Straße, Hausnummer)
**W**as brennt?             … (Feuer, Unfall)
**W**ie ist die Situation?  … (Verletzte Personen)
**W**arten auf Rückfragen!  … (Was sagt der Feuerwehrmann?)

→ **Feuermelder**
Die einfachste Möglichkeit, der Feuerwehr einen Brand zu melden, ist der Handdruckmelder, besser bekannt als „Feuermelder". Zum Auslösen des Feueralarms wird die Scheibe eingeschlagen und der Knopf mehrere Sekunden lang gedrückt.
Danach muss man unbedingt das Eintreffen der Feuerwehr abwarten, um ihr den Brandort zu zeigen.

→ **Sirenen**
Auch im Zeitalter moderner Nachrichtentechnik spielen Sirenen immer noch eine große Rolle, wenn es um die Alarmierung der Freiwilligen Feuerwehr geht. Während es in größeren Städten undenkbar wäre, die Feuerwehr bei oft mehreren Einsätzen pro Tag über Sirenen zu alarmieren, ist dies besonders für kleinere Feuerwehren auf dem Land mit wenigen Einsätzen im Jahr meist die einzige Möglichkeit, sie überhaupt alarmieren zu können. Die Sirene erzeugt einen lautstarken Ton ganz bestimmter Tonhöhe, der im Freien über etwa 6 km weit zu hören ist. Selbst gegen den Wind beträgt die Hörweite 3 km.

→ **Rauchmelder warnen rechtzeitig**
Bei Wohnungsbränden sind es meist nicht die Flammen, die das Leben der Bewohner bedrohen, sondern die giftigen Rauchgase, die während der Schwelbrandphase entstehen.
Fast alle Brandopfer sind an den Folgen einer Rauchvergiftung durch die geruchlosen Gase Kohlenstoffmonooxid und Kohlenstoffdioxid gestorben – schon wenige Lungenfüllungen Kohlenstoffmonooxid sind tödlich. Die Menschen werden oft im Schlaf von Bränden überrascht. Innerhalb von Minuten kann Rauchgas Bewusstlosigkeit verursachen. Rauchmelder schlagen Alarm, bevor es lebensgefährlich wird.

→ **Löschdecke**
Brennt die Kleidung eines Menschen, müssen die Flammen schnellstens erstickt werden. Mit einer Löschdecke aus schwer entflammbaren Textilien oder einer normalen Decke kann die brennende Kleidung gelöscht werden. Wenn keine Löschdecke zur Verfügung steht, können die Flammen auch durch Wälzen auf dem Boden erstickt werden.

→ **Feuerschutztüren**
Ein wichtiger Baustein bei der Planung des Brandschutzes sind Feuerschutztüren. Sie verhindern die Ausbreitung von Feuer und Rauch in Gebäuden. Oft werden die Türen im Brandfall automatisch geschlossen. Der Schwenkbereich dieser Schutztüren darf nicht verstellt und die Türen dürfen auch nicht offen verkeilt werden.

# Löschen – Retten – Bergen – Schützen (II)

Ergebnisse:

→ **Brandklassen**
Je nach Art der brennenden Stoffe unterscheidet man vier verschiedene Brandklassen durch die Kennbuchstaben A, B, C und D. Vor dem Einsatz eines Feuerlöschers sollte man prüfen, ob der entsprechende Kennbuchstabe auf dem Löscher angegeben ist. Die meisten Handfeuerlöscher enthalten ein als ABC-Pulver bezeichnetes Löschmittel. Sie sind gleichermaßen für die Brandklassen A, B und C geeignet

| Brandklasse | Feuerlöscher |
|---|---|
| A feste Stoffe, die Glut bilden: z. B. Holz, Papier | Pulverlöscher, Nasslöscher, Schaumlöscher |
| B flüssige Stoffe oder Stoffe, die flüssig werden: z. B. Öl, Wachs | Pulverlöscher, Nasslöscher, $CO_2$-Löscher |
| C gasförmige Stoffe: z. B. Erdgas | Pulverlöscher |
| D brennbare Metalle: z. B. Magnesium | nur Spezialpulverlöscher mit Pulver |

→ **Flucht- und Rettungsplan**
Flucht- und Rettungspläne in Gebäuden geben für den Gefahrenfall Auskunft über das richtige Verhalten und die Flucht ins Freie. Gleichzeitig bekommt man eine Übersicht über vorhandene Hilfsmittel wie Feuerlöscher, Löschdecken oder Tragen. Flucht- und Rettungspläne sollen immer für alle gut sichtbar angebracht werden.

→ **Fluchtweg – Notausgang**
„Da geht's lang!" – Gibt im Notfall den kürzesten und sichersten Weg aus einem Gebäude an. Fluchtwege dürfen nicht verstellt oder von innen verschlossen werden.

→ **Löschwasserschlauch – Feuerlöscher**
Der Schlauch ist schon angeschlossen und sofort einsatzbereit. Der Feuerlöscher ist das wichtigste Gerät zur sofortigen Bekämpfung von Bränden.

→ **Verbot offener Flammen**
Hier dürfen weder Streichhölzer noch Feuerzeuge benutzt werden.

→ **Verbandkasten**
Vom Pflaster bis zum Verbandmaterial findet man hier alles Notwendige für die Erste Hilfe. Der Inhalt muss regelmäßig überprüft und je nach Verbrauch ergänzt werden. Laut Vorschrift muss in jedem Kraftfahrzeug ein Verbandkasten vorhanden sein, damit bei Unfällen schnell Erste Hilfe geleistet werden kann.

---

**Aufgaben**

1. Erläutere die chemischen Grundlagen für den Einsatz von Handfeuerlöschern und Löschdecken zur Brandbekämpfung.
2. Nenne Aufgaben der Feuerwehr und ordne sie den Bereichen Löschen – Retten – Bergen – Schützen zu.
3. Nenne die Regeln für den Feueralarm an deiner Schule.
4. Studiere den Fluchtplan an deiner Schule und beschreibe den Fluchtweg ausgehend vom Chemieraum.
5. Nenne Vorsorgemaßnahmen oder Schutzeinrichtungen in deiner Wohnung oder der näheren Umgebung.
6. Erkläre, weshalb du durch einen falschen Alarm andere Menschen in Gefahr bringen würdest.

## 6.2 Feuerlöscher ✯

Oft genügt bereits ein Handfeuerlöscher, um kleinere Brände zu löschen. Dazu muss man allerdings mit seiner Handhabung vertraut sein.

Im Falle eines Brandes wird der Feuerlöscher aus der Halterung entnommen und in der Nähe des Brandherdes sicher aufgestellt. Anschließend zieht man den Sicherungssplint heraus, richtet die Sprüheinrichtung auf die Brandstelle und öffnet das Ventil. Da die Füllmenge des Feuerlöschers nur für kurze Zeit ausreicht, sollte gegebenenfalls ein zweiter Löscher bereitstehen. Nach dem Einsatz muss der Feuerlöscher durch einen neuen ersetzt werden, selbst wenn er nicht vollständig entleert wurde.

Man unterscheidet Nasslöscher, Kohlenstoffdioxidschnee-Löscher, Trockenlöscher und Schaumlöscher. Dabei muss man prüfen, ob der Löscher für den jeweiligen Brand geeignet ist. Kennbuchstaben weisen auf die verschiedenen Brandklassen hin:
– A steht für brennbare feste Stoffe,
– B für brennbare Flüssigkeiten,
– C für brennbare Gase und
– D für brennbare Metalle.

Feuerlöscher, auf denen die Brandklassen A, B und C angegeben sind, eignen sich zum Löschen von brennbaren Feststoffen, Flüssigkeiten und Gasen. Bekommt man einen Brand nicht selbst unter Kontrolle, muss die Feuerwehr gerufen werden.

> Kleinere Brände können durch den Einsatz geeigneter Handfeuerlöscher bekämpft werden.

**1** Gib an, in welchen Brandfällen ein Feuerlöscher eingesetzt werden kann, der die Buchstaben A, B und C trägt?
**2** Beschreibe für den Nasslöscher und den Schaumlöscher, nach welchem Prinzip der Brand gelöscht wird.
**3** Warum dürfen Feuerlöscher nicht auf Menschen gerichtet werden? Erläutere, wie brennenden Menschen geholfen werden kann.

### Feuerlöscher im Vergleich

Ein **Nasslöscher** enthält Wasser als Löschmittel. Nach Abziehen des Sicherungsstiftes und Druck auf den Hebel öffnet sich im Innern des Löschers eine Patrone mit komprimiertem Kohlenstoffdioxid-Gas. Durch den Druck des frei werdenden Gases wird das Löschwasser durch eine Düse gespritzt. Nasslöscher eignen sich zum Löschen einfacher Brände. Vorsicht jedoch bei brennenden elektrischen Anlagen! Es besteht die Gefahr, dass man einen elektrischen Schlag erhält.

In den Druckbehälter eines **Kohlenstoffdioxidschnee-Löschers** (auch Kohlensäureschnee-Löscher genannt) befindet sich flüssiges Kohlenstoffdioxid. Nach dem Öffnen der Schneebrause entweicht es, kühlt sich dabei schlagartig sehr stark ab und erstarrt. So entsteht Kohlenstoffdioxidschnee mit einer Temperatur von unter –78 °C, der die brennenden Gegenstände stark abkühlt. Außerdem bildet sich Kohlenstoffdioxid-Gas, das die Sauerstoffzufuhr unterbindet.

**Trockenlöscher** enthalten Natriumhydrogencarbonat (Natron) als Löschpulver. In der Hitze gibt diese Verbindung Kohlenstoffdioxid ab, das sich über den Brandherd legt und das Feuer erstickt. Da keine Flüssigkeit vorhanden ist, eignen sich diese Löscher besonders dann, wenn elektrische Anlagen oder Autos brennen.

**Schaumlöscher** setzt man bei Kraftstoff-, Öl- und Fettbränden ein. Durch eine chemische Reaktion zwischen Aluminiumhydrogensulfat und Natriumhydrogencarbonat (Natron) entstehen bei diesem Löscher-Typ Kohlenstoffdioxid-Bläschen, die das Löschmittel aufschäumen. Der zähe Schaum überzieht den Brandherd, kühlt ihn ab und hält den Sauerstoff fern. Bei einer Notlandung von Flugzeugen wird oft ein solcher Schaumteppich gelegt, um einem Brand vorzubeugen.

# Brandbekämpfung

**Praktikum**

## V1: Möglichkeiten der Brandbekämpfung

*Materialien:* Tondreieck, Metalltiegel mit Deckel, Dreifuß, Gasbrenner, Becherglas (weit), Tiegelzange; Paraffin, Sand.

*Durchführung:*
1. Gib eine erbsengroße Menge Paraffin in den Metalltiegel und erhitze ihn ohne Deckel, bis das Paraffin zu brennen beginnt. Stelle den Brenner dann beiseite.
2. Nimm den Deckel mit der Tiegelzange und verschließe den Tiegel vorsichtig. Hebe den Deckel nach wenigen Sekunden wieder ab. Wiederhole diesen Vorgang mehrfach.
3. Fülle das Becherglas mit ein wenig kaltem Wasser. Bringe das Paraffin im offenen Tiegel erneut zum Brennen und stelle den Tiegel vorsichtig in das Becherglas, ohne dass Wasser in den Tiegel gelangen kann.
4. Erhitze das Paraffin, bis es sich erneut entzündet. Stelle den Brenner beiseite und gib vorsichtig etwas Sand in den Tiegel.

*Aufgaben:*
a) Notiere deine Beobachtungen.
b) Erläutere, welche unterschiedlichen Löschmöglichkeiten in den Versuchen genutzt werden.

## V2: Wie funktioniert ein Schaumlöscher?

*Materialien:* Becherglas (200 ml), feuerfeste Unterlage, Porzellanschale, Tropfpipette;
Holzspan, Heptan (F, Xn, N), Natriumhydrogencarbonat (Natron), Natriumhydrogensulfat, Spülmittel.

*Durchführung:*
1. Entzünde den Holzspan auf der feuerfesten Unterlage. Stelle das Becherglas neben den Span und gib schnell je einen Teelöffel Natriumhydrogencarbonat, Natriumhydrogensulfat und Spülmittel hinein.
2. Entzünde fünf Tropfen Heptan in der Porzellanschale. Wiederhole den Löschversuch.

*Aufgaben:*
a) Notiere deine Beobachtungen.
b) Erkläre, worauf die Wirkung des Schaumlöschers beruht. Erläutere, warum er auch für Benzinbrände geeignet ist.

## V3: Wie funktioniert ein Trockenlöscher?

*Materialien:* durchbohrter Stopfen, Gasableitungsrohr, Becherglas, feuerfeste Unterlage, Gasbrenner, Holzspan; Natriumhydrogencarbonat, Teelicht.

*Durchführung:*
1. Baue die Apparatur auf und erhitze etwas Natriumhydrogencarbonat im Reagenzglas.
2. Leite das entstehende Gas auf die brennende Kerze.
3. Entzünde den Holzspan und lege ihn auf die feuerfeste Unterlage. Streue fein pulverisiertes Natriumhydrogencarbonat darüber.

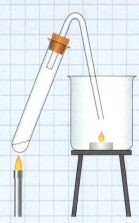

*Aufgaben:*
a) Notiere deine Beobachtungen.
b) Erkläre die Wirkung des Löschpulvers.
c) Begründe, für welche Art von Bränden dieser Löscher einsetzbar ist.

---

### Hinweise zum Verhalten bei Gasgeruch

Erdgas und Stadtgas bilden mit der Luft explosive Gemische. Dank eines beigemischten Duftstoffes riechen die Gase aber so intensiv, dass selbst kleinste Mengen wahrgenommen werden. Schlägt also die Nase Alarm, so ist das noch kein Grund zu Panik! Stattdessen gilt:

**Ruhe bewahren und folgende Punkte beachten:**

**1. Keine Flammen – keine Funken!**
Kein Feuer, keine Zigaretten; Lichtschalter und Telefon nicht benutzen!
**2. Fenster auf!**
Erdgas und Stadtgas sind leichter als Luft und steigen nach oben.
**3. Gashahn zu!**
Gashähne und Haupthahn schließen!
**4. Mitbewohner warnen!**
Klopfen – nicht Klingeln!
**5. Gaswerk anrufen!**
Ein Telefon außerhalb des Hauses nutzen!

Feuer – bekämpft und genutzt **81**

| **Methode** | **Arbeit mit Texten** |

In Büchern, Zeitschriften, Nachschlagewerken und im Internet gibt es eine Flut von Informationen in Form von Texten. Wenn man sich mit diesen Informationen auseinandersetzen will, bietet sich das folgende Vorgehen an:

### 1. Orientierendes Lesen
Verschaffe dir mithilfe von Zwischenüberschriften, Hervorhebungen im Text, Merksätzen und Abbildungen einen ersten Überblick über den Inhalt.
Die folgenden Fragen können dir dabei helfen: Was ist das Wesentliche? Was weiß ich bereits? Was ist neu?

### 2. Genaues Lesen
Lies den Text Abschnitt für Abschnitt durch, notiere dir auf einem gesonderten Zettel die wichtigsten Aussagen stichpunktartig (Schlüsselwörter). Falls das Buch oder die Zeitschrift dir gehört, kannst du die wichtigsten Passagen auch unterstreichen. Wenn dir unbekannte Fachbegriffe auffallen, die für das Verständnis des Textes notwendig sind, schau in Nachschlagewerken nach oder frage deine Lehrerin oder deinen Lehrer. Beachte beim Lesen die unten stehenden Markierungsregeln.

### 3. Zusammenfassen der wichtigsten Inhalte
Lege nach jedem Abschnitt eine kurze Pause ein und überlege nochmals, was du gelesen hast. Vergleiche mit dem Stichpunktzettel, streiche Überflüssiges und ergänze Fehlendes. Fasse jetzt den Inhalt zusammen.

### 4. Aufgaben zum Text
Falls Aufgaben gestellt sind, versuche sie zu lösen, nachdem du den Text sorgfältig durchgearbeitet hast. Gib nicht gleich auf, wenn du eine Aufgabe nicht auf Anhieb lösen kannst; beschaffe dir zusätzliche Informationen, die dir weiterhelfen könnten.

> **Markierungsregeln**
> 1. Lege Bleistift, Radiergummi, Lineal, Textmarker und dünnen Rotstift bereit. Falls das Buch nicht dein Eigentum ist, fertige eine Kopie der Seite an.
> 2. Unterstreiche beim Durchlesen wichtige Stellen mit dem Bleistift.
> 3. Überfliege das Unterstrichene nochmals und finde die Schlüsselbegriffe heraus. Diese werden mit dem Textmarker gekennzeichnet.
> 4. Unterstreiche Informationen, die der Erläuterung der wichtigen Begriffe dienen, in Rot. Achte darauf, nicht zu viel zu unterstreichen. Es wird sonst unübersichtlich.
> 5. Schreibe die Schlüsselbegriffe auf den Stichpunktzettel. Der Stichpunktzettel sollte zur weiteren Verwendung im Unterricht oder zum Lernen stets zur Hand sein.

### Großfeuer setzte giftige Gase frei

Bei einem Großbrand in einem Reinigungsmittelbetrieb ist am Mittwoch eine riesige Giftgaswolke freigesetzt worden. Das Feuer war entstanden, nachdem auf dem Betriebsgelände ein Großtank mit Chemikalien aus bislang noch ungeklärter Ursache explodiert war. Die Polizei forderte die Bevölkerung auf, in ihren Häusern zu bleiben. Kurz nachdem die Feuerwehr angerückt war, brach die Wasserversorgung zusammen. Die Feuerwehrmänner mussten zuschauen, wie der Brand auf die gesamte Halle übergriff.
Eine Analyse der Rauchgase ergab, dass bei dem Brand nitrose Gase, ein Gemisch giftiger Stickstoffoxide, sowie Chlorwasserstoff frei wurden. Diese Gase bilden Säuren, sodass die Atemwege gereizt werden; in höheren Konzentrationen wirken sie sehr giftig. In der weiteren Umgebung des Brandortes wurden am Nachmittag aber keine hohen Gift-Belastungen in der Luft ermittelt.

Ähnlich wie in diesem Artikel, finden sich in den Tageszeitungen häufig Informationen über chemische Reaktionen und die Eigenschaften verschiedener Stoffe.
Wichtige Aussagen über die beteiligten Stoffe und ihr Reaktionsverhalten finden sich in diesem Fall vor allem zum Schluss des Berichtes. Deine Unterstreichungen und Hervorhebungen könnten etwa folgendermaßen aussehen:

*Eine Analyse der Rauchgase ergab, dass bei dem Brand nitrose Gase, ein Gemisch giftiger Stickstoffoxide, sowie Chlorwasserstoff frei wurden. Diese Gase bilden Säuren, sodass die Atemwege gereizt werden; in höheren Konzentrationen wirken sie sehr giftig.*

Anlass zu einer Suche nach Informationen geben vor allem die Fachbegriffe „nitrose Gase" und „Chlorwasserstoff". Aus einem größeren Lexikon oder anderen Nachschlagewerken lassen sich diese Informationen gewinnen.

**1** Recherchiere die Begriffe Stickstoffoxide und Chlorwasserstoff. Erstelle einen kurzen Bericht über die wichtigsten Informationen, die du finden konntest.

# 6.3 Brennstoffe liefern Energie ✭

*Verbrennung von Paraffin liefert Energie*

| Brennstoffe | Brennwert in kJ/kg |
|---|---|
| Holz | 15 000 |
| Braunkohle | 19 000 |
| Steinkohle | 25 000 |
| Erdgas | 39 000 |
| Heizöl | 43 000 |
| Paraffin | 45 000 |

*Brennwerte einiger Brennstoffe*

Bei einem Brand werden riesige Mengen an chemischer Energie in Wärme und in Lichtenergie umgewandelt – und verpuffen dann nutzlos. Eine sinnvolle Nutzung der bei Verbrennungsvorgängen freigesetzten Wärme erreicht man in Kraftwerken.

**Messung der Wärme.** Um die Wärmemenge zu beschreiben, die in einem Kraftwerk umgesetzt wird, benutzt man die Einheit Joule (J). Am Beispiel eines kleinen Experimentes lässt sich eine einfache Vorstellung von dieser Einheit entwickeln: Stellt man ein Glas Wasser auf ein Stövchen mit einem brennenden Teelicht, so wird Wärme auf das Wasser übertragen: die Temperatur steigt. Wie stark die *Temperatur* innerhalb von 10 Minuten ansteigt, hängt von der *Masse* an Wasser ab: Um die Temperatur von 1 g Wasser um 1 °C zu erhöhen, benötigt man 4,2 J. Um die Temperatur von 100 g Wasser beispielsweise von 18 °C auf 28 °C zu erhöhen, benötigt man demnach

100 · 10 · 4,2 J = 4200 J.

Ein Kraftwerk wie das Kohlekraftwerk Ibbenbüren liefert in jeder Sekunde eine Energie von 770 Megajoule (MJ). Ein Megajoule entspricht einer Million Joule. Das Kraftwerk liefert also pro Sekunde 770 Millionen Joule. Damit lassen sich in jeder Sekunde knapp 2000 kg Wasser um 100 °C erhitzen.

**Brennwert.** Zur Erwärmung von Wasser im Haushalt wird niemand auf die Idee kommen, Teelichter zu verwenden. Vielmehr wird man die Energie nutzen, die letztlich von Brennstoffen wie Kohle, Heizöl, Erdgas oder Holz geliefert wird. Ihre Oxidation verläuft in allen Fällen exotherm, allerdings unterscheidet sich die freiwerdende Energie je nach verwendetem Brennstoff. Ein Maß für die freiwerdende Energie ist der *Brennwert* der einzelnen Brennstoffe. Darunter versteht man die Energie, die frei wird, wenn man 1 kg des jeweiligen Brennstoffes verheizt. Die Einheit des Brennwertes ist daher kJ/kg.

Die chemische Energie der Brennstoffe kann in der Praxis nicht vollständig genutzt werden: Bei jeder Energieumwandlung wird ein Teil der Energie in Form von Wärme ungenutzt an die Umgebung abgegeben.

> Die Einheit der Energie ist ein Joule. Brennstoffe liefern bei der Verbrennung Energie, die technisch genutzt werden kann. Die verschiedenen Brennstoffe unterscheiden sich in ihrem Brennwert.

**1** Berechne die Masse an Wasser, die man mit 1 kg Steinkohle von 20 °C auf 100 °C erhitzen könnte, wenn keine Wärmeverluste eintreten.

## Verbrennungswärme    Praktikum

**V1 Verbrennungswärme von Paraffin**

**Materialien:** Messzylinder, Becherglas (100 ml), Thermometer; Teelicht.

**Durchführung:**
1. Miss 30 ml Wasser ab, fülle es in das Becherglas und miss die Temperatur des Wassers. Wiege anschließend das Teelicht.
2. Stelle das Teelicht etwa 3 min unter das Becherglas.
3. Miss die Temperatur des Wassers.
4. Lösche die Flamme, lasse das Wachs erkalten und wiege anschließend das Teelicht erneut.

*Aufgaben:*
a) Notiere deine Beobachtungen.
b) Berechne die Temperaturdifferenz.
c) Berechne daraus die vom Wasser aufgenommene Wärme.
d) Berechne, welcher Menge an Paraffin die aufgenommene Wärme entspricht.
e) Vergleiche den Wert mit der von dir experimentell bestimmten Menge an Paraffin. Erkläre auftretende Unterschiede.
f) Berechne die tatsächlich gelieferte Wärme.

# Chemie-Recherche

**Location:** http://www.schroedel.de/chemie_heute.html

## Suche:
### Energieträger

**Ergebnisse:**

→ Zu den wichtigsten Energieträgern gehören die fossilen Brennstoffe Kohle, Erdöl und Erdgas. Aber auch regenerative Energieträger wie beispielsweise Biomasse gewinnen immer mehr an Bedeutung.

→ **Kohle**

In Deutschland werden Steinkohle und Braunkohle gefördert. Steinkohle wird bergmännisch im Unter-Tage-Betrieb gewonnen, Braunkohle kann dagegen mit riesigen Baggern im Tagebau abgebaut werden und ist dadurch deutlich kostengünstiger. Da der Bergbau in Deutschland recht teuer ist, wird Kohle zum Teil aus Polen, Russland, Südafrika, Südamerika, Indonesien oder China importiert. Die Vorräte an Kohle reichen noch für einige Jahrhunderte.

→ **Erdöl**

Während Kohle ein fester Brennstoff ist, handelt es sich bei Erdöl um ein Gemisch verschiedener Flüssigkeiten, die man als Kohlenwasserstoffe bezeichnet. Saudi-Arabien, Russland, die USA und der Iran sind die Hauptexportländer für Erdöl. Man schätzt, dass die Vorräte an Erdöl nur noch wenige Jahrzehnte ausreichen.

Die Energieausnutzung von Erdöl ist ähnlich gut wie die bei der Verbrennung von Kohle. Auch bei der Verbrennung von Erdöl entstehen Kohlenstoffdioxid und Schadstoffe, die zu einer Umweltbelastung führen. Deshalb wird Erdöl bereits bei seiner Aufarbeitung zu dem für die Heizung in Haushalten üblichen Heizöl-EL (extra leicht) entschwefelt. Der Schwefel-Gehalt darf höchstens 1 g/kg betragen. Das für die Verbrennung in Kraftwerken verwendete schwere Heizöl enthält dagegen bis zu 10 g/kg Schwefel.

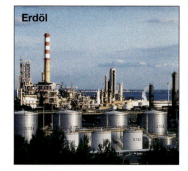

→ **Erdgas**

Zusammen mit Erdöl tritt häufig auch Erdgas auf. Es besteht hauptsächlich aus Methan. Erdgas wird vor allem zum Beheizen von Wohnhäusern verwendet. Es wird aber auch in Kraftwerken zur Erzeugung von elektrischem Strom genutzt und als Treibstoff für Fahrzeuge eingesetzt.

Deutschland verfügt über nur wenige Erdgas-Reserven. Das Gas wird daher überwiegend aus Russland und Norwegen importiert. Die Vorräte an Erdgas reichen etwas länger als die an Erdöl. Der Brennwert von Erdgas ist größer als der von Kohle. Bei der Verbrennung entsteht ebenfalls Kohlenstoffdioxid. Die Umweltbelastung durch Abgase ist jedoch geringer als bei Kohle und Erdöl.

→ **Biomasse**

Organische Stoffe wie Holz, Stroh oder Gülle bezeichnet man als Biomasse. Die Biomasse weist den Vorteil auf, dass sie zeitlich unbegrenzt verfügbar ist und sich auf natürlichem Weg immer wieder neu bildet. Ein weiterer Vorteil besteht darin, dass bei der Verbrennung nur soviel Kohlenstoffdioxid entsteht, wie zuvor von den Pflanzen aufgenommen wurde.

Gegen eine massive Nutzung von Biomasse als Energieträger gibt es jedoch auch Bedenken, da große Ackerflächen für den Anbau von notwendigen Lebensmitteln nicht mehr zur Verfügung stehen.

---

**Aufgaben**

1. In einem Gasturbinenkraftwerk wird Erdgas verbrannt. Informiere dich, welche Energieformen auftreten, bis schließlich elektrische Energie an den Kunden geliefert wird.
2. Die fossilen Brennstoffe, die im Moment als Hauptenergieträger dienen, stehen nur noch in begrenztem Maße zur Verfügung. Informiere dich über alternative Energieträger und stelle deren Vorteile und Nachteile auf einem Poster zusammen.

# Feuer – bekämpft und genutzt

### Basiswissen

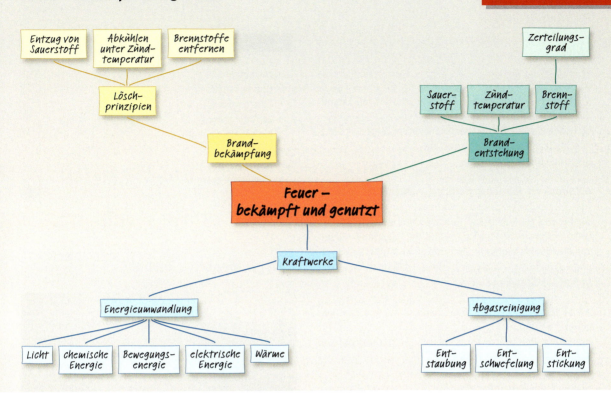

### Chemie in unserer Welt

**Brände – Bekämpfung und Vermeidung**

Brände in Wohnungen werden seit jeher als Katastrophen empfunden. Daher haben sich Menschen schon immer zusammengetan, um gemeinsam dagegen anzugehen. In kleineren Gemeinden erledigt heute die *Freiwillige Feuerwehr* die Brandbekämpfung, größere Städte haben meist eine *Berufsfeuerwehr*.

**Feuerwehr im Einsatz.** Bei einem Einsatz der Feuerwehr denkt man meist an einen Feuerwehrmann, der auf einer Leiter steht und mit einem Schlauch einen dicken Strahl Wasser in das Feuer spritzt. Oft sieht die Realität jedoch ganz anders aus: Wasser ist nicht immer das geeignete Löschmittel, außerdem verursacht es besonders große Gebäudeschäden. Heute kommen je nach Art des Feuers ganz unterschiedliche Löschmittel zum Einsatz. Ein Beispiel hierfür sind Lösch-Schäume, die sich über den Brandherd legen, die Zufuhr von Sauerstoff unterbinden und so das Feuer löschen.
Auch heute noch ist die Arbeit bei der Feuerwehr hochgefährlich, selbst wenn sie mit moderner Technikunterstützung verrichtet wird.

**Vermeidung von Bränden.** Am besten ist es, wenn man die Feuerwehr gar nicht rufen muss: Brandvermeidung wird dabei meistens verstanden als die Verhinderung des Kontaktes einer Zündquelle (wie einer Weihnachtskerze) mit einem Brennstoff (wie den Wohnzimmergardinen). Heute geht Brandvermeidung jedoch viel weiter: Sie setzt bei der Arbeit des Chemikers in der Industrie an, der neue Werkstoffe entwickelt, die schwer entflammbar oder gar nicht brennbar sind. Ein Beispiel dafür ist die Schutzkleidung von Feuerwehrleuten.

**Beispiel FCKW.** Ein anderes Beispiel ist die Geschichte der Fluorchlorkohlenwasserstoffe (FCKW), die man ab den 1930er Jahren als Ersatzstoffe etwa für feuergefährliche Treibgase in Spraydosen benutzte. Erst ab etwa 1980 zeigte sich, dass diese Stoffe die Ozonschicht in der Atmosphäre zerstören. Heute ist ihre Anwendung daher verboten. Daher enthalten Spraydosen häufig brennbare Treibgase, die leicht zu Bränden führen können. Die Suche nach besser geeigneten Ersatzstoffen ist noch im Gange. Wer will mitmachen?

# Prüfe dein Wissen — Feuer – bekämpft und genutzt

## Quiz

**A1 a)** Erkläre die Begriffe des Fensters.
**b)** Notiere auf der Vorderseite von Karteikarten den Begriff, auf der Rückseite die Erklärung.
**c)** Ordne die Begriffe den Basiskonzepten „Materie", „chemische Reaktion" und „Energie" zu.
Begründe deine Zuordnung.

**A2** Ordne die folgenden Verbrennungsvorgänge nach ihrem Verwendungszweck als Wärmequelle oder als Lichtquelle: Fackel, Kaminfeuer, Teelicht unter einer Teekanne, Bren-nerflamme in der Heizungsanlage, Lagerfeuer, Feuerzeugflamme, brennende Kerze in einer Weihnachtspyramide, Windlicht, Gasflamme eines Heißluftballons und brennende Gaslaterne.

**A3 a)** Nenne Stoffe, die in Kraftwerken als Energieträger genutzt werden.
**b)** Erkläre den Unterschied zwischen Braunkohle und Steinkohle.
**c)** Schreibe einen kurzen Text über die Erzeugung von Elektrizität durch Verbrennung von Kohle in einem Kraftwerk.
**d)** Begründe, weshalb in Heizkraftwerken fein zermahlene Kohle verwendet wird.

## Know-how

**A4** Beim Experimentieren an deinem Arbeitsplatz kommt es zu einem Brand. Erkläre, welche Maßnahme du zuerst ergreifen würdest. Beschreibe auch die weitere Vorgehensweise.

**A5** Gib an, wie sich folgende Feuer am besten löschen lassen:
**a)** brennende Kerze am Weihnachtsbaum,
**b)** Kabelbrand an einem elektrischen Gerät,
**c)** Lagerfeuer,
**d)** Motorbrand am Auto.

**A6** Erläutere, unter welchen Umständen man im Falle eines Brandes eher eine Löschdecke, eher einen Feuerlöscher oder eher Wasser benutzen würde.

**A7** Beim all-morgendlichen Duschen verbraucht eine vierköpfige Familie rund 150 Liter Wasser mit einer Temperatur von 38 °C. Die Warmwasserbereitung erfolgt mit einem Gasbrenner. Berechne, wieviel Kilogramm Erdgas (Brennwert: 39 000 kJ/kg) für die Erwärmung des Duschwassers in einem Monat verbraucht werden.

**Die wichtigsten Begriffe**
- Brennstoff
- Brandentstehung
- Zündtemperatur
- Zerteilungsgrad
- Brandbekämpfung
- Brandschutz
- Feuerlöscher
- chemische Energie

## Natur – Mensch – Technik

**A8** In großen Nationalparks wird in regelmäßigen Abständen von der Parkverwaltung gezielt Feuer gelegt. Dabei brennt ein Teil des Waldes ab. Beurteile diese Maßnahme.

**A9** Begründe, wo man automatische Kohlenstoffdioxid-Löschanlagen einsetzen kann.

**A10** Erläutere die folgenden Brandschutzmaßnahmen:
**a)** Brennbare Materialien dürfen nicht in der Nähe eines Ofens gelagert werden.
**b)** Eingeschaltete Bügeleisen müssen auf eine nicht brennbare Unterlage oder hochkant abgestellt werden.
**c)** An Tankstellen und in Farblagern ist das Rauchen und die Benutzung von offenem Feuer verboten.

**A11** Beim Löschen von brennenden Erdölbohrlöchern setzt man Sprengstoff ein. Die bei der Sprengung erzeugte Druckwelle löscht den Brand. Erkläre das Prinzip, nach dem bei dieser Methode der Brand gelöscht wird.

**A12** Beim Betrieb von Kraftwerken werden je nach Brennstoff unterschiedliche Maßnahmen getroffen, um die Umweltbelastung zu vermindern.
Erläutere die jeweiligen Unterschiede bei der Verwendung von Kohle und von Erdgas.

# Wissen vernetzt

## A1 Sprinkleranlage

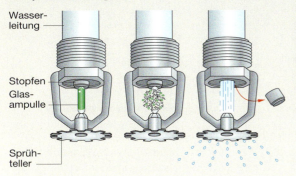

In Kaufhäusern, Krankenhäusern oder in den Hallen von Flughäfen haben Brände besonders schwerwiegende Folgen, da sich dort regelmäßig sehr viele Menschen aufhalten. Daher sind dort **Sprinkleranlagen** zur sofortigen Brandbekämpfung eingebaut. Sobald ein Feuer entsteht, lösen sich solche Anlagen selbständig aus und können den Brand gezielt an der Stelle seiner Entstehung bekämpfen. So wird ein weiteres Ausbreiten eines Brandes verhindert.

Über der Decke befindet sich ein Wasserleitungssystem mit zahlreichen Düsen. Jede Düse wird von einem Glasröhrchen verschlossen, das mit einer gefärbten Flüssigkeit gefüllt ist. Bricht ein Feuer aus, erwärmt sich das Glasröhrchen. Die darin enthaltene Flüssigkeit dehnt sich aus und das Röhrchen platzt. Dadurch öffnet sich das Ventil und Wasser wird über den Brandherd gesprüht.
Die Sprinklerampullen kommen in unterschiedlichen Farben zum Einsatz. Sie sprechen je nach Farbe bei einer Temperatur zwischen 60 °C und 180 °C an.
Bei einem begrenzten Brand werden immer nur die Sprinkler in unmittelbarer Nähe zum Brandherd ausgelöst. Auf diese Weise wird nicht gleich das ganze Gebäude unter Wasser gesetzt. Beim Auslösen der Sprinkleranlage wird gleichzeitig automatisch die Feuerwehr alarmiert.

### Aufgaben:
a) Nenne Gebäude, in denen du bereits Sprinkler gesehen hast.
b) Die Sprinkler sind regelmäßig an der Decke verteilt. Erkläre, warum bei einem großen Raum nicht ein einzelner reicht.
c) Beschreibe ausführlich die Funktionsweise des Sprinklers. Erkläre dabei auch, welche Rolle die Flüssigkeit im Sprinklerröhrchen spielt.
d) Erkläre, warum sich eine Sprinkleranlage nicht selbst wieder abstellen kann.

## A2 Gefährliche Fettbrände

*Eine Fettexplosion wird ausgelöst*

Immer wieder berichten Zeitungen über schwere Unfälle, die durch einen Fettbrand in der Küche ausgelöst wurden. Die folgende Meldung ist ein typisches Beispiel dafür:

### Heiligabend: Fondue-Topf explodiert
**SSV.** Tragischer Küchenbrand am Heiligen Abend: Zu dem Unglück mit brennendem Fett kam es bei den Vorbereitungen zum Fondue in einem Einfamilienhaus an der Wichernstraße. Eine 85-jährige und eine 55-jährige Frau hatten einen Topf mit Fett auf dem Herd erhitzt, als das Öl Feuer fing. Eine der Frauen hat offensichtlich versucht, die Flammen mit Wasser zu löschen. Dabei verursachte sie eine sogenannte Fettexplosion mit starker Rauch- und Hitzeentwicklung. Beide Frauen wurden schwer verletzt. Die eingetroffenen Hilfskräfte mussten die Haustür mit Gewalt öffnen. Nachdem sie schließlich ins Haus gelangten, sahen sie, dass die Küche vollständig in Flammen stand. Die Frauen mussten mit schweren Verbrennungen und Rauchvergiftungen ins Krankenhaus gebracht werden.
Die Feuerwehr macht noch einmal darauf aufmerksam, dass es zu einer Fettexplosion kommen kann, wenn brennendes Fett mit Wasser gelöscht wird. Das Wasser wird dabei aufgrund der hohen Temperaturen schlagartig zu Wasserdampf. Dieser dehnt sich dabei um das rund 1700-Fache des Wasservolumens aus. Dabei werden brennende Öltröpfchen mitgerissen. Es entsteht enorme Hitze, der Brand kann sich so auf die ganze Wohnung ausdehnen. Deshalb soll brennendes Fett durch Ersticken gelöscht werden. Dazu kann ein Deckel benutzt werden oder ein Handtuch oder eine Decke. Es besteht auch die Möglichkeit, das brennende Gefäß vorsichtig ins Freie zu tragen.

a) Erkläre, warum es bei Fettbränden oft zu schweren Unfällen kommt.
b) Begründe die von der Feuerwehr vorgeschlagenen Möglichkeiten, eine Fettexplosion zu verhindern.

Feuer – bekämpft und genutzt **87**

# 7 Verbrannt – aber nicht vernichtet

In Müllverbrennungsanlagen wird Hausmüll angeliefert, der nach Aussortieren von recycelbaren Anteilen nicht mehr weiter verwertbar ist. Dieser Abfall wird verbrannt; die dabei freiwerdende Wärme wird in elektrische Energie umgewandelt.
Der Müll ist danach allerdings nicht einfach verschwunden: Am Ende bleiben Feststoffe als Schlacke zurück und gasförmige Produkte gelangen in die Luft.

Der beste Weg zur Verringerung der Müllmassen ist also nicht die Verbrennung, sondern das Vermeiden von Müll!

Zentrale Fragen:
- Wird ein Stoff durch Verbrennen völlig vernichtet?
- Welche Stoffe bleiben bei der Verbrennung übrig?
- Wie verändern sich die Massen der an chemischen Reaktionen beteiligten Stoffe?

# 7.1 Müll verbrennen – und er ist weg?

In den Haushalten fallen große Mengen Müll an. Der Abfall enthält noch beträchtliche Anteile an verwertbaren Stoffen. Heute versucht man, diese Wertstoffe möglichst zu recyceln. Dazu wird der Müll teilweise bereits in den Haushalten getrennt und danach wieder aufgearbeitet: aus Altpapier wird Umweltpapier hergestellt, aus Altglas entstehen neue Flaschen, Kunststoffe werden eingeschmolzen und zu neuen Produkten verarbeitet.

Nach der Abtrennung von wieder verwertbaren Anteilen bleibt etwa die Hälfte des Hausmülls zurück: Dieser Teil wird meist in einer Müllverbrennungsanlage verbrannt. Weil dabei sehr viel Wärme frei wird, arbeiten Müllverbrennungsanlagen gleichzeitig als Kraftwerke: Sie wandeln chemische Energie zunächst in Wärme und dann in elektrische Energie um.

Bei der Verbrennung des Hausmülls bleiben Asche und Schlacke zurück und es werden gasförmige Verbrennungsprodukte frei. Durch Verbrennen ist der Müll also noch lange nicht weg.
Die Schlacke wird zum Straßenbau verwendet oder auf Müllhalden deponiert. Die Abgase enthalten große Anteile an Staub, die durch Filter abgetrennt werden. Anschließend werden umweltbelastende Gase in einer Rauchgaswäsche durch chemische Reaktionen entfernt. Das gereinigte Abgas gelangt schließlich durch den Schornstein in die Luft.

**Massenvergleich bei der Oxidation.** Will man wissen, wie viel an Reststoffen von einer Tonne Müll nach der Verbrennung noch übrig bleibt, müsste man diese Stoffe alle wiegen – ein ziemlich aufwändiges Vorhaben.
Im Labor lassen sich solche Untersuchungen einfacher durchführen. Verbrennt man etwa Eisenwolle, so bildet sich durch die Reaktion mit Sauerstoff schwarzes Eisenoxid. Mit einer Waage lässt sich leicht zeigen, dass das entstehende Eisenoxid schwerer ist als das ursprünglich vorhandene Eisen.

Eisen + Sauerstoff $\longrightarrow$ Eisenoxid

Ursache für die Massenzunahme ist der bei der Reaktion hinzu kommende Sauerstoff.

Entzündet man ein Teelicht, so reagiert Paraffin mit Sauerstoff. Bei der Oxidation bilden sich die farblosen Gase Kohlenstoffdioxid und Wasserdampf:

Paraffin + Sauerstoff $\longrightarrow$
$\qquad$ Kohlenstoffdioxid + Wasserdampf

Lässt man das Teelicht auf einer Waage brennen, so beobachtet man – im Gegensatz zu der Reaktion von Eisen mit Sauerstoff – während des Abbrennens eine dauernde Abnahme der Masse. Die Massenabnahme lässt sich damit erklären, dass die gasförmigen Reaktionsprodukte Kohlenstoffdioxid und Wasserdampf in die Luft entweichen.
Um auch die Masse der gasförmigen Reaktionsprodukte zu erfassen, verwendet man eine Vorrichtung mit Stoffen, die Kohlenstoffdioxid und Wasserdampf binden können, und wiegt diese mit. Unter diesen Bedingungen zeigt die Waage auch hier eine Zunahme der Masse: Die Reaktionsprodukte sind durch den hinzu getretenen Sauerstoff schwerer als das Paraffin vor der Reaktion.

> Bei einer Verbrennung können die Massenverhältnisse mit der Waage überprüft werden.

**1** Eisenwolle reagiert unter Aufglühen mit Sauerstoff zu Eisenoxid. Mithilfe der Waage stellt man fest, dass das entstehende Eisenoxid schwerer ist als das Eisen vor der Reaktion. Erkläre diese Beobachtung.
**2** Beim Abbrennen eines Teelichts wird das Paraffin verbrannt, aber nicht vernichtet. Erläutere diese Aussage.

*Eisenoxid ist schwerer als die Portion Eisenwolle*

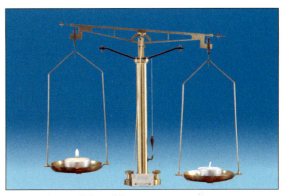

*Brennendes Teelicht auf der Waage*

## Praktikum — Massenänderung beim Verbrennen

*Streichhölzer vor und nach der Reaktion*

*Eisenwolle vor und nach der Reaktion*

### V1: Streichhölzer

*Materialien:* Waage, Uhrglas, Gasbrenner, Luftballon; Streichhölzer.

*Durchführung:*
1. Lege drei Streichhölzer auf das Uhrglas und wiege sie.
2. Entzünde die Streichhölzer, lass sie jeweils zur Hälfte abbrennen und blase sie dann aus. Die Reste werden erneut gewogen.
3. Gib drei Streichhölzer mit den Köpfen nach unten in ein Reagenzglas. Verschließe es mit einem Luftballon und wiege es genau.
4. Erhitze das Reagenzglas mit den Streichholzköpfen mit der rauschenden Brennerflamme, bis sie zünden. Wiege nach dem Abkühlen erneut.

*Aufgaben:*
a) Notiere deine Beobachtungen.
b) Vergleiche die Messwerte und erkläre die Unterschiede.

### V2: Eisenwolle

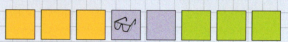

*Materialien:* Waage, Tiegelzange, Gasbrenner, Luftballon; Eisenwolle.

*Durchführung:*
1. Wiege einen apfelgroßen Bausch Eisenwolle.
2. Halte den Bausch Eisenwolle mit der Tiegelzange in die rauschende, nichtleuchtende Flamme des Brenners. Wiege nach dem Abkühlen erneut.
3. Gib einen Bausch Eisenwolle in ein Reagenzglas und verschließe es mit einem Luftballon. Wiege es genau.
4. Erhitze das Reagenzglas mit der rauschenden Flamme des Brenners, bis das Eisen glüht. Wiege nach dem Abkühlen erneut.

*Aufgaben:*
a) Notiere deine Beobachtungen.
b) Vergleiche die Messwerte und erkläre die Unterschiede.

## Exkurs — LAVOISIER und die Zerlegung von Quecksilberoxid

Der französische Forscher Antoine Laurent de LAVOISIER konnte 1774 nachweisen, dass sich Quecksilberkalk – die damalige Bezeichnung für Quecksilberoxid – durch bloßes Erhitzen in Quecksilber und „Luft" – heute: Sauerstoff – umwandeln lässt. Aus diesen Reaktionsprodukten konnte er durch Erhitzen wiederum Quecksilberoxid herstellen.

Mit diesem Versuch klärte LAVOISIER die Rolle des Sauerstoffs bei solchen Reaktionen. Er widerlegte damit die damals allgemein anerkannte **Phlogistontheorie**. Nach dieser Theorie enthalten brennbare Stoffe Phlogiston, das beim Verbrennungsvorgang *entweicht*. LAVOISIER konnte mit dem Versuch zeigen, dass beim Verbrennen dagegen ein Stoff *aufgenommen* wird und begründete so die **Oxidationstheorie**.

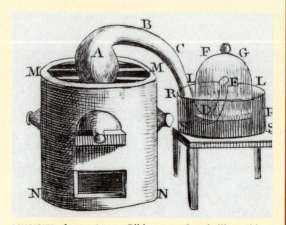

*LAVOISIERs Apparatur zur Bildung von Quecksilberoxid*

90 Verbrannt – aber nicht vernichtet

## 7.2 Gesetz von der Erhaltung der Masse

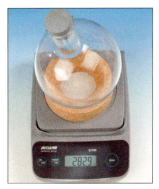

*Masse vor der Reaktion* — *Kohlekörner verbrennen vollständig* — *Masse nach der Reaktion*

Verbrennt man Holzkohle auf einer Waage, so kann man beobachten, dass die Masse der Holzkohle während der Reaktion abnimmt. Hängt man dagegen Eisenwolle an einen Waagebalken, so nimmt die Masse bei der Verbrennung zu. Das unterschiedliche Verhalten der beiden Stoffe ist darauf zurückzuführen, dass in beiden Fällen die beteiligten gasförmigen Stoffe nicht mit gewogen werden.

**Geschlossene Apparatur.** Füllt man Eisenwolle in ein Reagenzglas und verschließt es mit einem Stopfen, dann hat man sowohl Eisen als auch Sauerstoff in einer *geschlossenen Apparatur*. Wiegt man diese vor und nach der Verbrennung, dann stellt man fest, dass die Masse nach der Reaktion ebenso groß ist wie die Masse vor der Reaktion: Das gebildete Eisenoxid wiegt genau soviel, wie die Eisenwolle mit dem Sauerstoff zusammen.

Um auch die Verbrennung von Holzkohle in einer geschlossenen Apparatur durchzuführen, gibt man einige Körnchen Kohle in einen mit Sauerstoff gefüllten Rundkolben. Der Kolben wird mit einem Luftballon dicht verschlossen und genau gewogen. Nun erhitzt man den Kolben kräftig an der Stelle, an der sich die Kohlekörner befinden. Sobald sie hell aufleuchten, nimmt man den Brenner weg und schwenkt den Kolben in kreisenden Bewegungen. Dabei beobachtet man, dass die Kohlekörner hell leuchten und dann verglühen. Wenn man den Kolben dann erneut wiegt, stellt man fest, dass sich auch bei diesem Versuch die Masse nicht verändert hat.

Öffnet man den Kolben und gibt etwas Kalkwasser hinein, so beobachtet man eine Trübung: sie beweist die Gegenwart von Kohlenstoffdioxid. Da zuvor in dem Kolben nur Holzkohle und Sauerstoff waren, muss sich das Gas bei der Reaktion gebildet haben:

Kohlenstoff + Sauerstoff ⟶ Kohlenstoffdioxid

Obwohl die Kohlekörner verschwunden sind, bleibt die Gesamtmasse gleich groß: Das bei der Reaktion entstandene Gas Kohlenstoffdioxid wiegt ebensoviel wie vor der Reaktion der Kohlenstoff und der Sauerstoff zusammen.

**Massenerhaltung.** In den beiden beschriebenen Fällen besitzen die Reaktionsprodukte die gleiche Masse wie die Ausgangsstoffe. Das gilt grundsätzlich für alle chemischen Reaktionen. Man spricht daher vom *Gesetz von der Erhaltung der Masse*. Diese Gesetzmäßigkeit wurde 1748 erstmals von Michail Wassiljewitsch LOMONOSSOW postuliert. 1789 formulierte schließlich Antoine Laurent de LAVOISIER „Rien ne se perd, rien ne se crée, tout se transforme".

> Bei chemischen Reaktionen gilt das Gesetz von der Erhaltung der Masse: die Masse der Reaktionsprodukte ist gleich der Masse der Ausgangsstoffe.

**1** Eine Portion Magnesiumspäne wird schwerer, wenn man sie in einem Tiegel verbrennt und den Tiegeldeckel nur ab und zu lüftet.
a) Notiere das Reaktionsschema.
b) Erkläre die Beobachtung.

**2** Eine Portion Kupferspäne wird zusammen mit Sauerstoff im verschlossenen Reagenzglas gewogen. Nach Erhitzen und hellem Aufglühen wird erneut gewogen: die Massen vorher und nachher sind gleich groß.
a) Notiere das Reaktionsschema.
b) Erkläre den Unterschied zu Aufgabe 1.

**3** In einem verschlossenen Glaskolben befinden sich ein kleines Stück Phosphor und Sauerstoff. Der Glaskolben wird gewogen, er wiegt genau 330 g. Der Phosphor wird mit einem Brennglas durch Sonnenlicht gezündet und verbrennt vollständig, es bleibt weißer Rauch zurück. Der Kolben wird erneut gewogen. Stelle eine begründete Vermutung an, ob sich die Masse ändert.

## 7.3 Element und Verbindung

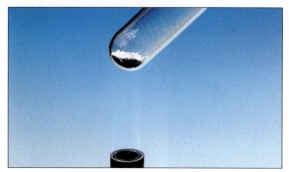

*Beim Erhitzen von Silberoxid ...*

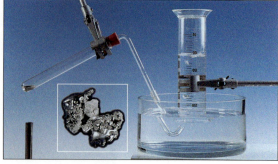

*... entstehen Silber und Sauerstoff*

Bei chemischen Reaktionen bleibt die Masse erhalten. Bleiben etwa auch die Ausgangsstoffe in den Reaktionsprodukten in einer Form enthalten, in der sie sich wieder zurückgewinnen lassen?

**Zerlegung von Silberoxid.** Aus Silber und Sauerstoff bildet sich schwarzes, festes Silberoxid, ein neuer Reinstoff mit charkteristischen Eigenschaften. Erhitzt man in einem Reagenzglas Silberoxid mit sehr heißer Flamme, so bildet sich im Laufe von wenigen Minuten eine silberne Kugel: es ist Silber entstanden. Schließt man beim Erhitzen einen Kolbenprober an das Reagenzglas an, erkennt man, dass bei dieser Reaktion ein Gas entsteht. Die Glimmspanprobe zeigt, dass es sich bei dem Gas um Sauerstoff handelt.
Aus Silberoxid sind durch eine chemische Reaktion Silber und Sauerstoff entstanden:

Silberoxid ⟶ Silber + Sauerstoff; endotherm

**Verbindungen.** Sowohl Silber als auch Sauerstoff lassen sich durch eine endotherme Reaktion aus Silberoxid zurück erhalten. Man sagt daher auch, Silberoxid ist eine *chemische Verbindung* aus Silber und Sauerstoff. Eine Verbindung ist kein *Gemisch*, sondern ein Reinstoff mit charakteristischen Eigenschaften. Das gleiche gilt für alle Metalloxide: sie sind Verbindungen aus dem entsprechenden Metall und Sauerstoff.

**Elemente.** Es gibt zwei Gruppen von Reinstoffen: Alle Reinstoffe, die man durch chemische Reaktionen in andere Stoffe zerlegen kann, nennt man *Verbindungen*. Reinstoffe, die sich nicht weiter zerlegen lassen, bezeichnet man als *Elemente*.
Heute kennt man etwa 110 Elemente, davon gehören rund 90 zu den Metallen und 20 zu den Nichtmetallen. Chemiker verwenden eine tabellarische Übersicht über alle bekannten Elemente: *das Periodensystem der Elemente*.

In dieser Übersicht sind metallische Elemente wie Eisen und Kupfer, aber auch Nichtmetalle wie Kohlenstoff, Schwefel oder Phosphor aufgeführt. Dazu gehören auch bei Zimmertemperatur gasförmige Elemente: Beispiele sind Sauerstoff, Stickstoff oder Edelgase wie Neon oder Argon. Nur zwei Elemente sind bei Raumtemperatur flüssig: das Metall Quecksilber und das Nichtmetall Brom.

Aus den Elementen lassen sich unvorstellbar viele Verbindungen aufbauen: Bis heute kennt man mehr als 10 Millionen Verbindungen. Es gibt Verbindungen aus nur zwei Elementen: Metalloxide sind Verbindungen aus einem Metall und Sauerstoff, Metallsulfide sind aus Metallen und Schwefel aufgebaut: So reagiert Kupfer mit Schwefel zu Kupfersulfid, Eisen mit Schwefel zu Eisensulfid. Es gibt auch Verbindungen aus drei und mehr Elementen: So ist Zucker aus den Elementen Kohlenstoff, Wasserstoff und Sauerstoff aufgebaut.

Allgemein lassen sich Stoffe in Reinstoffe und Gemische einteilen. Bei Reinstoffen unterscheidet man Elemente und Verbindungen, bei Gemischen homogene und heterogene Gemische.

> Verbindungen lassen sich in Elemente zerlegen;
> Elemente sind nicht in andere Stoffe zerlegbar.

**1** Gib je zwei Beispiele für Elemente an, die bei Raumtemperatur fest, flüssig oder gasförmig vorkommen.
**2** Verbindungen können aus zwei oder aus mehreren Elementen zusammengesetzt sein. Gib Beispiele an.
**3 a)** Erstelle ein Schema für die Einteilung von Stoffen in Reinstoffe und Gemische. Unterteile die Reinstoffe in Elemente und Verbindungen und die Gemische in homogen und in heterogen.
**b)** Gib aus jeder Stoffgruppe des Schemas einen Stoff als Beispiel an.

# (Fast) alles über Elemente — Exkurs

*Die vier Elemente der griechischen Philosophen*

Bereits vor 2500 Jahren sprachen griechische Philosophen von Elementen: Alle Materie sollte sich danach auf die vier Elemente Erde, Wasser, Luft und Feuer zurückführen lassen. Die Grundlage für unseren heutigen Elementbegriff legte der englische Naturforscher Robert BOYLE im 17. Jahrhundert. Er bezeichnete Stoffe als Elemente, die sich mit chemischen Reaktionen nicht weiter zerlegen lassen. Ende des 18. Jahrhunderts schloss LAVOISIER aus seinen Versuchen zur Analyse und Synthese von Verbindungen, dass die ursprünglichen Elemente in den Verbindungen enthalten sind.

Bereits im Altertum kannte man viele Stoffe, die heute als Elemente zu bezeichnen sind: *Gold* und *Silber*, die gediegen vorkommen, *Kupfer*, *Quecksilber*, *Zinn* und *Blei*, die durch einfaches Erhitzen aus bestimmten Mineralien gewonnen wurden, und *Eisen*.
Im Mittelalter fanden dann Alchemisten weitere unserer heutigen Elemente. Beispiele sind *Phosphor*, *Cobalt*, *Nickel*, *Arsen*, *Antimon* und *Bismut*. Als es zu Beginn des 19. Jahrhunderts gelang, Salzlösungen und Salzschmelzen mithilfe der neu entwickelten VOLTAschen Säule als elektrischer Spannungsquelle zu zersetzen, erhielt man weitere metallische Elemente wie *Natrium*, *Kalium*, *Magnesium* und *Calcium*.

Im Jahre 1867 veröffentlichte der russische Chemiker Dimitriy MENDELEJEEV eine Anordnung, bei der Elemente mit ähnlichen Eigenschaften untereinander stehen und so Elementfamilien bilden. Damit schuf er das **Periodensystem der Elemente,** das in den folgenden Jahren immer weiter ausgebaut wurde. Da damals nur 64 Elemente bekannt waren, wies das Periodensystem noch viele Lücken auf. MENDELEJEEV sagte voraus, dass weitere Elemente existieren, die diese Lücken ausfüllen. Aufgrund der Ähnlichkeiten in den Elementfamilien konnte man sogar einige Eigenschaften der noch fehlenden Elemente vorhersagen und gezielt nach ihnen suchen. Und tatsächlich fand 1875 der französische Chemiker Paul-Emile Lecoq de BOISBAUDRAN das Element, das im Periodensystem unter Aluminium steht.

### Ueber die Beziehungen der Eigenschaften zu den Atomgewichten der Elemente
von
**D. Mendelejeff.**
Zeitschrift für Chemie 12. Jhrg. (Neue Folge, V. Bd.)(1869), S. 405 u. 406.

| | | | | | | | | | |
|---|---|---|---|---|---|---|---|---|---|
| H = 1 | | | | Cu = 63,4 | Ag = 108 | Hg = 200 |
| | Be = 9,4 | Mg = 24 | | Zn = 65,2 | Cd = 112 | |
| | B = 11 | Al = 27,4 | ? = 68 | Ur = 116 | Au = 197? |
| | C = 12 | Si = 28 | ? = 70 | Sn = 118 | |
| | N = 14 | P = 31 | As = 75 | Sb = 122 | Bi = 210 |
| | O = 16 | S = 32 | Se = 79,4 | Te = 128? | |
| | F = 19 | Cl = 35,5 | Br = 80 | J = 127 | |
| Li = 7 | Na = 23 | K = 39 | Rb = 85,4 | Cs = 133 | Tl = 204 |
| | | Ca = 40 | Sr = 87,6 | Ba = 137 | Pb = 207 |

*Ausschnitt aus MENDELEJEEVs Periodensystem*

Nach seinem Heimatland nannte er es *Gallium*. Ebenso entdeckte der deutsche Chemiker Clemens WINKLER 1886 das Element, das unter das Silicium gehört. Er nannte es *Germanium*.
Viele andere Elemente wurden ebenfalls nach Ländern benannt: *Polonium, Francium, Ruthenium* (Russland) und *Indium* sind bekannte Beispiele. Der Name *Kupfer* leitet sich von Zypern ab, *Scandium* von Skandinavien, *Rhenium* ist nach dem Rhein benannt. Von dem Namen von Kontinenten leiten sich *Europium* und *Americium* ab. Auch viele Ortsbezeichnungen finden sich als Name von Elementen wieder: *Holmium* (Stockholm), *Hafnium* (Kopenhagen), *Lutetium* (Lutetia, lat.; Paris). Nach dem kleinen schwedischen Bergwerksort Ytterby sind gleich vier Elemente benannt: *Ytterbium, Yttrium, Terbium* und *Erbium*.

In den letzten 80 Jahren wurden mehr als 20 Elemente entdeckt, die in der Natur nicht vorkommen, weder elementar noch in Verbindungen. Eine nicht unbedeutende Rolle spielte dabei in den letzten Jahrzehnten eine deutsche Forschungseinrichtung in Darmstadt; zwei der dort erstmals hergestellten Elemente erhielten die Namen *Darmstadtium* und *Hassium* (Hessen).
Viele geografische Bezeichnungen standen Pate bei der Benennung von Elementen; den umgekehrten Fall gab es nur ein einziges Mal: Das Land Argentinien ist nach dem Element Silber (lat. Argentum) benannt.

**1** Suche nach Elementen, die **a)** nach Himmelskörpern, **b)** nach Personen benannt sind.
**2** Die Elemente Rubidium, Cäsium und Rhodium sind nach Farben benannt. Recherchiere im Internet oder im Lexikon nach den Hintergründen der Namensgebung.

## 7.4 Analyse und Synthese

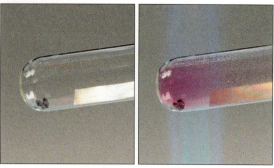

*Synthese von Silberiodid aus Silber und Iod*

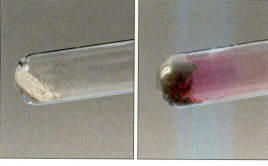

*Analyse von Silberiodid: es entstehen Silber und Iod*

Die Verbindung Silberoxid lässt sich durch Erhitzen in die Elemente Silber und Sauerstoff zerlegen. Eine solche Zerlegung nennt man *Analyse*. Auch die Analyse von Silberiodid ist ebenso einfach durchzuführen: Beim Erhitzen zersetzt sich Silberiodid unter Bildung von Iod-Dampf und Silber:

Silberiodid ⟶ Silber + Iod; endotherm

Aus den Elementen Silber und Iod kann man wiederum Silberiodid herstellen:

Silber + Iod ⟶ Silberiodid; exotherm

Eine solche Herstellung einer Verbindung aus den Elementen nennt man *Synthese*. Heute wird der Begriff oft auch dann verwendet, wenn man nicht von den Elementen, sondern von anderen Verbindungen ausgeht.

Die Synthese im herkömmlichen Sinne ist die Umkehrung der Analyse. Auch viele andere chemische Reaktionen sind umkehrbar. Diese *Umkehrbarkeit* zeigt, dass Substanzen durch chemische Reaktionen nicht endgültig vernichtet werden. Die Elemente bleiben in den Verbindungen erhalten. Daher kann man sie aus den Verbindungen wieder gewinnen.

> Die Zerlegung einer chemischen Verbindung wird Analyse genannt. Die Reaktion mehrerer Elemente zu einer Verbindung heißt Synthese. Die Analyse ist die Umkehrung der Synthese.

**1** Quecksilberoxid lässt sich aus den Elementen herstellen. Es lässt sich durch Erhitzen auch zerlegen. Notiere das Reaktionsschema für die Analyse und für die Synthese.

---

**Praktikum** | **Analyse und Synthese**

**V1: Synthese und Analyse von Kupferiodid**

**Materialien:** Pinzette, Luftballon, Gasbrenner, Reibschale und Pistill;
Kupferblech-Streifen (1 cm x 8 cm), Iod (Xn, N), Kupferiodid.

**Durchführung:**

*a) Synthese*
1. Gib einen Iod-Kristall mithilfe der Pinzette in ein Reagenzglas.
2. Falte den Kupferblechstreifen ziehharmonikaförmig und klemme ihn in mittlerer Höhe in das Reagenzglas.
3. Verschließe das Reagenzglas mit dem Luftballon.
4. Erhitze zunächst den Iod-Kristall mit kleiner Flamme, bis die entstehenden Iod-Dämpfe das Kupferblech erreichen. Erhitze nun auch das Kupferblech.
5. Lass das Reagenzglas nach der Reaktion abkühlen und entnimm vorsichtig das Reaktionsprodukt.

*b) Analyse*
6. Zerkleinere Kupferiodid in der Reibschale zu feinem Pulver.
7. Fülle das Pulver in ein Reagenzglas und erhitze es mit heißer Flamme.

**Aufgaben:**
a) Notiere und erkläre deine Beobachtungen.
b) Formuliere beide Reaktionsschemata.
c) Nenne Gemeinsamkeiten und Unterschiede beider Reaktionen.

# 7.5 Atome – Grundbausteine der Stoffe

*DALTONs Atommodell bringt Ordnung in die Welt der Chemie*

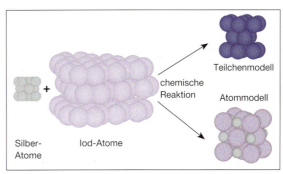

*Bildung von Silberiodid: Teilchenmodell und Atommodell*

Mit dem Teilchenmodell kann man nicht erklären, weshalb sich aus einer Verbindung die Elemente zurückgewinnen lassen. Dieses Problem wurde zu Beginn des 19. Jahrhunderts von dem englischen Naturforscher John DALTON gelöst. DALTON verknüpfte das Teilchenmodell mit dem Elementbegriff, indem er postulierte, dass jedes Element aus einer eigenen Art von besonderen Teilchen, den Atomen, aufgebaut ist. Die Teilchen von Verbindungen sind danach aus mehreren Arten von Atomen zusammengesetzt.

**DALTONs Atommodell.** Die Überlegungen DALTONs führten zu einer Modellvorstellung, die viele experimentelle Befunde seiner Zeit erklären konnte. DALTON stellte sich dabei die Atome modellhaft als kleine Kugeln vor.
Die wichtigsten Aussagen von DALTONs *Atommodell* lassen sich folgendermaßen zusammenfassen:

- Die kleinsten Teilchen der Elemente sind die unteilbaren Atome. Atome können weder erzeugt noch vernichtet werden.
- Die Atome eines Elements sind alle gleich, die Atome unterschiedlicher Elemente unterscheiden sich voneinander. Es gibt also genau so viele Atomarten, wie es Elemente gibt. Ein elementarer Stoff ist daher aus lauter gleichen Atomen aufgebaut.
- Bei einer chemischen Reaktion bleiben die Atome erhalten. Sie werden lediglich neu angeordnet. Eine Verbindung ist daher aus den Atomen der Elemente aufgebaut, aus denen die Verbindung besteht. Verbindungen enthalten also unterschiedliche Atome.

Nach diesem Atommodell ist die gesamte Materie aus rund 100 verschiedenen Arten von Atomen aufgebaut. Auch alle Verbindungen bestehen aus diesen 100 Arten atomarer Bausteine.

**Leistungen des Atommodells.** Mit dem Atommodell wird die Vorstellung über die Natur der Teilchen stark vereinfacht: Nach dem Teilchenmodell gibt es so viele Teilchenarten wie es Stoffe gibt. DALTON reduziert die Anzahl der Teilchenarten auf rund 100. Damit ist das Atommodell gleichzeitig eine Weiterentwicklung und eine Vereinfachung des Teilchenmodells.
Das Atommodell von DALTON liefert auch eine Erklärung, in welcher Form die Elemente in ihren Verbindungen enthalten sind, nämlich in Form ihrer Atome: Bei der Reaktion von Silber mit Iod wird der Verband der Silber-Atome aufgelöst, ebenso der Verband der Iod-Atome. Dann werden die Atome neu angeordnet. In Silberiodid liegt ein Verband von Atomen vor, bei dem Silber-Atome und Iod-Atome jeweils abwechselnd nebeneinander angeordnet sind.

**Arbeiten mit dem Atommodell.** In Abbildungen und in Modellbaukästen stellt man die Atome der verschiedenen Elemente in unterschiedlichen Farben dar. So verwendet man für Sauerstoff-Atome meist rote Kugeln und für Kohlenstoff-Atome schwarze Kugeln. In Wirklichkeit haben Atome jedoch keine Farbe. Erst wenn unvorstellbar viele Kohlenstoff-Atome in bestimmter Weise angeordnet sind, treten die Eigenschaften von Kohlenstoff auf: das schwarze Aussehen, eine bestimmte Dichte und eine bestimmte Schmelztemperatur.

> Die kleinsten Teilchen von Elementen sind nicht weiter zerlegbare Atome. Das Atommodell erklärt, weshalb man aus Verbindungen die jeweiligen Elemente zurück gewinnen kann.

1 Erkläre die Vorteile, die das Arbeiten mit dem Atommodell gegenüber dem einfachen Teilchenmodell hat.
2 Begründe, weshalb man aus der Verbindung Silberiodid die Elemente Silber und Iod zurückgewinnen kann.

## Basiswissen

### Verbrannt – aber nicht vernichtet

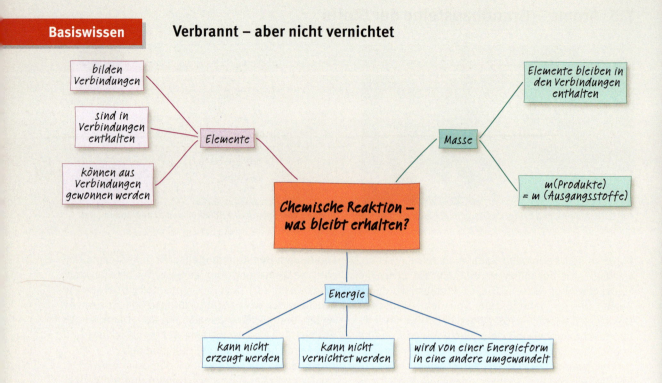

## Chemie in unserer Welt

### Verbrennungen sind Stoffumwandlungen

„Verbrannt – aber nicht vernichtet" zeigt, dass wir unseren Müll im Prinzip nicht mehr loswerden. Mithilfe von Chemie und Ingenieurwissenschaft lässt sich die Müllmenge aber erheblich verringern: Brennbare Bestandteile des Mülls werden verbrannt und die dabei entstehenden schädlichen Abgase gereinigt. Bei der Entsorgung müssen wir alle einen Beitrag leisten, indem wir unseren Müll sinnvoll sortieren.

**Erhaltung der Masse.** Die Chemie macht verständlich, weshalb wir unsere Abfälle im Prinzip nicht mehr loswerden. Müll ist ein Gemisch verschiedener Elemente und Verbindungen, die letztlich alle aus kleinsten Teilchen aufgebaut sind. Ob der Müll auf einer Deponie gelagert oder ob er verbrannt wird: Die darin enthaltenen Teilchen sind unzerstörbar. Durch chemische Reaktionen können sie lediglich umgruppiert werden. Eng mit diesem Prinzip verbunden ist das *Gesetz von der Erhaltung der Masse*. Es garantiert, dass die Gesamtmasse der Stoffe bei den Prozessen der Müllverbrennung nicht geringer wird.

Es gibt nur eine sinnvolle Lösung, um zu verhindern, dass wir irgendwann im Müll ersticken: Wir müssen aus dem Abfall die wieder verwertbaren Stoffe gewinnen. Man spricht dabei von *Recycling*.

**Chemie schafft Ordnung.** Der Begriff des *Elements* erleichtert den Überblick über die Vielfalt der Stoffe ungemein: Statt mehr als zehn Millionen verschiedener Reinstoffe muss man nur noch rund einhundert verschiedene Elemente betrachten, um einen Überblick über die stoffliche Welt zu erhalten. Aus diesen einhundert Elementen sind alle *Verbindungen* aufgebaut. Im *Periodensystem* sind die Elemente zu Gruppen mit ähnlichen Eigenschaften zusammengefasst. Diese bewährte Anordnung der Elemente hilft, den Überblick zu behalten.
Eine ähnliche Vereinfachung, wie sie der Elementbegriff bei den Stoffen bringt, schafft das *Atommodell* auf der Ebene der kleinsten Teilchen. Die Teilchen aller Stoffe lassen sich letztlich auf rund 100 Arten von Atomen zurückführen.

**Analyse und Synthese.** Eine wichtige Aufgabe von Chemikerinnen und Chemikern ist es, Stoffe zu analysieren, sie dabei in ihre Bestandteile und letztlich in ihre Elemente zu zerlegen: Im Labor helfen dabei moderne Analysegeräte und eine computerunterstützte Auswertung der Ergebnisse.
Eine ebenso wichtige Rolle spielt die Synthese: An Universitäten und in den Forschungsabteilungen von Firmen werden so neue Stoffe für den Kunststoffsektor oder für die Pharmaindustrie entwickelt.

# Prüfe dein Wissen

## Quiz

**A1 a)** Erkläre die Begriffe des Fensters.
**b)** Notiere auf der Vorderseite von Karteikarten den Begriff, auf der Rückseite die Erklärung.
**c)** Ordne die Begriffe den Basiskonzepten „Struktur der Materie", „chemische Reaktion" und „Energie" zu. Begründe deine Zuordnung.

**A2** Nenne zwei Elemente und zwei Verbindungen. Gib bei den Verbindungen an, aus welchen Elementen sie aufgebaut sind.

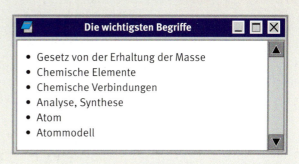

## Know-how

**A3** Man wiegt einen Eisennagel und einige Jahre später denselben, aber verrosteten Nagel. Beschreibe und begründe, ob er leichter oder schwerer geworden ist.

**A4** Verbrennt man wenig Alkohol in einer Porzellanschale, so ist die Porzellanschale nach der Verbrennung leer. Erläutere, ob der Alkohol unwiederbringlich vernichtet ist. Plane ein Experiment, mit dem du die Erhaltung der Masse bei einer Alkohol-Verbrennung zeigen kannst.

**A5** Erläutere, wie die Begriffe *Element* und *Atom* miteinander verknüpft sind.

## Natur – Mensch – Technik

**A6** Es gibt Geschichten über Alchimisten, die im 15. Jahrhundert Gold aus Kupfer und Zink herstellen konnten. Begründe, ob diese Geschichten wahr sind.

**A7** Kupferdächer sehen an Neubauten rotbraun aus. Langsam verfärben sich diese Dächer und werden grün. Erkläre, ob der grüne Stoff ein Element oder ein Verbindung ist.

# Wissen vernetzt

**A1 Die Phlogiston-Theorie – ein Irrweg der Chemie**

In jeder Wissenschaft bemüht man sich, die vielfältigen Erfahrungen nach übergeordneten Gesichtspunkten zu ordnen.
**Phlogiston-Theorie.** Die erste Vorstellung, mit der sich Verbrennungsvorgänge allgemein erfassen ließen, wurde bereits um 1700 entwickelt: Georg Ernst STAHL, Professor der Medizin in Halle, stellte 1697 die Phlogiston-Theorie auf (gr. *phlogistos:* brennbar). Er ging dabei von der längst bekannten Tatsache aus, dass bei der Verbrennung Stoffe mit völlig anderen Eigenschaften entstehen. Die Verbrennungsprodukte der Metalle bezeichnete man damals als *Kalke.* STAHL nahm an, dass alle brennbaren Stoffe einen bestimmten Stoff enthalten, der sie brennbar macht: das *Phlogiston.* Bei der Verbrennung sollte dieses Phlogiston entweichen und von der Luft aufgenommen werden.
Ein Metall ist nach dieser Auffassung aus dem Metallkalk und Phlogiston zusammengesetzt. Im Sinne eines heutigen Reaktionsschemas für die Verbrennung würden wir die STAHLsche Vorstellung folgendermaßen wiedergeben:

Metall ⟶ Metallkalk + Phlogiston

Fast 100 Jahre lang waren fast alle Naturforscher Anhänger der Phlogiston-Theorie. Auch als man erkannt hatte, dass mit der Bildung der Metallkalke eine Massenzunahme verbunden ist, hielt man an der Theorie fest. Man machte einfach die Annahme, Phlogiston habe eine negative Masse.

**Oxidationstheorie.** LAVOISIER, der anfangs selbst die Phlogiston-Theorie vertrat, hat diese Lehre um 1780 widerlegt. Er führte Experimente über die Verbrennung der Metalle durch. In seiner Oxidationstheorie führte er die Massenzunahme auf die Vereinigung der Metalle mit Sauerstoff zurück. Damit konnte er die Beobachtungen des *Gesetzes von der Erhaltung der Masse* neu deuten.

**a)** Formuliere das Reaktionsschema für die Bildung von Kupferoxid aus den Elementen.
**b)** Notiere das Schema dieser Reaktion im Sinne der Phlogistontheorie.
**c)** LAVOISIER fand mit seinen Experimenten auch die Oxidationstheorie. Erläutere seine Ergebnisse und vergleiche mit der Phlogistontheorie.

# 8 Luft – ein lebenswichtiges Gasgemisch

Aus dem Weltraum berichten die Astronautinnen und Astronauten immer wieder begeistert vom Anblick der Erde. Aus einigen hundert Kilometern Höhe sehen sie die Lufthülle als blaue Schicht über der Erdoberfläche. Diese dünne Luftschicht ist eine Grundvoraussetzung für das Leben.

Menschen und Tiere können nur dort überleben, wo ausreichend Luft zum Atmen zur Verfügung steht. Wenn keine Luft zum Atmen vorhanden ist, muss sie mitgenommen werden. Die Astronauten führen ihren Luftvorrat im Raumschiff mit. Taucher transportieren ihre Atemluft in einer Stahlflasche. Die Wasserspinne baut sich in ein Netz zwischen Wasserpflanzen eine Luftglocke aus Luftbläschen, die sie von der Wasseroberfläche mitnimmt.

Alle Lebewesen, von den Mammutbäumen bis hin zu den Mikroalgen, benötigen Luft. Die Natur hat unterschiedlichste Wege entwickelt, Luft auch unter Wasser und im Boden zur Verfügung zu stellen und somit auch hier das Leben zu ermöglichen.

Zentrale Fragen:
- Welche Rolle spielt Luft für das Leben auf unserer Erde?
- Wie ist Luft zusammengesetzt?
- Welche Folgen hat die durch Menschen verursachte Luftverschmutzung?
- Wie kann man der Luftverschmutzung entgegenwirken?

# 8.1 Atmosphäre im Wandel

*Der lange Weg zur Atmosphäre*

Vor mehr als drei Milliarden Jahren war unsere Erde ein heißer Ball ohne schützende Gashülle. Durch ständig einschlagende Meteoriten wurden große Mengen an Energie frei, die mit dazu beitrugen, dass auf der Urerde über lange Zeit sehr hohe Temperaturen herrschten. Als die Oberfläche sich langsam etwas abkühlte, bildete sich die feste Erdkruste. Das darunter liegende Erdinnere ist aber immer noch heiß und flüssig. Dadurch kommt es auch heute noch zu Vulkanausbrüchen, bei denen heiße Lava, Asche und Gase an die Oberfläche gelangen.

**Uratmosphäre.** Die durch Vulkanausbrüche freigewordenen Gase bildeten mit der Zeit eine erste Atmosphäre. Diese Uratmosphäre enthielt bereits Wasserdampf, aber noch keinen Sauerstoff.
Allmählich wurden die Meteoriteneinschläge seltener und die Erde kühlte sich weiter ab. Daher kondensierte der Wasserdampf zu Wolken, Regen fiel auf die Erde und die ersten Meere entstanden. Viele der in der Atmosphäre und der Erdkruste enthaltenen Stoffe lösten sich im Urmeer.

Im Wasser der Urmeere entstand auch das erste Leben. Es entwickelten sich Organismen, die Sauerstoff produzierten. Dieses Gas gelangte in die Luft und veränderte dadurch die Atmosphäre. Im Laufe von Jahrmillionen pendelte sich langsam eine konstante Zusammensetzung ein. Heute bleibt der Sauerstoff-Gehalt durch ein komplexes Wechselspiel zwischen Tieren und Pflanzen stabil.

**Klimawandel.** Seit der Industrialisierung greift der Mensch im stärkeren Maße in das Gleichgewicht der Natur ein. Er verändert dabei auch die Zusammensetzung der Atmosphäre. Begriffe wie Treibhauseffekt und Klimawandel, aber auch saurer Regen und Ozonloch beschreiben diese Eingriffe. Sie mahnen uns aber auch zu einem bedächtigeren und verantwortungsbewussteren Umgang mit unserer Umwelt. Denn das Handeln der Menschen kann Folgen für das gesamte Leben auf der Erde haben.

> Über Jahrmillionen hat sich eine Atmosphäre entwickelt, die das Leben auf der Erde in seiner heutigen Form ermöglicht.

**1** Beschreibe, welche Entwicklungsstadien die Erde durchlaufen hat, bis die heutige Atmosphäre entstand.
**2** Erläutere ausführlich, inwiefern der Mensch Einfluss auf das Gleichgewicht der Natur nimmt.

*Der Mensch nimmt Einfluss auf das Gleichgewicht der Natur*

Luft – ein lebenswichtiges Gasgemisch

## 8.2 Die Lufthülle ☆

Wenn wir von Luft sprechen, dann meinen wir im Allgemeinen das Gas, das uns umgibt und das wir einatmen. Aus unserer Perspektive scheint die Luft grenzenlos zu sein. Vom Weltraum aus zeigt sie sich aber nur als ein dünner, blau schimmernder Gasmantel um die Erde. Dieser Eindruck erklärt sich aus dem Verhältnis zwischen dem Erddurchmesser von 12 740 km und der Höhe der Lufthülle von etwa nur 100 km. Bei einem Globus mit einem Durchmesser von 25 cm wäre die Luftschicht nur 2 mm dick.

Die Lufthülle wird als *Atmosphäre* bezeichnet. Bis zu einer Höhe von 100 km enthält sie 99,999 99 % aller Luft-Teilchen. Zum Weltall hin besitzt sie keine scharfe Grenze. Daher findet man auch in Höhen über 1000 km noch Luft-Teilchen. Allerdings nimmt ihre Anzahl pro Volumeneinheit hier sehr schnell ab. Das heißt, die Dichte der Lufthülle ist umso kleiner, je weiter man sich von der Erde entfernt.

Man teilt die Lufthülle in mehrere **Schichten** ein:
– bis 10 km Höhe: Troposphäre,
– bis 70 km Höhe: Stratosphäre,
– ab 70 km Höhe: Ionosphäre.

In der **Troposphäre** spielt sich das Wettergeschehen ab. Forschungsballons steigen bis in die **Stratosphäre** auf. In einer Höhe von 20 km bis 40 km befindet sich die oft genannte *Ozonschicht*, die uns vor den UV-Strahlen der Sonne schützt. Obwohl nur wenig Ozon in dieser Schicht vorhanden ist, hätte die Zerstörung der Ozonschicht schwerwiegende Folgen für das Leben auf der Erde.

Die Atmosphäre übt einen Druck von etwa 1000 hPa auf die Erdoberfläche aus: Auf jeden Quadratzentimeter drückt also eine Masse von 1 kg. Mit zunehmender Höhe verringert sich der Luftdruck. Schon in 6000 m Höhe ist er nur noch halb so groß wie in Meereshöhe. Wer auf einen so hohen Berg steigen will, muss seinen Körper deshalb daran gewöhnen, bei jedem Atemzug nur mit der Hälfte an Sauerstoff auszukommen. Diese Höhenanpassung dauert mehrere Tage. In 8000 m Höhe können sich die Menschen ohne Sauerstoffversorgung nur maximal einen Tag aufhalten. Jede körperliche Leistung bereitet wegen des Sauerstoffmangels größte Mühe.

In Verkehrsflugzeugen, die in 10 km Höhe fliegen, werden die Passagiere durch eine Druckkabine vor dem verminderten Druck geschützt. Sie hält einen Luftdruck aufrecht, wie er in 2200 m Höhe herrscht. Gleichzeitig wird die Luft noch mit Sauerstoff angereichert. Die Außentemperatur beträgt hier −50 °C. Daher muss im Flugzeug zusätzlich ständig geheizt werden.

> Unter der Atmosphäre versteht man die Lufthülle der Erde. Ihre Dichte nimmt von der Erdoberfläche zum Weltraum hin stark ab.

**1** Beschreibe, welche unterschiedlichen Schichten die Atomsphäre hat.
**2** Gib an, welcher Luftdruck in 6000 m Höhe herrscht.
**3** Erkläre, warum die Luft im Flugzeug mit Sauerstoff angereichert werden muss.

## 8.3 Luft – mehr als nichts ☆

*Wind – Luft bewegt*

*Luft braucht Raum*

Ein heftiger Sturm kann viel Zerstörung anrichten. Aber auch schon beim Fahrradfahren hat man oft mit lästigem Gegenwind zu kämpfen. Ein Segelboot dagegen benötigt den Wind, um sich fortzubewegen. Bei schnellen Bewegungen leistet die Luft, die sonst von uns kaum wahrgenommen wird, erheblichen Widerstand. Dennoch umgibt sie uns immer und überall, auch wenn wir sie nicht spüren.

**Luft hat Volumen.** Will man Orangensaft durch einen Trichter in eine Flasche gießen, die mit einem durchbohrten Gummistopfen verschlossen ist, bleibt der Orangensaft im Trichter stehen: Die Flasche ist zunächst vollständig mit Luft gefüllt – und wo Luft ist, ist kein Raum für einen anderen Stoff. Wenn die Luft aber durch eine zweite Öffnung ausströmen kann, fließt der Saft problemlos in die Flasche und verdrängt dabei die Luft. Mit einem Einleitungsrohr, das in ein mit Wasser gefülltes Glas taucht, kann man die ausströmende Luft erkennen. Fängt man diese Luft wieder auf, so kann man auch ihr Volumen messen.

**Luft hat Masse.** Wenn eine bestimmte Luftportion ein bestimmtes Volumen besitzt, dann sollte sie doch auch eine Masse aufweisen. Diese Vermutung lässt sich mit einem Experiment untersuchen. Zunächst wiegt man einen Ball. Dann pumpt man ihn kräftig auf und wiegt ihn anschließend erneut. Es stellt sich heraus, dass er tatsächlich ein wenig schwerer geworden ist. Seine Masse hat um 2 g bis 3 g zugenommen, je nachdem, wie viel Luft zusätzlich hineingepresst wurde.

Die Massenzunahme beim Ball ist zwar gering. Betrachtet man aber die Luft in einem Klassenraum, so kommt einiges zusammen. Ein Klassenraum mit einer Breite von 7 m, einer Länge von 10 m und einer Höhe von 3 m enthält 210 m$^3$ Luft. Das sind 210 000 Liter. Da bei normalem Druck die Dichte von Luft 1,2 Gramm pro Liter beträgt, ergibt sich für die Luft im Klassenraum eine erhebliche Masse von 252 kg, die sich nicht einfach wegtragen lässt.

> Eine Luftportion besitzt ein bestimmtes Volumen und eine bestimmte Masse. Die Dichte von Luft beträgt 1,2 Gramm pro Liter.

1 Gib Situationen an, in denen man Luft spürt.
2 Bei der Formel 1 muss während des Boxenstopps die Betankung der Fahrzeuge möglichst schnell erfolgen. Dazu wird aus dem Tank die Luft abgesaugt und das Benzin kann nachfließen. Erkläre diese Vorgehensweise.
3 In eine Pressluftflasche wurden 2400 l Luft hineingepumpt. Berechne, um wie viel die Masse der Flasche zugenommen hat.
4 Ein Stahlbehälter enthält 18 kg Pressluft. Berechne, welches Volumen die Luft hätte, wenn sie nicht zusammengepresst wäre.

*Luft hat Masse*

Luft – ein lebenswichtiges Gasgemisch **101**

## 8.4 Luft zum Leben

*Experiment von PRIESTLEY*

Der englische Naturforscher Joseph PRIESTLEY führte Ende des 18. Jahrhunderts ein Experiment durch, das heute aus Tierschutzgründen unvorstellbar wäre: er experimentierte mit drei Behältern, die er luftdicht verschließen konnte und setzte in den ersten eine Maus, in den zweiten Behälter eine Pflanze und in den dritten eine Maus zusammen mit einer Pflanze. Nach einiger Zeit beobachtete er, dass die Maus im ersten Behälter starb. Im zweiten Behälter ließ die Pflanze nach einigen Tagen ihre Blätter hängen und ging ein. Im dritten Behälter waren zu diesem Zeitpunkt sowohl die Maus als auch die Pflanze immer noch wohlauf.
PRIESTLEY schloss daraus, dass sowohl die Maus als auch die Pflanze die Zusammensetzung der Luft in den Behältern verändern. Er untersuchte die Luft in jedem der drei Behälter, indem er eine brennende Kerze hineinhielt. Die Kerze erlosch im Behälter mit der toten Maus sofort. In den beiden anderen Behältern brannte die Kerze dagegen weiter.

Die Maus hat der Luft im ersten Behälter einen Bestandteil entzogen, den sie zum Leben benötigt und den eine Kerze zum Brennen braucht.
Die Pflanze hat die Zusammensetzung der Luft im zweiten Behälter so verändert, dass der für sie lebenswichtige Bestandteil nun fehlt. Die Kerze kann jedoch in diesem Behälter brennen. PRIESTLEY schloss daraus, dass die Maus und die Pflanze unterschiedliche Bestandteile der Luft zum Leben benötigen.
Im dritten Behälter verbrauchen sowohl die Maus als auch die Pflanze weiterhin die jeweiligen Bestandteile der Luft. Da aber beide überleben, müssen sie gleichzeitig auch den Stoff neu produzieren, den der jeweilige andere zum Leben benötigt. So ermöglichen sich die Pflanze und die Maus gegenseitig das Überleben.
Bei dem Gas, das die Maus zum Atmen benötigt, handelt es sich um Sauerstoff. Der für die Pflanze lebensnotwendige Luftbestandteil ist Kohlenstoffdioxid.

**Atmung.** Praktisch alle Lebewesen brauchen Sauerstoff. Frische Luft enthält Sauerstoff und sehr wenig Kohlenstoffdioxid. In der ausgeatmeten Luft jedoch befindet sich weniger Sauerstoff als zuvor, aber mehr Kohlenstoffdioxid. Unser Körper wandelt also beim Atmen einen Teil des Sauerstoffs in Kohlenstoffdioxid um.
In der Lunge geht der Sauerstoff in das Blut über und wird dann zu den einzelnen Körperzellen transportiert. Durch chemische Reaktionen entsteht in den Zellen Kohlenstoffdioxid, das über das Blut zur Lunge gelangt und ausgeatmet wird.

**Photosynthese.**
Pflanzen benötigen Kohlenstoffdioxid zum Leben. Sie nehmen das Gas über Spaltöffnungen an der Unterseite ihrer Blätter auf. Bei der anschließenden chemischen Reaktion entsteht Sauerstoff.

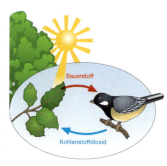

Da dieser Vorgang auch Licht benötigt, bezeichnet man ihn als Photosynthese (griech. *phos:* Licht). Aus dem Wechselspiel von Atmung und Photosynthese ergibt sich ein natürlicher Kreislauf von Sauerstoff und Kohlenstoffdioxid, der das Leben ermöglicht.

> Sauerstoff und Kohlenstoffdioxid stehen in einem ständigen Kreislauf. Bei der Atmung wird Sauerstoff verbraucht und Kohlenstoffdioxid frei. Bei der Photosynthese entsteht aus Kohlenstoffdioxid wieder Sauerstoff.

**1** Beschreibe, was man beobachten würde, wenn man das Experiment von PRIESTLEY mit einem Fisch und einer Wasserpflanze in mit Wasser gefüllten Behältern durchführt. Vergleiche beide Versuche.

102 Luft – ein lebenswichtiges Gasgemisch

## 8.5 Luft – ein Gasgemisch

Luft ist kein Reinstoff, sondern ein Gasgemisch. Der wichtigste Bestandteil ist Sauerstoff. In einem einfachen Experiment kann man den Anteil an Sauerstoff in Luft bestimmen: Mit einem Kolbenprober wird ein bestimmtes Luftvolumen abgemessen. Die Luft wird dann mehrfach über glühende Eisenwolle in einen zweiten Kolbenprober und zurück gedrückt.
Ist die Apparatur abgekühlt, misst man das Gasvolumen erneut: Es hat sich um ein Fünftel verringert. Da die Volumenabnahme nicht mehr größer wird, wenn man mehr Eisenwolle nimmt, muss der reagierende Bestandteil der Luft vollständig verbraucht sein.
Bei diesem Fünftel der Luft handelt es sich um Sauerstoff, der mit Eisen zu Eisenoxid reagiert hat:

Eisen + Sauerstoff ⎯→ Eisenoxid

Die Luft enthält also etwa 21 % **Sauerstoff**. Hauptbestandteil ist mit 78 % ein Element, das die Verbrennung nicht unterhält, sondern Flammen erstickt. Man bezeichnet es daher als **Stickstoff**.

Neben Stickstoff und Sauerstoff enthält Luft noch zu etwa 1 % andere Gase. Den größten Teil davon nimmt das Edelgas Argon ein. Der Anteil an Kohlenstoffdioxid beträgt nur 0,04 %.

Diese Angaben gelten nur für saubere und trockene Luft. Die Luft der Atmosphäre enthält aber immer einen gewissen Anteil an Wasserdampf: Bei 20 °C kann ein Liter Luft bis zu 23 ml Wasserdampf aufnehmen. Das entspricht 17 g Wasserdampf pro Kubikmeter Luft. Die Luft ist dann bei dieser Temperatur mit Wasserdampf gesättigt. Man sagt: Die *relative Luftfeuchtigkeit* beträgt 100 %.
Bei höheren Temperaturen kann die Luft noch mehr Wasserdampf aufnehmen. Kühlt man warme, feuchte Luft ab, so scheiden sich Wassertröpfchen ab: Es bilden sich Nebel, Tau oder Regen.

Die Luft ist ein Gasgemisch aus 78 % Stickstoff, 21 % Sauerstoff und 1 % sonstigen Gasen. Daneben enthält Luft stets Wasserdampf.

### Steckbrief: Stickstoff

*Entdeckung:* 1772 D. RUTHERFORD, 1772 CAVENDISH
*Eigenschaften:* farbloses, geruchloses Gas
Dichte: 1,16 $\frac{g}{l}$ (bei 20 °C und 1000 hPa)
Schmelztemperatur: −210 °C
Siedetemperatur: −196 °C
erstickt Flammen, ist chemisch reaktionsträge
*Verwendung:* als Kältemittel (z. B. in der Lebensmitteltechnik), zur Herstellung von Ammoniak (für stickstoffhaltige Mineraldünger)

### Steckbrief: Sauerstoff

*Entdeckung:* 1772 SCHEELE (Erhitzen von Salpeter); 1774 PRIESTLEY (Erhitzen von Quecksilberoxid)
*Eigenschaften:* farbloses, geruchloses Gas
Dichte: 1,33 $\frac{g}{l}$ (bei 20 °C und 1000 hPa)
Schmelztemperatur: −219 °C
Siedetemperatur: −183 °C
Löslichkeit in Wasser (bei 20 °C und 1000 hPa aus der Luft): 8,8 $\frac{mg}{l}$
reagiert mit fast allen Elementen zu Oxiden
*Verwendung:* als Atemgas in Atemgeräten; als Reaktionspartner beim Schweißen und beim Raketenantrieb
*Nachweis:* Glimmspanprobe

Kreisdiagramm: 78 %, 21 %, 1 % sonstige Gase

| Gas | Anteil in 1000 ml Luft |
|---|---|
| Stickstoff | 780,8 ml |
| Sauerstoff | 209,5 ml |
| Argon | 9,3 ml |
| Kohlenstoffdioxid | 0,4 ml |
| Sonstige Edelgase | 0,024 ml |
| Methan | 0,0016 ml |
| Wasserstoff | 0,0005 ml |
| Kohlenstoffmonooxid | 0,0002 ml |
| Stickstoffoxide | 0,0000005 ml |
| Ozon | 0,0000004 ml |

**1** Vergleiche die Reaktionsfähigkeit von Sauerstoff und Stickstoff.
**2 a)** Begründe, dass der oben gezeigte Versuch nur aussagefähig ist, wenn am Ende des Versuchs noch unverbrannte Eisenwolle erkennbar ist.
**b)** Erkläre, weshalb $\frac{4}{5}$ des Volumens an Luft zurückbleiben.
**3** Schlage nach, was man unter Edelgasen versteht und wofür sie verwendet werden.

### Exkurs: Gas aus Flaschen

Unter Wasser atmen und sich fortbewegen wie ein Fisch, das ist – seit es Tauchanzüge und Pressluftflaschen gibt – schon lange kein Traum mehr.

**Taucherflaschen.** Beim Tauchen kann man inzwischen neben Pressluft auch spezielle Gasmischungen verwenden. Pressluftflaschen enthalten normale Atemluft unter hohem Druck, also ein Gemisch aus einem Fünftel Sauerstoff und vier Fünftel Stickstoff.

Beim Tauchen mit Pressluft kann es ab 60 m Tiefe zu einem *Tiefenrausch* kommen: das Urteilsvermögen ist gestört, die Koordinationsfähigkeit eingeschränkt, ein Glücksgefühl kann sich einstellen, aber gelegentlich auch Angst und Unwohlsein. Verursacht wird der Tiefenrausch, weil sich Stickstoff unter Druck besser im Blut löst. Unmittelbar damit verbunden ist eine weitere Gefahr: Beim Auftauchen perlt der gelöste Stickstoff aus. Die gebildeten Gasbläschen bleiben in den feinen Blutgefäßen stecken und blockieren so den Sauerstofftransport durch das Blut.

Die Risiken lassen sich vermindern, wenn man Stickstoff/Sauerstoff-Gemische mit erhöhtem Sauerstoff-Gehalt einsetzt. Diese als *Nitrox* bezeichneten Atemgase enthalten – je nach Tauchtiefe – Sauerstoff mit einem Anteil zwischen 32 % und 40 %.

**Laborgasflaschen.** Druckgase werden nicht nur von Tauchern, sondern auch von Chemikern, Schweißern, Medizinern oder Campingköchen verwendet. Um das Gas aus der Druckflasche zu entnehmen, benutzt man **Druckminderer** in unterschiedlichen Ausführungen. Er besteht aus drei Ventilen: Öffnet man das erste Ventil, so kann man den *Flaschendruck* und daher auch den Füllstand der Flasche ablesen. Über ein weiteres Ventil lässt sich der *Arbeitsdruck* einstellen, also der Druck, mit dem das Gas aus der Flasche strömen soll. Dieser ist meist viel geringer als der Flaschendruck. Der Arbeitsdruck lässt sich mit Hilfe eines Manometers ablesen. Über das letzte Ventil kann das Gas mit dem jeweiligen Arbeitsdruck entnommen werden.

### Übersicht: Einfache Nachweisreaktionen

Nur wenige Stoffe lassen sich – ähnlich wie Kupfer oder Gold – direkt an ihrem Aussehen erkennen. Eisen verrät sich unter den vielen silberglänzenden Metallen erst allmählich durch die Bildung einer Rostschicht, also durch die Reaktion mit dem Sauerstoff aus der Luft. Ähnlich wie Eisen kann man auch verschiedene farblose Gase oder farblose Flüssigkeiten an ihrem Reaktionsverhalten gegenüber anderen Stoffen unterscheiden. Geeignet für den *Nachweis* von Stoffen sind Reaktionen, die rasch einen deutlichen Effekt ergeben. Dieser Effekt sollte im Idealfall *spezifisch* für einen ganz bestimmten Stoff sein und sich schon mit geringen Mengen gut erkennen lassen.

#### Nachweis von Sauerstoff mit der Glimmspanprobe

Ein glimmender Holzspan flammt auf, wenn man ihn in einen Standzylinder mit reinem Sauerstoff hält.
Ganz ähnlich ist der Effekt in Gasgemischen, in denen der Sauerstoffanteil wesentlich größer ist als in Luft.

#### Nachweis von Kohlenstoffdioxid mit Kalkwasser

Leitet man Kohlenstoffdioxid oder ein kohlenstoffdioxidhaltiges Gasgemisch in klares Kalkwasser, so bildet sich eine weiße Trübung. Mit diesem Test lässt sich sogar die geringe Menge an Kohlenstoffdioxid in der Raumluft nachweisen.

#### Nachweis von Wasser mit weißem Kupfersulfat

Wasser bildet mit weißem Kupfersulfat blaues Kupfersulfat-Hydrat.
Eine Blaufärbung mit der zu untersuchenden Flüssigkeit weist deshalb auf Wasser oder eine wasserhaltige Lösung hin.

# Untersuchung von Luft

**Praktikum**

## V1: Gasentwicklung bei der Photosynthese

*Materialien:* Becherglas (2 l, hoch), Trichter, Spatel, Holzspan, Lampe; Kaliumhydrogencarbonat, Wasserpest.

*Durchführung:*
1. Fülle das Becherglas mit Wasser und versetze es mit einer Spatelspitze Kaliumhydrogencarbonat.
2. Gib nun einige Sprossen Wasserpest in das Becherglas und stülpe den Trichter über die Pflanze. Setze anschließend ein mit Wasser gefülltes Reagenzglas auf den Trichterauslauf. Achte darauf, dass dabei keine Luft in das Reagenzglas gelangt.
3. Stelle die Lampe so auf, dass der Lichtstrahl genau auf die Wasserpest fällt und warte etwa eine halbe Stunde.
4. Nimm das Reagenzglas vorsichtig vom Trichter und führe einen glimmenden Holzspan ein.

*Aufgaben:*
a) Notiere deine Beobachtungen.
b) Gib an, welches Gas entstanden ist und erkläre die Nachweisreaktion.
c) Begründe, warum zusätzlich Kaliumhydrogencarbonat im Wasser gelöst wird.

*Hinweis:* Kaliumhydrogencarbonat setzt in Wasser Kohlenstoffdioxid frei.

## V2: Untersuchung der Atemluft

*Materialien:* Trinkhalm, Petrischale; Kalkwasser, weißes Kupfersulfat.

*Durchführung:*
1. Fülle ein Reagenzglas 2 cm hoch mit Kalkwasser.
2. Tauche den Trinkhalm in das Kalkwasser. Atme über die Nase ein und vorsichtig über den Trinkhalm aus. Blase dabei so langsam, dass das Kalkwasser nicht spritzt.
3. Gib Kupfersulfat in die Petrischale und hauche mehrmals auf die Kristalle.

*Aufgaben:*
a) Notiere deine Beobachtungen.
b) Erläutere die Nachweisreaktionen.
c) Erkläre, wie das gleiche Experiment ausfällt, wenn es mit frischer Luft, anstelle der ausgeatmeten Luft, durchgeführt wird.

## V3: Dichte von Luft

*Materialien:* Enghals-Steilbrustflasche (250 ml, Polypropen), durchbohrter Stopfen, Glasrohr mit Hahn, Schlauch, Wasserstrahlpumpe, Wanne, Messzylinder (500 ml).

*Durchführung:*
1. Schiebe das Glasrohr mit Hahn in den Stopfen und verschließe damit die Flasche. Schließe den Schlauch an der einen Seite an das Glasrohr an und an der anderen an die Wasserstrahlpumpe.
2. Evakuiere die Flasche und verschließe sie, indem du den Hahn zudrehst. Wiege die luftleere Flasche.
3. Öffne langsam den Hahn. Wiege die Flasche nun erneut.
4. Evakuiere die Flasche nochmals mit der Wasserstrahlpumpe und verschließe den Hahn.
5. Tauche die Flasche in die mit Wasser gefüllte Wanne und öffne den Hahn unter Wasser. Schließe den Hahn wieder, wenn kein Wasser mehr einströmt.
6. Nimm die Flasche aus dem Wasser, entferne das Glasrohr, schütte das eingeströmte Wasser in den Messzylinder und lies das Wasservolumen ab.

*Aufgaben:*
a) Notiere deine Beobachtungen.
b) Berechne die Dichte von Luft mithilfe deiner Messdaten.

## V4: Untersuchung der Eigenschaften von Stickstoff

*Materialien:* Holzspan, Stopfen; Stickstoff.

*Durchführung:*
1. Fülle ein Reagenzglas mit Stickstoff aus der Gasflasche und verschließe es schnell mit einem Stopfen, damit keine Luft eindringt.
2. Öffne das Reagenzglas und führe sofort eine Glimmspanprobe durch.

*Aufgaben:*
a) Notiere deine Beobachtungen.
b) Vergleiche das hier durchgeführte Experiment mit einem Experiment, in dem anstelle von Stickstoff Sauerstoff verwendet wird.

Luft – ein lebenswichtiges Gasgemisch

## 8.6 Schadstoffe in der Luft

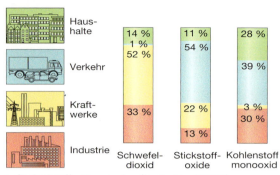

*Luftschadstoffe: Verursacher (Deutschland 2008)*

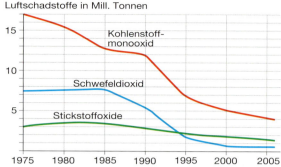

*Emissionen von Luftschadstoffen in Deutschland*

Durch natürliche Prozesse und Reaktionen sind schon immer Stoffe in die Luft gelangt, die für den Menschen gesundheitlich bedenklich sind. Ebenso gab es aber auch schon immer Reaktionen, die diese Stoffe wieder aus der Atmosphäre entfernen. Unser stetig wachsender Bedarf an Energie wird heute überwiegend durch die Verbrennung von Kohle und Erdöl gedeckt. Mit den bei der Verbrennung entstehenden Abgasen gelangen auch unterschiedliche Schadstoffe in die Atmosphäre. Der steigende Ausstoß birgt auch gesundheitliche Risiken für den Menschen.

**Feinstaub.** Bei der Verbrennung von Kraftstoffen in Autos und von Brennstoffen in der Industrie entstehen feine Rußpartikel. Je kleiner diese Staubpartikel sind, desto tiefer können sie beim Einatmen in die Lunge eindringen und zu Atemwegserkrankungen führen. Die Verwendung von Partikelfiltern kann den Ausstoß dieses Feinstaubs in die Atmosphäre wesentlich reduzieren. Zudem gibt es seit 2008 in einigen Städten Umweltzonen, in die nur Autos einfahren dürfen, deren Feinstaubausstoß einen bestimmten Grenzwert nicht überschreitet.

**Stickstoffoxide.** Entstehen bei Verbrennungen sehr hohe Temperaturen, so bilden sich aus dem Stickstoff und dem Sauerstoff der Luft Stickstoffoxide. Hauptquellen von Stickstoffoxiden sind Kraftwerke, Kraftfahrzeugmotoren und Flugzeugmotoren. Stickstoffoxide sind sehr giftig. Bei dem hohen Verkehrsaufkommen in Großstädten ist die Konzentration an Stickstoffoxiden in der Luft dort oft bedenklich hoch. Moderne Motoren arbeiten bei höheren Verbrennungstemperaturen, da so der Kraftstoff effizienter genutzt wird. Dabei entstehen im Motor mehr Stickstoffoxide. Zugleich nimmt die Anzahl der Fahrzeuge auf unseren Straßen stetig zu. Damit wäre eine steigende Umweltbelastung zu erwarten, doch durch den Einbau von Katalysatoren konnte der Ausstoß an Stickstoffoxiden erheblich gesenkt werden.

**Schwefeldioxid.** Steinkohle, Braunkohle und Erdöl enthalten Schwefel. Beim Verbrennen entsteht das giftige Gas Schwefeldioxid. In den letzten 30 Jahren ist es gelungen, durch den Einbau von **R**auchgas**e**ntschwefelungs**a**nlagen (REA) in Kraftwerken und Industrieanlagen das Schwefeldioxid weitgehend aus den Abgasen zu entfernen. Mit Kalk wird das Schwefeldioxid als Gips (Calciumsulfat) gebunden. Der anfallende REA-Gips wird wirtschaftlich genutzt: Die jährlich rund 2 Millionen Tonnen Gips aus Kohlekraftwerken in Deutschland werden zur Herstellung von Gipsbaustoffen und von Zement verwendet. REA-Gips deckt damit die Hälfte des gesamten deutschen Gipsbedarfs. Einige Gipsbergwerke mussten in den letzten Jahren geschlossen werden, da der REA-Gips billiger als der Naturgips ist.

**Kohlenstoffmonooxid.** Wenn bei der Verbrennung von Kohle oder Benzin zu wenig Sauerstoff zur Verfügung steht, bildet sich Kohlenstoffmonooxid. Atmet man auch nur einen kleinen Anteil Kohlenstoffmonooxid mit der Luft ein, so besteht Lebensgefahr. Das eingeatmete Kohlenstoffmonoocid wird im Blut an die roten Blutzellen gebunden. Da die roten Blutzellen so keinen Sauerstoff mehr transportieren können, verschlechtert sich die Sauerstoffversorgung des Körpers bis schließlich der Tod eintritt. Die innere Erstickung kann nur durch Beatmung mit reinem Sauerstoff verhindert werden.

> Der Mensch setzt durch Industrie, Verkehr und Haushalte Schadstoffe frei. In den letzten Jahrzehnten ist es gelungen, den Ausstoß zu verringern.

**1** Beschreibe in einem kurzen Sachtext die Methoden, die zur Vermeidung des Schadstoffausstoßes genutzt werden.
**2** Diskutiert in der Gruppe, welche Auswirkungen Luftschadstoffe auf die Umwelt und den Menschen besitzen.

# Rollenspiel ☆

**Methode**

Jeden Tag spielen wir bestimmte Rollen, auch wenn wir es gar nicht wahrnehmen: wir sind nicht nur Schüler, sondern auch Teilnehmer im Straßenverkehr, Kunden im Supermarkt und noch vieles andere mehr. Ein Rollenspiel bietet die Möglichkeit, bewusst eine bestimmte Rolle zu übernehmen.

Im Unterricht werden zu einem vorgegebenen Thema Rollen mit unterschiedlichen Standpunkten und Interessen erarbeitet. In einem Rollenspiel unterscheidet man zwischen Spielern, Beobachtern und einem Spielleiter. Der Schüler, der eine bestimmte Rolle übernimmt, handelt dann im Spiel so, wie es durch die ausgewählte Rolle vorgegeben wird. Man kann zusätzlich jede Rolle durch eigene Gedanken und Argumente selbst gestalten. Der Ablauf eines Rollenspiels gliedert sich in eine Vorbereitungsphase, die Durchführung und die anschließende Auswertung.

**Spielleiter.** Meistens übernimmt der Lehrer die Rolle des Spielleiters. Er organisiert das Spiel und gibt die zu vergebenen Rollen vor. Zudem achtet er darauf, dass die jeweilige Rolle eingehalten wird. Dazu kann er auch in das Rollenspiel eingreifen.

**Spieler.** Die eigentlichen Akteure in einem Rollenspiel sind die Spieler. In der Vorbereitungsphase bilden sich Gruppen, die die ausgewählten Rollen vorbereiten. Sie erarbeiten die Positionen zu dem Thema des Rollenspiels und formulieren für den Spieler Argumente, die zur Rolle passen. Anschließend wählt die Gruppe einen Spieler aus, der im Rollenspiel die ausgewählte Rolle einnimmt. Der Spieler versucht während der Durchführung, den Standpunkt seiner Gruppe gegenüber den anderen Rollenspielern zu vertreten.

**Beobachter.** Während des eigentlichen Rollenspiels übernehmen die Gruppenmitglieder, die nicht als Spieler gewählt wurden, die Aufgabe als Beobachter. Sie beobachten die Durchführung des Rollenspiels und sind die Berater der Spieler. Dabei sollen sie darauf achten, welche Argumente benutzt wurden. Sie sollen in der anschließenden Auswertungsphase den Verlauf der Argumente wiedergeben und beurteilen. Sie haben auch die Aufgabe, anschließend unterschiedliche Sichtweisen eines Problems mithilfe der angeführten Argumente zusammenfassend darzustellen. Gegebenenfalls stellen sie fest, ob nicht vertretene Sichtweisen und somit Rollen während des Spiels fehlten.

**1** Plant ein Rollenspiel zum Thema „Reduzierung von Schadstoffen im Autoverkehr".
**2** Führt das Rollenspiel durch und wertet es aus.
**3** Beschreibt, wie sich eure eigene Position durch das Rollenspiel geändert hat.
**4** Nennt weitere Problemfelder zum Thema „Luft", die euch für ein Rollenspiel geeignet scheinen.

### Vorbereitung
- Für jede Rolle wird eine Gruppe gebildet.
- Der Spielleiter vergibt an jede Gruppe eine Rollenkarte, auf der alle relevanten Informationen zu der Rolle aufgelistet sind.
- Die Gruppe erarbeitet gemeinsam die Rolle mit ihrer Position und wählt anschließend einen Spieler aus.

### Durchführung
- Der Klassenraum wird spielgerecht gestaltet.
- Der Spielleiter führt in das Spiel ein.
- Die Spieler stellen ihre jeweilige Rolle dar. Dabei kommt es besonders auf die Darlegung und Lösung des behandelten Problems an.
- Die Beobachter verfolgen die Argumente und machen sich Notizen.

### Auswertung
- Die Beobachter geben den Spielverlauf wieder und interpretieren ihn. Am Ende werden alle Argumente zusammengefasst

Luft – ein lebenswichtiges Gasgemisch

## Projekt: Luft

*Verkehrsaufkommen zu Hauptverkehrszeiten*

*Umweltzonen – Schutz vor Feinstaubbelastung*

Auf der Suche nach frischer Luft und Erholung verlassen viele Urlauber zu Beginn der Sommerferien die Städte und fahren hinaus aufs Land oder ans Meer. An diesen Tagen bilden sich auf Deutschlands Straßen Autoschlangen in einer Gesamtlänge von mehreren hundert Kilometern. Schon im fließenden Verkehr stoßen die Autos Unmengen an Schadstoffen aus. Doch durch die Staus wird die Umweltbelastung noch größer: Die Motoren werden, auch wenn die Autos im Stau stehen, nicht ausgestellt und produzieren weiter Schadstoffe.

### A1: Luftqualität in der Stadt
- Informiert euch über die Begriffe „Emission" und „Immission".
- Fasst die Meinungen in eurer Gruppe über die Luftqualität in eurer Stadt zusammen. Notiert mögliche Ursachen für eine schlechtere Luftqualität.
- Erkundigt euch, welche Emissionsquellen es in eurer Stadt gibt.
- Setzt euch mit der Behörde für Umweltschutz in Verbindung und erfragt, ob eure Vorstellungen von der Luftqualität mit den offiziellen Messungen übereinstimmen.
- Führt eine Befragung von Bürgern eurer Stadt zum gleichen Thema durch.
- Stellt in einer Übersicht die Ergebnisse aus den drei Quellen zusammen und vergleicht sie.

### V1: Untersuchung der Staubbelastung
- Plant einen Versuch, mit dem ihr die Staubbelastung an verschiedenen Stellen im Freien erfassen könnt.
- Besprecht eure Versuchsplanung mit der Lehrkraft.
- Erstellt einen Arbeitsplan, führt die Versuche aus und protokolliert eure Ergebnisse.
- Prüft die Untersuchungsergebnisse auf einen Zusammenhang zwischen Staubmenge und Probenort.
- Stellt eure Ergebnisse in einer Präsentation vor.

### V2: Fahrzeugaufkommen und Schadstoffmessung
- Führt an einer viel befahrenen Kreuzung in der Nähe eurer Schule eine Verkehrszählung durch. Zählt dafür zu unterschiedlichen Tageszeiten die PKWs und LKWs.
- Erstellt ein Diagramm, in dem ihr die Zahl der gezählten Kraftfahrzeuge nach PKWs und LKWs gegen die Tageszeit auftragt. Trefft anhand des Diagramms Aussagen über die Luftqualität zu unterschiedlichen Tageszeiten. Ergänzt das Diagramm, indem ihr die Hauptzeiten, an denen Schüler diese Kreuzung überqueren, markiert.
- Stellt eure Ergebnisse in einem Kurzreferat vor.

### A2: Umweltzonen
- Informiert euch darüber, wozu Umweltzonen eingerichtet werden.
- Recherchiert, wo in Nordrhein-Westfalen Umweltzonen zu finden sind und zeichnet diese in eine Landkarte ein.
- Diskutiert in eurer Gruppe, welchen Einfluss diese Zonen auf die Luftqualität haben sollen.
- Plant in der Klasse ein Rollenspiel zum Thema „Umweltzone".

### V3: Wintersmog
Im Winter wird manchmal eine kalte Luftschicht am Boden durch eine warme Luftschicht überlagert. Bei einer solchen Inversionswetterlage kann sich Smog bilden: eine Mischung aus Abgasen (engl. *smoke:* Rauch) und Nebel (engl. *fog:* Nebel).
- Erklärt, wie Wintersmog entstehen kann.
- Besprecht eure Versuchsplanung mit der Lehrkraft.
- Führt euren Versuch durch und wertet ihn aus.
- Recherchiert, welche gesundheitlichen Folgen Smog haben kann.

# 8.7 Saurer Regen

In den 1970er und 1980er Jahren gab es gelegentlich Schlagzeilen wie „Regen so sauer wie Essig!". Solche Meldungen machten auf eine schwerwiegende Belastung unserer Umwelt aufmerksam: Saurer Regen war über viele Jahre ein aktuelles Thema.
Kohle, Benzin und Heizöl enthalten immer auch etwas Schwefel. Werden diese Energieträger in Kraftwerken, Heizungsanlagen oder Automotoren verbrannt, entsteht als Nebenprodukt *Schwefeldioxid*. Über die Abgase kann Schwefeldioxid in die Luft gelangen. Mit Wasser und Sauerstoff aus der feuchten Luft bildet sich aus Schwefeldioxid schließlich *Schwefelsäure*; Regen, der bereits von Natur aus leicht sauer ist, kann deshalb relativ stark sauer werden. Neben Schwefelsäure spielt auch *Salpetersäure* eine wesentliche Rolle beim sauren Regen: Sie entsteht aus *Stickstoffoxiden*.

Durch die ständig wachsende Nachfrage an Energie verbrennt der Mensch immer mehr fossile Energieträger. Die wachsenden Emissionen von Schwefeldioxid und Stickstoffoxiden führten in der zweiten Hälfte des 20. Jahrhunderts zu einer deutlichen Versauerung des Regens.

**Waldschäden.** Nach dem jährlich erscheinenden *Waldschadensbericht* sind rund 20 % der Bäume in unseren Wäldern deutlich geschädigt. Als Hauptursache gilt der saure Regen; wahrscheinlich spielt aber auch der erhöhte Ozongehalt der Luft eine Rolle bei diesem Waldsterben.

Auf welche Weise der saure Regen Bäume schädigt, ist noch nicht genau erforscht. Man nimmt an, dass der saure Regen Veränderungen im Boden bewirkt und dadurch die Pflanzenwurzeln geschädigt werden. Zusätzlich wäscht der saure Regen aber auch wichtige Mineralien aus dem Boden aus und die Bäume können sie somit nicht mehr aufnehmen.

**Zerstörung von Bauwerken.** Nicht nur Bäume werden geschädigt, auch Hausfassaden, Betonbrücken und Kunstdenkmäler werden durch sauren Regen angegriffen und zersetzt. Besonders davon betroffen sind viele alte Baudenkmäler.
Die Schäden durch den sauren Regen verursachen Kosten in Höhe von mehreren Milliarden Euro pro Jahr.

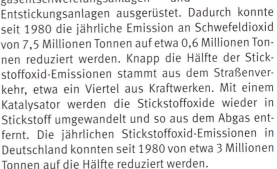

**Maßnahmen gegen sauren Regen.** Zur Vermeidung von saurem Regen wird die Emission von Schwefeldioxid und Stickstoffoxiden verringert: Heute sind Kraftwerke mit Rauchgasentschwefelungsanlagen und Entstickungsanlagen ausgerüstet. Dadurch konnte seit 1980 die jährliche Emission an Schwefeldioxid von 7,5 Millionen Tonnen auf etwa 0,6 Millionen Tonnen reduziert werden. Knapp die Hälfte der Stickstoffoxid-Emissionen stammt aus dem Straßenverkehr, etwa ein Viertel aus Kraftwerken. Mit einem Katalysator werden die Stickstoffoxide wieder in Stickstoff umgewandelt und so aus dem Abgas entfernt. Die jährlichen Stickstoffoxid-Emissionen in Deutschland konnten seit 1980 von etwa 3 Millionen Tonnen auf die Hälfte reduziert werden.

> Saurer Regen entsteht aus Schwefeldioxid und Stickstoffoxiden in Abgasen. Die schwerwiegenden Folgen konnten durch Erniedrigung der Emissionen dieser Stoffe reduziert werden.

1 Erläutere die Entstehung von saurem Regen und benenne die Hauptverursacher.
2 Begründe, warum durch den Einbau von Katalysatoren saurer Regen verhindert werden kann.

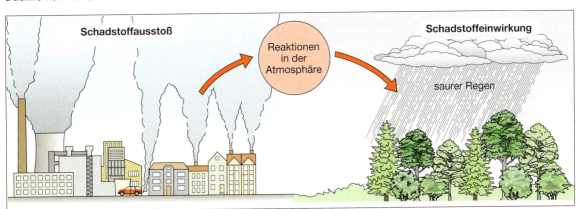

*Schadstoffausstoß und Schadstoffeinwirkung*

## 8.8 Treibhauseffekt

*Ein Treibhaus speichert Wärme ...*

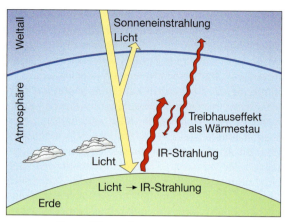

*... unsere Atmosphäre auch*

In der öffentlichen Diskussion spielt seit vielen Jahren die Entwicklung des Klimas eine wichtige Rolle. Dabei wird immer wieder vom Treibhauseffekt gesprochen. Wenn man die Klimadiskussion verstehen will, muss man wissen, was mit dem Begriff Treibhauseffekt gemeint ist. Dazu muss man verstehen, wie ein Treibhaus funktioniert.

Bei einem Treibhaus bestehen Wände und Dach aus Glas. Aus den Eigenschaften dieses Baustoffes erklärt sich die Funktion eines Treibhauses: Glas lässt das von der Sonne eingestrahlte Licht ohne Weiteres durch. Das Licht erwärmt den Boden, der dann Wärme abstrahlt. Die Wärmestrahlung, die vom Boden ausgeht, kann allerdings nicht durch das Glas dringen, sie wird daher im Treibhaus zurückgehalten. So kommt es zu einem Wärmestau und zu einer Temperaturerhöhung: Die Temperatur im Inneren des Treibhauses liegt um 10 °C bis 20 °C über der Außentemperatur.

**Natürlicher Treibhauseffekt.** Die Erdatmosphäre wirkt wie das Glas eines Treibhauses und führt so zu einem Treibhauseffekt auf der Erde. Die Funktion des Glases wird dabei von Stoffen wie Wasserdampf, Kohlenstoffdioxid, Distickstoffoxid (Lachgas) und Methan übernommen. Diese Stoffe gelangen in geringen Mengen aus natürlichen Quellen in die Atmosphäre. Sie lassen die Sonnenstrahlung nahezu vollständig passieren, während sie verhindern, dass die Wärme in den Weltraum entweicht. Man spricht hierbei von einem *natürlichen Treibhauseffekt*; Wasserdampf, Kohlenstoffdioxid, Distickstoffoxid und Methan bezeichnet man als Treibhausgase.

Der natürliche Treibhauseffekt bewirkt, dass die durchschnittliche Temperatur an der Erdoberfläche statt −18 °C angenehme +15 °C beträgt. Nur so werden auf unserer Erde Bedingungen geschaffen, die Leben in der heutigen Form ermöglichen.

**Anthropogener Treibhauseffekt.** Der Anteil an Treibhausgasen in der Atmosphäre wird durch die Aktivitäten des Menschen verändert. Durch die zunehmende Verbrennung von Kohle, Erdgas und Erdöl, aber auch durch Brandrodung, gelangt immer mehr Kohlenstoffdioxid in die Atmosphäre. Zusätzliches Methan wird durch Massentierhaltung freigesetzt. Auch sind in den letzten Jahrzehnten neue treibhauswirksame Stoffe wie Fluorchlorkohlenwasserstoffe (FCKW) hinzugekommen. Die dadurch bewirkte Temperaturerhöhung bezeichnet man als *anthropogenen Treibhauseffekt* (griech. *anthropos*: Mensch und *genesis*: Entstehung, Entwicklung).

**Eingriffe des Menschen.** Die mittlere Temperatur in der Atmosphäre ist seit 1950 alle zehn Jahre um etwa 0,1 °C angestiegen. Inzwischen ist das Eis in der Arktis um etwa 15 % abgeschmolzen und der Meeresspiegel ist um etwa 20 cm angestiegen. Die Hypothese, dass dieser Temperaturanstieg anthropogen bedingt sei, ist wissenschaftlich allerdings noch nicht allgemein akzeptiert. In der Diskussion sind daneben beispielsweise Effekte, die auf Veränderungen der Sonnenaktivität zurückgeführt werden.

> Der Treibhauseffekt beruht auf einem Wärmestau durch Spurengase. Unter dem anthropogenen Treibhauseffekt versteht man die Verstärkung des natürlichen Treibhauseffektes durch Gase, die durch Aktivitäten des Menschen in die Atmosphäre gelangen.

**1** Erkläre, wie der natürliche Treibhauseffekt entsteht.
**2** Oft werden Felder auch mit Plastikfolie abgedeckt. Erläutere die Funktion der Folie.
**3** Informiere dich über die Ursachen des erhöhten Ausstoßes an Methan in die Atmosphäre.

# Erderwärmung

Ergebnisse:

→ **Wetter**
Die Troposphäre verändert sich ständig, da durch Verwirbelungen und Winde ein steter Austausch von Wärme stattfindet. Den Zustand der Troposphäre an einem Ort zu einem bestimmten Zeitpunkt bezeichnet man als Wetter. Das Wetter ändert sich in kurzen Zeiträumen. Dabei setzen wir Sonnenschein und blauen Himmel mit gutem Wetter und Regen oder Gewitter mit schlechtem Wetter gleich.

→ **Klima**
Wird das gesamte Wettergeschehen über einen Zeitraum von Jahren betrachtet, so spricht man von Klima. Wichtige Faktoren wie die Höhe der Region und deren Entfernung zum Äquator beeinflussen das Klima. Klimazonen werden in Abhängigkeit von ihrer Lage zum Ozean als maritim oder kontinental bezeichnet.

→ **Klimawandel**
Die natürliche Veränderung des Klimas der Erde wird als Klimawandel bezeichnet. Man kann heute durch die Untersuchung von Eisbohrkernen aus der Arktis oder Gesteinsablagerungen in unterschiedlichen Regionen belegen, dass das Klima schon oft drastischen Veränderungen unterworfen war. Warme und kalte Perioden wechselten sich immer wieder ab. Dabei ist vor allem die Veränderung der Erdumlaufbahn um die Sonne für eine unterschiedliche Intensität der auf der Oberfläche ankommenden Sonnenstrahlung verantwortlich. Aber auch die Sonnenaktivität selbst ist Schwankungen unterworfen. Ebenfalls besitzen Meteoriteneinschläge und Vulkanausbrüche Einfluss auf das globale Klima.

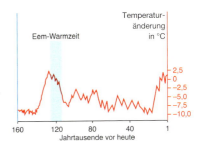

→ **globale Erwärmung**
Die Klimaveränderung der letzten Jahrzehnte wird als globale Erwärmung bezeichnet. Seit Beginn des 20. Jahrhunderts ist eine Zunahme der mittleren Lufttemperatur um 0,74 °C zu verzeichnen. Um diesen Wert zu beurteilen, wird oft auf die mittlere Temperatur während des mittelalterlichen Optimums ab 800 verwiesen. Sie betrug nur 1 °C mehr als in der ab 1500 folgenden kleinen Eiszeit.
Seit mehreren Jahrzehnten konnte ein Maximum der Sonnenaktivität nachgewiesen werden. Zusätzlich besitzt die Erde momentan eine nähere Umlaufbahn zur Sonne. Jedoch wird von der Mehrzahl der Klimaforscher der anthropogene Treibhauseffekt für die globale Erwärmung verantwortlich gemacht.
Die Folgen der Erwärmung sind schwer vorauszusagen, da in der Natur Mechanismen auf Klimaveränderungen existieren, die sowohl einen abschwächenden als auch einen verstärkenden Effekt besitzen können. Wahrscheinlich ist, dass durch häufigere Hitzewellen und Dürren, aber auch durch die Versauerung der Ozeane der Lebensraum für Tiere, Pflanzen und Menschen drastischen Veränderungen ausgesetzt sein wird.
Auch wenn der Beitrag des Menschen zur globalen Erwärmung schwer einzuschätzen ist, ist bewusstes Energiesparen und nachhaltiger Schutz der Umwelt sinnvoll.

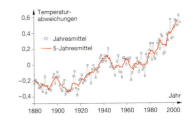

---

**Aufgaben**
1 Erkläre den Unterschied zwischen den Begriffen Wetter und Klima in eigenen Worten.
2 Diskutiere die Aussage: „Seit der Industrialisierung nimmt der Mensch Einfluss auf das Klima".
3 Plant ein Rollenspiel zum Thema „Klimawandel – welchen Einfluss haben wir auf die Zukunft der Erde".

## Praktikum: Treibhauseffekt

### V1 Modellversuch zum Treibhauseffekt

*Materialien:* zwei Bechergläser (2 l), Glasplatte, zwei Thermometer (0 °C bis 100 °C), Energiesparlampe, schwarze Pappe.

*Durchführung:*
1. Schneide die Pappe so zurecht, dass sie die Böden der Bechergläser bedeckt und lege sie hinein.
2. Platziere die Thermometer in den Bechergläsern und verschließe eines von beiden mit der Glasplatte.
3. Bestrahle mit der Lampe beide Bechergläser und beobachte dabei die Veränderung der Temperatur.

*Aufgaben:*
a) Notiere deine Beobachtungen.
b) Erkläre, warum sich die abgelesenen Temperaturen auf den beiden Thermometern unterscheiden.
c) Erläutere, inwieweit das Becherglas ein Modell für die Atmosphäre der Erde darstellt.

### V2 Kohlenstoffdioxid absorbiert Wärmestrahlung

*Materialien:* zwei Bechergläser (2 l), zwei Thermometer (0 °C bis 100 °C), Styroporplatte, Wärmestrahler; Kohlenstoffdioxid.

*Durchführung:*
1. Lege ein Thermometer in ein Becherglas. Fülle es mit Kohlenstoffdioxid und verschließe es sofort mit der Styroporplatte. Lege auf die Styroporplatte das zweite Thermometer und stülpe das zweite Becherglas darüber.
2. Erwärme mit dem Wärmestrahler beide Bechergläser gleichmäßig und beobachte den Temperaturverlauf auf beiden Thermometern für etwa 15 min.

*Aufgaben:*
a) Notiere deine Beobachtungen.
b) Erkläre, welche Funktion die Styroporplatte hat.
c) Erkläre mithilfe dieses Versuchs, wie sich ein erhöhter Kohlenstoffdioxid-Gehalt in der Atmosphäre auswirkt.

## Exkurs: Klimaschutz – eine globale Aufgabe

Der Schutz der Erdatmosphäre wurde 1992 zum zentralen Thema der **Konferenz von Rio de Janeiro,** einer weltweiten, von den Vereinten Nationen ausgerichteten Umweltkonferenz. Ergebnis war eine Klimavereinbarung mit dem Ziel, „die Treibhausgaskonzentration in der Atmosphäre auf einer Höhe zu stabilisieren, die gefährliche, störende Einwirkungen des Menschen auf das Klima verhindert". Die Industriestaaten vereinbarten, den Kohlenstoffdioxidausstoß bis zum Jahr 2000 auf den Stand von 1990 zurückzuführen. Bei einer Folgekonferenz in Kyoto (Japan) wurde 1997 das **Kyoto-Protokoll** verabschiedet. Man verpflichtete sich, den Ausstoß von sechs Treibhausgasen im Zeitraum von 2008 bis 2012 um mindestens 5,2 % unter das Niveau von 1990 zu senken.

Der Hauptproduzent an Treibhausgasen, die USA mit knapp 30 % des Ausstoßes, hat das Protokoll zwar unterschrieben, will es aber nicht umsetzen.
Die **Klimakonferenz von Bali 2007** hatte vor allem zum Ziel, neue Vorgaben für die Zeit nach dem Auslaufen des Kyoto-Protokolls festzulegen. In der Laufzeit bis 2020 soll der Ausstoß von Treibhausgasen noch weit unter das Niveau von 1990 gesenkt werden.
Da sich ein langsamer Einstellungswandel in den USA vollzieht, besteht Hoffnung, dass sich die Amerikaner bald mehr für den Klimaschutz einsetzen werden. Wachsende Länder wie China und Indien, die bisher weniger Interesse an einem gemeinsamen Klimaschutz zeigen, gewinnen allerdings auch immer mehr an Gewicht.

Energiebedingte $CO_2$-Emissionen
1990 ▮ 1000 Mio t $CO_2$
2002 ▮ 1000 Mio t $CO_2$

# Luft – ein lebenswichtiges Gasgemisch

**Basiswissen**

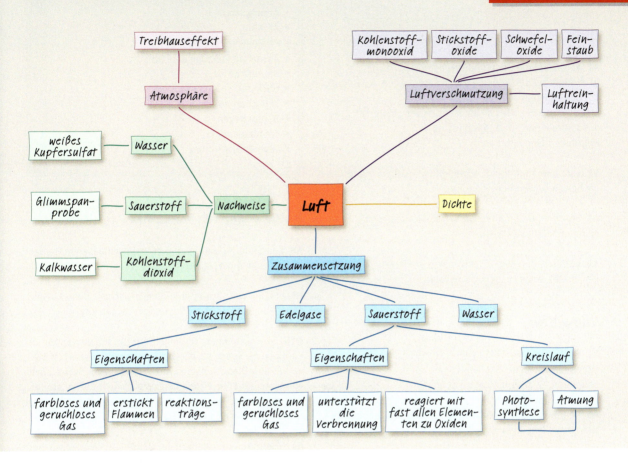

## Chemie schafft Probleme – Chemie löst Probleme

**Chemie in unserer Welt**

**Bedeutung der Luft.** Die Luft enthält den lebenswichtigen Sauerstoff. Aber auch die anderen Luftbestandteile besitzen wichtige Bedeutung in Natur und Technik. Bunte Werbeleuchtröhren werden mit Edelgasen gefüllt; flüssiger Stickstoff kühlt medizinische Proben; Argon hilft als Schutzgas beim Schweißen.

**Einfluss des Menschen.** Durch Anwendung der Technik verändert der Mensch die Zusammensetzung der Luft. Durch industrielle Prozesse und durch den Betrieb von Verbrennungsmotoren gelangen Schadstoffe wie Schwefeldioxid und Stickstoffoxide in die Luft. Aber auch das bei der Verbrennung von Brennstoffen gebildete Kohlenstoffdioxid verändert langfristig die Zusammensetzung der Luft und führt zu Klimaveränderungen. Sogar die Landwirtschaft produziert klimaschädliche Gase. Ein Beispiel ist das beim Reisanbau und bei der Rinderzucht gebildete Methan.

**Fortschritte durch Chemie und Technik.** Druckgase und verflüssigte Gase werden vielseitig eingesetzt. Diese Gase können durch chemische Verfahren so rein gewonnen werden, dass sie sogar für medizinische Zwecke Verwendung finden. Die Atmosphärenchemie ermittelte die Reaktionsabläufe von Schadstoffen in verschiedenen Luftschichten. Diese Erkenntnisse legten den Grundstein für den Klimaschutz. Man erkannte die Bedrohung unserer Zukunft und den dringenden Handlungsbedarf. Der Maßnahmenkatalog wurde von Forschern entwickelt und von staatlichen Institutionen vielfach bereits erfolgreich durchgesetzt: Wärmeschutzmaßnahmen senken den Verbrauch an Brennstoffen; Autos sind sparsamer; die benötigten Brennstoffe sind weitgehend von Schwefel befreit; Katalysatoren zerstören die Schadstoffe in Abgasen; Partikelfilter befreien Abgase von Feinstaub, alternative Energiequellen versorgen uns ohne Schadstoffausstoß.

# Prüfe dein Wissen

## Quiz

**A1 a)** Erkläre die Begriffe des Fensters.
**b)** Notiere auf der Vorderseite von Karteikarten den Begriff, auf der Rückseite die Erklärung.
**c)** Ordne die Begriffe den Basiskonzepten „Materie", „chemische Reaktion" und „Energie" zu.
Begründe deine Zuordnung.

**A2** Luftsauerstoff kann nicht mit der Glimmspanprobe nachgewiesen werden. Begründe.

**A3** Beschreibe den Kreislauf von Kohlenstoffdioxid in Atmung und Photosynthese.

**A4** Definiere den Begriff „anthropogener Treibhauseffekt". Beschreibe seine Ursachen und Folgen.

## Know-how

**A5** Erkläre, welche Wirkungen zu erwarten sind, wenn man folgende Gase in eine Kerzenflamme leitet:
Sauerstoff, Stickstoff, Kohlenstoffdioxid.

**A6** Begründe, warum eine Mund-zu-Mund-Beatmung Leben retten kann, obwohl wir Kohlenstoffdioxid ausatmen.

**A7** Im Eis der Polregionen sind kleine Luftbläschen eingeschlossen. Diese geben Aufschluss über die Zusammensetzung der Luft zur Zeit der Bildung des Eises. Je tiefer man dabei bohrt, umso älter sind die Einschlüsse.
**a)** Gib an, wie sich in einem Bohrkern die Zusammensetzung der Luft vermutlich verändert, wenn Einschlüsse eines Zeitraums von 150 Jahren betrachtet werden.
**b)** Beschreibe, wie diese Veränderungen mit der Entwicklung der Menschheit zusammenhängen.

### Die wichtigsten Begriffe

- Atmosphäre
- Atmung
- Photosynthese
- Zusammensetzung der Luft
- Sauerstoff
- Stickstoff
- Luftschadstoffe
- Saurer Regen
- Treibhauseffekt
- Globale Erwärmung

## Natur – Mensch – Technik

**A8** Begründe, warum man in einer geschlossenen Garage niemals den Motor laufen lassen darf.

**A9** Erkläre den Zusammenhang zwischen dem Einsatz eines Katalysators im PKW und dem sauren Regen.

**A10** Ein verbotenes Dopingmittel für Ausdauersportler enthält eine Substanz, die den Sauerstofftransport im Blut verbessert. Diese Substanz wird auf natürliche Weise auch von unserem Körper frei gesetzt, wenn wir uns in großen Höhen befinden. Erkläre, warum dieser natürliche Mechanismus biologisch sinnvoll ist.

**A11** Bei normaler Wetterlage nimmt die Temperatur der Luft bis in 400 m Höhe gleichmäßig ab. Bei Inversionswetterlage besteht die dargestellte Temperaturverteilung.

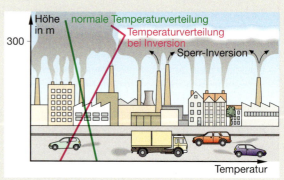

**a)** Erkläre, warum der Luftaustausch in Bodennähe behindert ist.
**b)** Nenne geeignete Maßnahmen, mit deren Hilfe die schädlichen Auswirkungen einer solchen Wetterlage minimiert werden können.

**A12** Die Entwicklung von Elektroautos soll neue Möglichkeiten der schadstoffarmen Fortbewegung schaffen. Erläutere, welche Bedeutung solche Autos für die globale Erwärmung besitzen könnten.

114 Luft – ein lebenswichtiges Gasgemisch

# Luft – ein lebenswichtiges Gasgemisch

**Wissen vernetzt**

## A1 Klimaschutz – Kräftemessen mit Horrorzahlen

*Bei der Bemühung des Umweltministeriums um Senkung des Ausstoßes an Kohlenstoffdioxid hat man den Eindruck, viele kleinere Quellen zu reduzieren, die Hauptquellen jedoch totzuschweigen, nämlich die Braunkohlewerke. Die Grundversorgung mit elektrischer Energie nach dem Abschalten der Kernkraftwerke ist nach dem Urteil vieler Fachleute nur mit einem vermehrten Einsatz von Kohlekraftwerken möglich.*

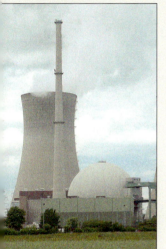

*Die Deutsche Physikalische Gesellschaft hat bereits 2005 eine Studie zum Klimaschutz und zur Energieversorgung vorgelegt: Wenn Deutschland die künftigen nationalen wie internationalen Ziele des Klimaschutzes nicht deutlich verfehlen wolle, sei eine längere Laufzeit der Kernkraftwerke unausweichlich. Deutschland hat seit 1995 den Ausbau der Windenergie und von Solarkraftwerken betrieben, Frankreich hat dagegen den Bau von Kernkraftwerken gefördert. Das Ergebnis ist, dass pro Kopf und Jahr in Frankreich sieben Tonnen Kohlenstoffdioxid freigesetzt werden, in Deutschland aber zehn!*
*(Tölzer Kurier 6.9.2007)*

Der Artikel verdeutlicht, dass Deutschland den Ausstieg aus der Energieerzeugung durch Kernkraftwerke plant. Diese Art der Energie gilt als kohlenstoffdioxid-neutral, da hierbei kein Kohlenstoffdioxid frei wird. Mit Kernkraftwerken ist jedoch immer auch ein potenzielles Risiko von Strahlenschäden verbunden. Vor allem die Lagerung des radioaktiven Abfalls stellt ein noch nicht gelöstes Problem dar. Eine kohlenstoffdioxid-neutrale Alternative sind Windkraftwerke und Solarkraftwerke. Da aber der Raum für Windkraftwerke in Deutschland äußerst begrenzt ist und Solarzellen immer noch nicht effektiv genug sind, muss Kohle zur Hauptenergiequelle werden.

a) Lies den Artikel und prüfe mithilfe der Informationen des vorherigen Kapitels, ob dieser fachlich korrekte Aussagen enthält.
b) Benenne die Folgen der Verbrennung von Kohle in Kraftwerken für die Umwelt.
c) „Deutschland plant den Ausstieg aus der Energieerzeugung durch Kernkraftwerke". Diskutiere mithilfe des Artikels diese Aussage.

## A2 Stickstoff – eine Spezialgasfüllung für Autoreifen?

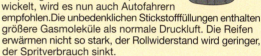

**Fill + Drive Reifenbefüllung 2,50 € pro Rad**

Wer Sprit sparen und die Lebensdauer seiner Reifen verlängern will, sollte eine Alternative zur normalen Druckluft in den Reifen in Erwägung ziehen: die Stickstofffüllung. Ursprünglich für den Rennsport entwickelt, wird es nun auch Autofahrern empfohlen. Die unbedenklichen Stickstofffüllungen enthalten größere Gasmoleküle als normale Druckluft. Die Reifen erwärmen nicht so stark, der Rollwiderstand wird geringer, der Spritverbrauch sinkt.

Ein Autofahrer war skeptisch in Bezug auf die Werbeaussagen und Zeitungsmeldungen über Vorteile von Stickstoff als Füllgas für Autoreifen. Er richtete deshalb eine Anfrage an die Wissensredaktion einer Wochenzeitung. Dies war die Antwort des zuständigen Redakteurs:
*Offenbar wurmt es manche Tankstellen und Reifendienste, dass Luft immer noch umsonst ist, und man sinnt auf teure Alternativen. Eine Zeit lang war das Gas $SF_6$ in Mode, das allerdings sehr teuer ist und außerdem die Ozonschicht schädigt. Jetzt wird $N_2$ propagiert, reiner Stickstoff, zum Preis von einigen Euro pro Reifen. $N_2$ ist aber just der Stoff, der 80 Prozent der Luft ausmacht. Was soll es bringen, die restlichen 20 Prozent vornehmlich Sauerstoff auch durch Stickstoff zu ersetzen?*
*Die vorgebrachten Argumente sind zahlreich, und fast alle sind unseriös. Ein verringerter Rollwiderstand des Reifens tritt nur dann auf, wenn zuvor der mit Normalluft gefüllte Pneu ständig mit zu wenig Druck gefahren wurde.*
*Der dürftige wahre Kern der Stickstoffgeschichte: Die $N_2$-Moleküle diffundieren etwas langsamer als die Sauerstoffmoleküle durch die Reifenhülle. Der Druckverlust durch Diffusion macht aber bei einem normalen Reifen allenfalls ein zehntel Bar pro Jahr aus, sagt ein ADAC-Reifenexperte. Und wer seinen Reifendruck nur selten kontrolliert, handelt sowieso fahrlässig.*

a) Nenne die Vorteile von Stickstoff gegenüber Luft als Füllgas für Reifen, die von Tankstellen und Reifenhändlern angegeben werden.
b) Stelle die Meinung des Redakteurs bezüglich der Stickstofffüllung von Autoreifen dar.
c) Bewerte die Teilchendarstellung von Stickstoff und Luft in der Anzeige. Entwickle eine besser zutreffende Darstellung.

# 9 Ohne Wasser läuft nichts

Ein Wasserfall ist immer ein faszinierender Anblick, ein Sinnbild für Leben und Bewegung, für Dynamik und Erfrischung. Das Rauschen des Wassers und die angenehme Kühle laden den Wanderer zu einer Pause ein. Mit der Hand schöpft er das erfrischende und klare Wasser.

In vielen Ländern ist es ein lang ersehnter Regenguss, der eine willkommene Erlösung bringt. Das Regenwasser wird gesammelt und ist so eine wichtige Wasserquelle.

Aktuell suchen Raumsonden sogar Wasser auf anderen Planeten: Das Wasser ist mit dem Leben so eng verbunden, dass die Suche nach Leben mit der Suche nach Wasser beginnt.

**Zentrale Fragen:**
- Was macht Wasser so lebenswichtig?
- Was zeichnet Trinkwasser aus?
- Wie können wir die Ressource Wasser erhalten?
- Ist Wasser gleich Wasser?
- Was löst sich in Wasser?
- Wie betrachtet der Chemiker den Stoff Wasser?

## 9.1 Wasser – Lebensraum für viele

*Die Erde aus dem Weltraum betrachtet*

*Der Rhein – Transportweg und Freizeitstätte*

Ein Blick aus dem Weltraum zeigt, dass die Erde heute überwiegend mit Wasser bedeckt ist. Das war nicht immer so. Erst nachdem sich die vorher glutflüssige Erdoberfläche abgekühlt hatte, entstanden Meere. Damit war eine Grundlage für Leben gegeben.

**Wasser und Leben.** Vor etwa 2 Milliarden Jahren bildeten sich in der sogenannten „Ursuppe" erste lebensnotwendige Stoffe. Im Wasser begann damit die Entwicklung der Lebewesen. Zuerst bildeten sich Einzeller wie Bakterien und Algen. Es dauerte aber noch fast 1,7 Milliarden Jahre, bis die ersten Tiere das Land eroberten. Bei den Wirbeltieren ist offensichtlich, wie sich aus den Wassertieren die Landtiere entwickelt haben könnten: Fische leben ausschließlich im Wasser; Amphibien durchlaufen ihr Larvenstadium im Wasser und sind nach der Metamorphose an Feuchtgebiete gebundene Landtiere; Vögel und Säuger sind Landtiere, die auch in wasserarmen Landschaften leben können. Sie sind aber auch weiterhin auf Wasser angewiesen.

Lebewesen bestehen zu einem hohen Prozentsatz aus Wasser; beim Menschen sind es ungefähr 60 %. Wasser transportiert Stoffe und Wärme. Wir müssen dafür etwa zwei Liter Flüssigkeit am Tag trinken. Während ein Mensch mehr als 40 Tage hungern könnte, ist er schon nach 4 bis 10 Tagen verdurstet.

**Wasser und Mensch.** Die menschliche Geschichte ist eng mit dem Wasser verbunden: Nahezu alle großen Städte wurden am Wasser gegründet. Die Kultur der Babylonier entwickelte sich in Mesopotamien, dem Zweistromland an Euphrat und Tigris. Für die Ägypter war der Nil die Lebensader. Die Bewässerung der Felder mit Flusswasser wurde mit der Zunahme der Bevölkerung immer wichtiger.

Auch in Deutschland wurden die bedeutendsten Städte an Flüssen oder am Meer gegründet. Die Gewässer waren so bedeutend, dass Landschaften wie das Ruhrgebiet und Städte wie Wuppertal nach ihnen benannt wurden.

In der Bedeutung des Wassers trat im Laufe der Geschichte ein Wandel ein. Die Menschen wurden durch den Bau von Brunnen zwar unabhängiger vom Flusswasser, doch die Bedeutung der Flüsse als Verkehrswege nahm zu. Schwere Waren konnten hierauf einfach und schnell verschifft werden. Auch heute noch werden viele Güter in Containerschiffen auf dem Wasser transportiert. Daneben stieg auch der Industriebedarf an Brauchwasser.

Auch in ihrer Freizeit halten sich Menschen gern in der Nähe von Wasser auf. Einfache Badeseen standen am Anfang einer weitreichenden Entwicklung. Dann wurden die Wasserwege auch für Wassersport genutzt. Paddeln, Segeln oder Motorbootfahren gewannen immer mehr Freunde. Radwege entlang der Flüsse ergänzten das Freizeitangebot.

In den letzten Jahren wurden sogar am Wasser gelegene, ehemalige Industrieanlagen für Freizeitprojekte umgestaltet. So entstanden die Anlagen im Duisburger Innenhafen oder im Düsseldorfer Medienhafen.

> Das Leben entwickelte sich im Wasser. Alle Lebewesen sind auf Wasser angewiesen. Wasser bestimmt Kultur und Geschichte des Menschen.

**1** Skizziere den Bedeutungswandel des Wassers für den Menschen. Schreibe einen kurzen Sachtext.
**2** Nenne weitere Landschaften und Städte, die nach einem Gewässer benannt wurden. Nimm dabei den Atlas zu Hilfe.

Ohne Wasser läuft nichts **117**

# Chemie-Recherche

Location: http://www.schroedel.de/chemie_heute.html

## Wasser ganz verschiedener Art

**Ergebnisse:**

→ **Oberflächenwasser**

Das Wasser in Seen, Flüssen, Talsperren und Kanälen wird zusammengefasst als Oberflächenwasser bezeichnet. Es wird neben dem Grundwasser zur Trinkwassergewinnung verwendet. Aus Oberflächenwasser wird auch Brauchwasser gewonnen, das nicht die hohe Qualität des Trinkwassers besitzt. Es kann als Kühlwasser oder zur Bewässerung eingesetzt werden. Seen und Flüsse sind außerdem beliebte Freizeit- und Erholungsgebiete sowie wichtige Lebensräume für Tiere und Pflanzen.

→ **Mineralwasser**

Wenn Regenwasser im Boden bis in tiefe Schichten versickert, löst es auf seinem Weg Mineralstoffe aus den Gesteinsschichten heraus. Besonders mineralstoffreiches Quell- oder Grundwasser wird zu Mineralwasser verarbeitet: Gelöste Eisensalze werden aus dem Mineralwasser entfernt. Dann wird das Mineralwasser häufig noch mit quelleigenem Kohlenstoffdioxid versetzt. Es löst sich als Kohlensäure und verleiht dem Wasser einen leicht säuerlichen, erfrischenden Geschmack. Auf dem Flaschenetikett werden die Quelle und der Gehalt an Mineralstoff angegeben.

→ **Hartes Wasser**

Wasser, das besonders viel gelösten Kalk enthält, wird als hartes Wasser bezeichnet. Beim Erhitzen bilden sich aus dem gelösten Kalk in Wasser unlösliche Kalkablagerungen. Das Grundwasser in Gegenden, deren Gestein viel Kalkstein enthält, ist besonders hart. Zu diesen Gegenden zählen das Weserbergland und Teile der Eifel.
Bei vielen Anwendungen stört die Kalkablagerung. Hartes Wasser wird deshalb mit chemischen Verfahren enthärtet: In der Spülmaschine wird der Kalk durch Kochsalz ersetzt. Waschmitteln werden Stoffe hinzugesetzt, die Kalkablagerungen in der Maschine oder auf der Wäsche verhindern.
Die Wasserhärte wird beim Trinkwasser durch die Härtebereiche Eins (weich) bis Vier (sehr hart) angeben.

→ **Salzwasser**

Im Meerwasser sind zahlreiche verschiedene Salze gelöst, das Wasser schmeckt „salzig"; deshalb spricht man auch von Salzwasser. Der Salzgehalt in einem Liter Wasser liegt zwischen 20 g in der Ostsee, 38 g im östlichen Mittelmeer und fast 250 g Salz im Toten Meer. Aus dem Meerwasser kann salzarmes Süßwasser gewonnen werden, das dann als Trinkwasser oder zur Bewässerung zur Verfügung steht. In „Salzgärten" wird aus dem Meerwasser Meersalz gewonnen.

→ **Destilliertes Wasser**

Für Dampfbügeleisen und auch bei vielen chemischen Experimenten braucht man reines Wasser. Früher wurde dieses Wasser durch Destillation von Leitungswasser erhalten. In der Praxis verwendet man heute meist Wasser, dem die gelösten Mineralstoffe mit anderen Verfahren entzogen wurden. Trotzdem spricht man auch heute noch von destilliertem Wasser. Als Trinkwasser ist destilliertes oder demineralisiertes Wasser ungeeignet, da es keine lebensnotwendigen Mineralstoffe enthält.

---

### Aufgaben

1. Gib an, welchen Unterschied du erwartest, wenn du 100 ml destilliertes Wasser und 100 ml Nordseewasser vollständig verdampfen lässt.
2. Beschreibe die Bedeutung von Salzwasser für den Menschen. Vergleiche mit der Bedeutung von Süßwasser.
3. Erläutere, warum sowohl Salzwasser als auch destilliertes Wasser nicht zum Trinken geeignet sind.

## 9.2 Wassernutzung

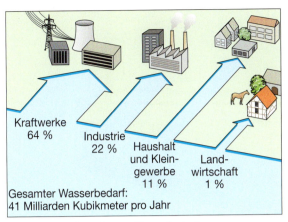

*Anteile der Verbraucher am Wasserbedarf*

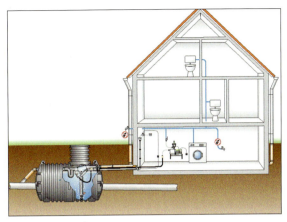

*Regenwasseranlage*

Für alle Lebewesen, auch für uns Menschen, ist Wasser ein wichtiger Bestandteil der Ernährung. Wir decken unseren Wasserbedarf über wasserhaltige Nahrungsmittel und über Getränke.

**Privater und öffentlicher Wasserbedarf.** Wir nutzen Wasser aber nicht nur als Lebensmittel, sondern auch für die Körperreinigung, zum Wäschewaschen, für die Toilettenspülung und für viele andere Zwecke. Jeder von uns braucht so am Tag im Durchschnitt etwa 128 Liter Trinkwasser. Im öffentlichen Bereich kommen noch einmal fast 150 Liter pro Person dazu. Wasser wird dort beispielsweise für Schwimmbäder oder zur Pflege der Grünanlagen verwendet.

**Wasserbedarf in der Industrie.** Von der insgesamt genutzten Wassermenge verbrauchen Haushalte, Landwirtschaft und Kleingewerbe nur etwa 12 %. Fast zwei Drittel des Brauchwassers werden in Kraftwerken benötigt und auf die Industrie entfallen etwa 22 %.
In Kraftwerken und in der Industrie wird das Kühlwasser lediglich erwärmt und nicht durch andere Stoffe verunreinigt. Es kann wieder abgekühlt und so mehrfach verwendet werden. Erwärmtes Kühlwasser wird auch dort eingesetzt, wo Wärme im Betrieb benötigt wird.

Der Wasserbedarf für einzelne Industriegüter ist mitunter sehr groß. Nach Angaben der Industrie benötigt man für die Produktion eines Mikrochips nahezu 80 l Wasser. Für ein Auto sind es bis zu 400 000 Liter. Dabei werden auch die Wassermengen für die Stahlherstellung, für die Produktion der Bauteile oder Reifen eingerechnet. Selbst die Zuckerherstellung erfordert etwa 80 Liter Wasser für ein Kilogramm Zucker. Es gibt aber in allen Bereichen zusätzliche Verfahren, diesen Wasserbedarf zu verringern.

**Sparsamer Umgang mit Wasser.** Die zur Verfügung stehende Menge an Wasser für Trinkwasserzwecke ist begrenzt. Dennoch ist das im privaten und öffentlichen Bereich genutzte Wasser in den meisten Fällen kostbares Trinkwasser. Für viele Zwecke könnte man aber auch Brauchwasser aus Hausbrunnen oder gesammeltes Regenwasser verwenden. Bei neu gebauten Häusern werden beispielsweise Regenwasserzisternen gebaut, um Toilettenspülung und Waschmaschine mit Regenwasser zu betreiben.

Aber auch ohne solche zusätzlichen Einbauten kann und muss jeder seinen Beitrag zum sparsamen Umgang mit Trinkwasser leisten.
– Bei der Toilettenspülung verringert die Spartaste den Verbrauch.
– Beim Duschen benötigt man nur ein Drittel der Wassermenge eines Vollbads.
– Beim Zähneputzen kann der Wasserhahn geschlossen sein.
– Voll beladene Waschmaschinen und Geschirrspüler nutzen die Wassermenge besser.

> Wasser wird vielfältig genutzt. Der nutzbare Wasservorrat auf der Erde ist begrenzt. Mit Wasser und Trinkwasser muss daher sparsam umgegangen werden.

**1** Nenne Beispiele für Wassernutzungen.
**2** Berechne anhand der Grafik, wie viel Kubikmeter Wasser die einzelnen Verbrauchergruppen umsetzen.
**3** Recherchiere, nach welchem Prinzip eine wasserlose Toilette arbeitet.
**4 a)** Gib an, in welchen Bereichen Trinkwasser durch Brauchwasser oder Regenwasser ersetzt werden kann.
**b)** Plane, wie du zu Hause Wasser sparen kannst.
**c)** Diskutiert in der Klasse eure Sparpläne.

Ohne Wasser läuft nichts **119**

# 9.3 Trinkwasser – (k)ein Naturprodukt? ☆

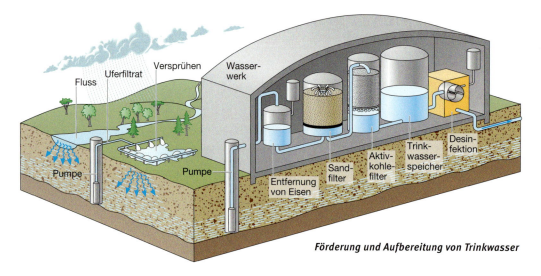

*Förderung und Aufbereitung von Trinkwasser*

Die Wasserqualität des Rheins hat sich in den letzten Jahren deutlich gebessert. Aber wer würde dieses Wasser trinken? Doch tatsächlich gewinnen die Wasserwerke in Köln und in vielen anderen Städten am Rhein einen großen Teil ihres Trinkwassers aus diesem Fluss. Überwiegend wird aber Grundwasser zu Trinkwasser aufbereitet.

**Trinkwasser aus Grundwasser.** Durch Versickern von Niederschlägen entsteht Grundwasser. Um daraus Trinkwasser zu gewinnen, wird das Grundwasser aus Tiefbrunnen hochgepumpt und in ein Wasserwerk geleitet. Hier werden die im Grundwasser gelösten Eisensalze zusammen mit noch vorhandenen anderen Trübstoffen durch Sandfilter entfernt. Die weitere Aufbereitung erfolgt über Aktivkohlefilter. Bevor das so gereinigte Wasser in das Trinkwassernetz eingespeist wird, kann Chlor oder Chloroxid zugesetzt werden. Diese Chlorung bewirkt, dass sich in den langen Leitungen keine Bakterien oder andere Keime ansiedeln und vermehren können.

**Trinkwasser aus Oberflächenwasser.** Vor allem in großen Ballungsgebieten lässt sich nicht genügend Trinkwasser aus Grundwasser gewinnen. Man muss daher Wasser aus Seen oder Flüssen verwenden: Kleinere Flüsse werden dazu oft zu Talsperren aufgestaut, deren Wasser jedoch meist viele Verunreinigungen einhält. Bei der Reinigung wird das Rohwasser durch dicke Schichten aus Kies und Sand filtriert. In einer weiteren Reinigungsstufe leitet man Ozon in das Wasser ein. Ozon ist eine sehr reaktionsfähige Form des Sauerstoffs, die Bakterien und andere Krankheitserreger abtötet. Außerdem ballen sich in Gegenwart von Ozon kleinste Schmutzteilchen zu größeren Flocken zusammen. Eine dicke Aktivkohleschicht adsorbiert anschließend auch diese Verunreinigungen. Abschließend kann das Trinkwasser noch gechlort werden.

**Trinkwasser aus Uferfiltrat.** Wo Mangel an Grundwasser besteht, entnehmen die Wasserwerke Wasser aus einem Fluss und lassen es in der Uferzone versickern. Dabei wird es auf dem Weg durch den sandigen Untergrund auf natürliche Weise gereinigt. Einige Hundert Meter vom Fluss entfernt fördern Pumpen das Wasser als Uferfiltrat aus Tiefbrunnen wieder herauf. Anschließend wird es ähnlich wie Flusswasser zu Trinkwasser aufbereitet.

> Trinkwasser kann aus Grundwasser, Oberflächenwasser und Uferfiltrat gewonnen werden. Zum Schutz vor Keimen wird das Trinkwasser oft mit Chlor versetzt.

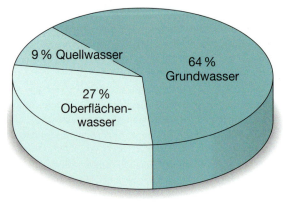

*Herkunft unseres Trinkwassers*

**1** Erläutere, warum Flusswasser meistens nicht direkt als Trinkwasser verwendet wird, sondern als Uferfiltrat.
**2** Erkundige dich über die Herkunft eures Trinkwassers.

# 9.4 Wasser – ein kostbares Gut

Nur etwa drei Hundertstel der Wassermenge auf der Erde sind Süßwasser. Selbst davon kann aber nur ein geringer Anteil als Trinkwasser genutzt werden. Schon daran wird deutlich, dass Wasser ein kostbares Gut ist. Wasser ist aber auch deshalb so kostbar, weil es durch keinen anderen Stoff ersetzt werden kann.

**Wasser ist lebensnotwendig.** Für die Ernährung ist Wasser sehr wichtig, denn wir können nur wenige Tage ohne Wasseraufnahme überleben. Bei Wassermangel im Körper werden Zellfunktionen beeinträchtigt und es kommt zu Krankheitserscheinungen wie Schwindelgefühl und Fieber. Neben der Menge an Trinkwasser muss auch die hygienische Qualität stimmen. In vielen Ländern herrscht jedoch ein Mangel an einwandfreiem Wasser; dies führt zu Krankheiten, erhöhter Sterblichkeit bei Kindern und manchmal sogar zu Kriegen.

**Wasser ist wertvoll.** Die Versorgung der Haushalte mit Trinkwasser ist nicht billig. In Deutschland kostet ein Kubikmeter durchschnittlich 1,75 €. Außerdem müssen für die gleiche Wassermenge Abwassergebühren von bis zu 4 € gezahlt werden. Um die Menge des entnommenen Wassers zu messen, gibt es in jedem Haushalt eine Wasseruhr. Einmal im Jahr wird die Uhr abgelesen und aus dem Verbrauch werden die Kosten berechnet: Eine dreiköpfige Familie braucht im Monat durchschnittlich 12,6 m³ Wasser. Dafür müssen bis zu 50 € bezahlt werden.

*Wasseruhr im Haushalt*

Nur ein geringer Anteil der Wasservorräte auf der Erde kann als Trinkwasser genutzt werden. In vielen Ländern herrscht Mangel an hygienisch einwandfreiem Wasser.

**1** Lies über mehrere Tage euren Wasserverbrauch ab. Erkundige dich nach dem örtlichen Preis für Trinkwasser und Abwasser. Berechne die vollständigen Wasserkosten.

**2** Aus Untersuchungen der UNO geht hervor, dass 80 % der Krankheiten in Entwicklungsländern durch verschmutztes Wasser verursacht werden.

**a)** Nenne Krankheiten, die durch verschmutztes Trinkwasser verursacht werden können.

**b)** Recherchiere Länder, für die diese Untersuchungen zutreffen.

## Wasserkreislauf **Exkurs**

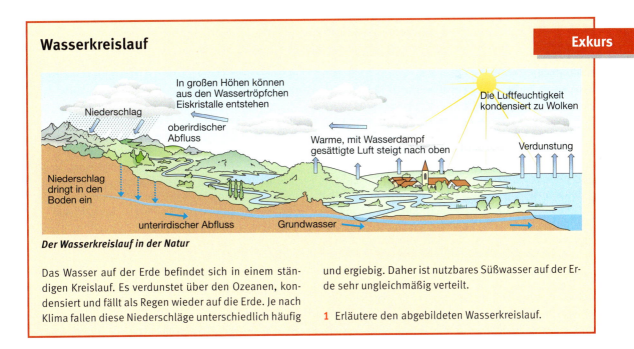

*Der Wasserkreislauf in der Natur*

Das Wasser auf der Erde befindet sich in einem ständigen Kreislauf. Es verdunstet über den Ozeanen, kondensiert und fällt als Regen wieder auf die Erde. Je nach Klima fallen diese Niederschläge unterschiedlich häufig und ergiebig. Daher ist nutzbares Süßwasser auf der Erde sehr ungleichmäßig verteilt.

**1** Erläutere den abgebildeten Wasserkreislauf.

## 9.5 Kläranlagen reinigen Abwässer

Abwasser ist verschmutztes Wasser, das aus Haushalten und Betrieben zur Kläranlage kommt. In mehreren Reinigungsstufen wird es dort gereinigt, sodass es wieder in ein Gewässer eingeleitet werden kann.

**Mechanische Reinigung.** In der ersten Reinigungsstufe wird der gröbere Abfall durch **Rechen** herausgesiebt. Was hier an Papier, Holz, Kunststoffen, Glas und Metall hängen bleibt, wird in großen Behältern gesammelt.
Anschließend läuft das Abwasser langsam durch den **Sandfang** und den **Ölabscheider.** Hier setzen sich Sinkstoffe am Boden ab. Fette, Öle und andere an der Oberfläche schwimmende Stoffe werden durch eine Sperre zurückgehalten und abgesaugt.
Durch das sich anschließende **Vorklärbecken** fließt das Abwasser sehr langsam hindurch. Dabei sinkt auch ein Teil der Schwebstoffe zu Boden. Sie werden als Schlamm entfernt.

**Biologische Reinigung.** Das vorgeklärte Abwasser wird dann im **Belebungsbecken** durch Kleinstlebewesen weiter gereinigt. Die im Abwasser immer noch reichlich vorhandenen Schwebstoffe und gelösten Stoffe dienen den Bakterien als Nahrung.
Im Belebungsbecken verbleibt das Abwasser mehrere Stunden. Dabei wird es ständig von unten belüftet und bewegt. So erhalten die Kleinstlebewesen den lebensnotwendigen Sauerstoff. Bei diesen idealen Bedingungen vermehren sie sich gut und bilden einen flockigen **Belebtschlamm.** Gleichzeitig werden dabei auch unerwünschte Pflanzennährstoffe aus dem Abwasser entfernt.
Aus dem Belebungsbecken wird ständig ein Teil des Belebtschlamms in ein **Nachklärbecken** gepumpt. Die Kleinstlebewesen sinken nach unten, viele sterben ab, denn es fehlen ihnen Sauerstoff und Nährstoffe. Am Boden setzt sich der Schlamm ab. Er wird mit einem Schieber in die vertiefte Mitte des Beckens geschoben. Ein Teil davon wird in das Belebungsbecken zurückgepumpt, der andere Teil kommt in den Faulturm.
Das geklärte Abwasser läuft dann über den gezackten Rand des Nachklärbeckens in eine Rinne. Jetzt darf es in einen Bach oder Fluss eingeleitet werden.

**Verwertung und Entsorgung.** Die von der Rechenanlage herausgesiebten Abfälle werden auf einer Deponie gelagert oder zusammen mit den im Ölabscheider zurückgehaltenen Abfällen verbrannt. Der anfallende Schlamm wird entwässert und in Faultürmen durch Bakterien zersetzt. Das dabei entstehende Gas wird in Gasmotoren verbrannt, um elektrische Energie zu gewinnen. Soweit der ausgefaulte Schlamm keine schädlichen Stoffe enthält, kann er auch als Dünger genutzt werden.

> Das Abwasser wird in mehreren Stufen gereinigt. In der mechanischen Stufe wird es von groben Verunreinigungen befreit. In der biologischen Stufe werden viele gelöste Stoffe durch Bakterien zersetzt. Der gebildete Schlamm wird ausgefault.

**1** Beschreibe die Funktionsweise einer Kläranlage.
**2** Stelle die Folgen dar, die ein Ausfall der Kläranlage hätte.
**3** Recherchiere, welche Folgen Giftstoffe im Abwasser für eine Kläranlage haben können.

# Wasser als Lösemittel

**Praktikum**

## V1: Wasser löst Feststoffe

*Materialien:* Becherglas (200 ml), Waage; destilliertes Wasser, Natriumchlorid (Kochsalz), Kupfersulfat (Xn,N), Natriumcarbonat (Xi).

*Durchführung:*
1. Löse in 100 ml destilliertem Wasser möglichst viel Kochsalz. Gib portionsweise jeweils 5 g Salz zum Wasser, bis sich trotz gründlichem Umrühren nichts mehr löst.
2. Notiere die gelöste Salzmenge.
3. Wiederhole Schritt 1 mit
    a) Kupfersulfat in 50 ml Wasser
    b) Natriumcarbonat in 50 ml Wasser.
4. Notiere auch hier die gelösten Mengen.

*Aufgaben:*
a) Rechne jeweils auf 100 ml um und vergleiche die gelösten Mengen.
b) Beschreibe, woran du eine gesättigte Lösung erkennst.

## V2: Wasser enthält gelöste Gase

*Materialien:* Becherglas (400 ml, hoch), Messzylinder (10 ml, 25 ml), Glastrichter, Thermometer, Gasbrenner; Leitungswasser, stilles Mineralwasser.

*Durchführung:*
1. Fülle das Becherglas zur Hälfte mit Leitungswasser.
2. Stelle den Trichter auf den Boden des Becherglases und stülpe einen mit Leitungswasser gefüllten Messzylinder (10 ml) darüber.
3. Erwärme das Wasser langsam auf 50 °C und lies nach jeder Temperaturerhöhung um 10 Grad das Gasvolumen im Messzylinder ab.

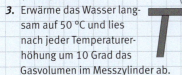

4. Wiederhole den Versuch mit stillem Mineralwasser. Verwende dabei den 25-ml Messzylinder

*Aufgaben:*
a) Notiere die Messwerte für die Wasserproben in Form einer Tabelle.
b) Vergleiche die Ergebnisse.

## V3: Einfluss der Temperatur auf die Löslichkeit

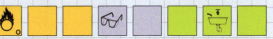

*Materialien:* Dreifuß mit Drahtnetz, Brenner, Becherglas (100 ml), Thermometer, Waage, Spatel; destilliertes Wasser, Kaliumnitrat (O).

*Durchführung:*
1. Stelle mit 50 ml Wasser und Kaliumnitrat eine gesättigte Lösung her.
2. Erwärme die Lösung langsam bis auf 100 °C. Rühre dabei um und gib nochmals 10 g des Salzes hinzu.

*Aufgaben:*
a) Notiere deine Beobachtungen.
b) Beschreibe den Zusammenhang zwischen Temperatur und Menge an gelöstem Salz.
c) Vergleiche mithilfe der Abbildung auf Seite 125 die Temperaturabhängigkeit der Löslichkeit von Kaliumnitrat mit der von Natriumchlorid.

## V4: Wasserhärte

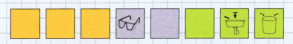

*Materialien:* Gesamthärte-Teststäbchen; Mineralwasser, Leitungswasser, Meerwasser, destilliertes Wasser.

*Durchführung:* Tauche ein Teststäbchen in die Wasserprobe und lies den Härtebereich ab.

*Aufgabe:* Notiere deine Messwerte.

## V5: Schaumbildung

*Materialien:* Stopfen, Tropfpipette; Mineralwasser, Leitungswasser, Meerwasser, destilliertes Wasser, Seifenlösung (alkoholisch (F), nach BOUTRON und BOUDET).

*Durchführung:*
1. Fülle ein Reagenzglas zur Hälfte mit der Wasserprobe. Gib zwei Tropfen Seifenlösung hinzu, setze den Stopfen auf und schüttle kräftig.
2. Gib weitere Seifenlösung hinzu, bis sich durch das Schütteln ein bleibender Schaum bildet.
3. Wiederhole den Versuch mit den anderen Proben.

*Aufgabe:* Notiere deine Beobachtungen.

Ohne Wasser läuft nichts

## 9.6 Wasser löst vieles ...

*Wasser löst feste Stoffe: Kaliumpermanganat (A), Zucker (B)*

*Wasser löst Flüssigkeiten: Essigessenz (A), Fruchtsirup (B)*

*Wasser löst Gase: Kohlenstoffdioxid (A), Sauerstoff (B)*

Wasser, mit dem wir im Alltag zu tun haben, ist nur sehr selten reines Wasser. Meistens enthält es noch andere Stoffe. So sind in Trinkwasser Mineralstoffe gelöst; viele Getränke enthalten zusätzlich noch Kohlenstoffdioxid. Solche homogenen Gemische bezeichnet man als Lösungen. Wasser ist dabei das Lösemittel für die gelösten Stoffe.

**Feste Stoffe.** Besonders gut kann man den Lösungsvorgang bei farbigen Feststoffen wie violettem Kaliumpermanganat erkennen. Dabei entstehen farbige Lösungen.

**Flüssigkeiten.** Auch viele Flüssigkeiten lösen sich in Wasser. Einige lassen sich sogar in beliebigen Verhältnissen mit Wasser mischen. Das gilt beispielsweise für Alkohol. Im Bier sind in einem Liter Wasser neben anderen Stoffen 50 ml Alkohol gelöst. Ein Liter Spiritus enthält fast 950 ml Alkohol und nur etwa 50 ml Wasser. Auch andere Flüssigkeiten wie Essigsäure oder Fruchtsirup mischen sich vollständig mit Wasser.

**Gasförmige Stoffe.** Wasser löst auch viele gasförmige Stoffe. Nur weil Wasser gelösten Sauerstoff aus der Luft enthält, können Fische im Wasser über ihre Kiemen atmen. Wird das Gas Kohlenstoffdioxid in Wasser eingeleitet, schmeckt das Wasser erfrischend und leicht säuerlich. Getränke, in denen Kohlenstoffdioxid gelöst ist, bezeichnet man deshalb als kohlensäurehaltige Getränke.
Die Löslichkeit von Gasen in Wasser steigt mit zunehmendem Druck. Beim Abfüllen von kohlensäurehaltigen Getränken wird Kohlenstoffdioxid unter hohem Druck gelöst. Öffnet man die Flasche, sinkt mit dem Druck auch die Löslichkeit und das Kohlenstoffdioxid perlt aus: Aus Limonade, Sprudel, Sekt oder Bier steigen dann Bläschen aufsteigen.

> Wasser ist ein Lösemittel für viele feste, flüssige und gasförmige Stoffe. Lösungen bestehen aus dem Lösemittel und dem gelösten Stoff. Die Löslichkeit von Gasen nimmt mit steigendem Druck zu.

**1** Beschreibe in einem Informationstext, welche Bedeutung gelöster Sauerstoff in Flüssen und Seen hat.
**2** Informiere dich über die in Erfrischungsgetränken gelösten Stoffe. Stelle sie für einige Getränke nach Art und Menge zusammen.
**3** Experimentelle Hausaufgabe: Löse eine Brausetablette in einem Glas Wasser auf. Beschreibe, woran du erkennen kannst, welche Stoffe dabei in Lösung gehen.

## 9.7 ... aber nicht beliebig viel

Kochsalz, Kupfersulfat, Zucker und viele andere feste Stoffe lösen sich in Wasser. Aber es lassen sich nicht beliebig große Mengen auflösen. In 100 ml Wasser lösen sich bei 20 °C höchstens 36 g Kochsalz. Gibt man weiteres Salz hinzu, bleibt es unverändert als **Bodenkörper** liegen. Die überstehende Lösung ist dann mit Kochsalz **gesättigt**. Von jedem Stoff löst sich also nur eine bestimmte Menge, bis eine *gesättigte Lösung* entstanden ist.

**Temperaturabhängigkeit.** Beim Erwärmen einer gesättigten Lösung verschwindet der Bodenkörper in vielen Fällen. Er löst sich zusätzlich in der bereits vorhandenen Lösung auf. Lässt man die erwärmte Lösung abkühlen, bilden sich wieder Kristalle. Die Löslichkeit von festen Stoffen ist also von der Temperatur abhängig. In der Regel löst sich umso mehr, je höher die Temperatur des Lösemittels ist. Die Zunahme der Löslichkeit ist allerdings unterschiedlich.

Auch Gase kann man in Wasser lösen. Die Löslichkeit von Gasen nimmt dabei mit steigendem Druck zu. Mit zunehmender Temperatur der Lösung wird sie hingegen geringer. Daher löst sich in warmen Gewässern weniger Sauerstoff. Im Sommer kann dies für Organismen im Wasser eine tödliche Gefahr bedeuten.

**Gehaltsangaben.** Mit den Größen Massenanteil $w$ und Massenkonzentration $\beta$ wird der Gehalt eines Stoffes in einer Lösung angegeben.

**Massenanteil:**

$$w = \frac{m(\text{gelöster Stoff})}{m(\text{Lösung})}; \quad \text{Einheit \%}$$

**Massenkonzentration:**

$$\beta = \frac{m(\text{gelöster Stoff})}{V(\text{Lösung})}; \quad \text{Einheit } \frac{g}{l} \text{ oder } \frac{mg}{l}$$

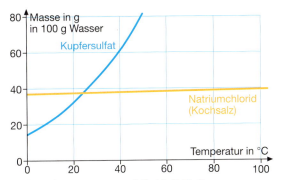

*Einfluss der Temperatur auf die Löslichkeit von Natriumchlorid und Kupfersulfat*

> Lösungen, in denen sich ein Stoff nicht weiter löst, sind gesättigt. Bei vielen festen Stoffen steigt die Löslichkeit mit der Temperatur.
> Den Gehalt an einem gelösten Stoff gibt man als Massenanteil oder als Massenkonzentration an.

**1** Beschreibe zwei Möglichkeiten, wie man den Bodensatz einer gesättigten Lösung auflösen kann und begründe deine Vorgehensweise.

**2** Warme Cola schmeckt abgestanden. Erkläre diese Beobachtung.

**3** Erkläre, weshalb Kraftwerke ihr warmes Kühlwasser im Sommer oft nicht mehr in Flüsse einleiten dürfen.

Ohne Wasser läuft nichts

## 9.8 Wasser ist nicht das einzige Lösemittel ✭

*Produkte mit Lösungsmitteln*

*Fleckentfernung*

*Lackverdünner und Pinselreiniger*

Neben Wasser können auch viele andere Flüssigkeiten als Lösemittel verwendet werden. Insgesamt gesehen spielt Wasser aber die größte Rolle. Denn es ist nicht nur besonders preisgünstig, sondern sehr vielseitig einsetzbar und völlig ungefährlich.

**Lösemittel für fettähnliche Stoffe.** Andere Flüssigkeiten kommen als Lösemittel dann ins Spiel, wenn man einen Stoff auflösen will, der sich in Wasser schlecht oder gar nicht löst. So ist Benzin in Wasser praktisch unlöslich: Schüttelt man Benzin mit Wasser in einem Reagenzglas, so hat man nach kurzer Zeit wieder zwei Flüssigkeitsschichten. Unten befindet sich Wasser, darauf schwimmt das Benzin mit der geringeren Dichte.
Auch Öle und Fette sind in Wasser unlöslich; sie lösen sich aber in Benzin. Man nimmt deshalb Benzin zu Hilfe, wenn ein Fettfleck aus der Kleidung entfernt werden soll. Dieses *Waschbenzin* ist besonders gereinigtes Benzin. Benzin von der Tankstelle darf keinesfalls verwendet werden. Es enthält viele gesundheitsschädliche und auch giftige Stoffe.
Ähnlich wie Benzin haben viele Lösemittel einen charakteristischen Geruch. So geht der typische Geruch eines Allesklebers vom Lösemittel aus, in dem der eigentliche Klebstoff gelöst ist. Das gilt auch für Nagellack und Nagellackentferner. Anders ist es bei einem Parfüm, das als Lösemittel neben wenig Wasser hauptsächlich Alkohol enthält. Hier machen sich praktisch nur die gelösten Duftstoffe bemerkbar.

**Eigenschaften fettähnlicher Lösemittel.** Anders als Wasser sind die meisten anderen Lösemittel brennbar. Bei diesen Produkten findet man auf der Verpackung deshalb das Gefahrstoffsymbol mit der Flamme und dem Kennbuchstaben F für leichtentzündliche Stoffe. Beispiele sind neben Alleskleber auch Verdünner für Farben oder Pinselreiniger.

Als weiteres Gefahrstoffsymbol befindet sich oft auch ein Xn für gesundheitsschädlich und ein N für umweltgefährdend auf der Verpackung. Das Einatmen von Lösemitteldämpfen kann zu Gesundheitsschäden führen und die Lösemittel können auch Schäden in der Umwelt verursachen: Wenn sie in Gewässer gelangen, sind vor allem Kleinlebewesen gefährdet.

**Lösemittelersatz.** Der Einsatz gefährlicher Lösemittel ist seit einigen Jahren stark verringert worden. So findet man bei vielen Anstrichfarben den blauen Umweltengel auf dem Etikett mit dem Hinweis: „wasserverdünnbar". Die früher üblichen Anstrichfarben sind heute weitgehend durch wasserlösliche Stoffe ersetzt worden. Spezielle Verdünner und Pinselreiniger werden dann nicht mehr benötigt. Die Kennzeichnung eines flüssigen Vielzweckklebers als „lösemittelfrei" bedeutet, dass hier nur Wasser als Lösemittel verwendet wurde. Dabei scheint man nicht zu beachten, dass Wasser auch ein Lösemittel ist.

> Viele fettähnliche Stoffe lösen sich nicht in Wasser sondern in Lösemitteln wie Benzin. Solche Lösemittel sind meist brennbar und gesundheitsschädlich.

**1** Erkläre, warum Lösemittel wie Pinselreiniger nicht auf die Haut gelangen sollten. Überprüfe, ob auf den Gefäßen für solche Reiniger Sicherheitshinweise angegeben sind.
**2** Stelle fest, welche Lösemittel du bei euch zu Hause findest. Notiere, wofür sie verwendet werden.
**3** In der Autowaschanlage kann man nach der Autowäsche das Auto mit Wachs einsprühen lassen. Zum Entfernen des Wachses von den Scheiben wird ein spezielles Reinigungstuch mitgegeben. Erläutere, was in diesem Reinigungstuch enthalten sein muss.

# Lösen und Kristallisieren im Modell

**Exkurs**

*Vor dem Lösen*     *Ein Teil ist gelöst*     *Alles ist aufgelöst*

Die Vorgänge beim Lösen und beim Kristallisieren von Feststoffen kann man mit dem Teilchenmodell verdeutlichen. Als Beispiel kann das Gemisch aus Kandiszucker und Wasser betrachtet werden.

**Lösungsvorgang.** Wasser und Zucker bestehen aus unterschiedlichen kleinen Teilchen. Im Kandiszucker liegen alle Teilchen dicht nebeneinander und sind an ihre Plätze gebunden. Die Wasser-Teilchen dagegen können sich frei bewegen. Wird Kandiszucker in Wasser getaucht, so stoßen die Wasser-Teilchen mit den äußeren Zucker-Teilchen zusammen. Die gut beweglichen Wasser-Teilchen drängen sich auch zwischen die Zucker-Teilchen. Dadurch werden die Anziehungskräfte zwischen den Zucker-Teilchen geschwächt. Nach und nach können deshalb Zucker-Teilchen aus dem Kristall herausgelöst werden. Wenn das Wasser den Kandiszucker vollständig aufgelöst hat, verteilen sich die Zucker-Teilchen allmählich gleichmäßig zwischen den Wasser-Teilchen.

**Kristallisation.** Lässt man die Zucker-Lösung längere Zeit stehen, verdunstet das Wasser. Wenn sich eine gesättigte Lösung gebildet hat, entstehen bei weiterer Verdunstung erste Zuckerkristalle. Diese wachsen weiter, bis nach vollständigem Verdunsten des Wassers nur noch die Zuckerkristalle übrig bleiben.

Die Kristallisation entspricht weitgehend einer Umkehrung des Lösungsvorgangs. Beim Verdunsten verlassen einzelne Wasser-Teilchen die Oberfläche. Allmählich verringert sich die Anzahl der Wasser-Teilchen, die sich zwischen den Zucker-Teilchen befinden. Die Anziehungskräfte zwischen den Zucker-Teilchen machen sich immer stärker bemerkbar. Die Zucker-Teilchen ordnen sich wieder regelmäßig nebeneinander zu einem Kristall an.

**Mischen von Flüssigkeiten.** Wenn man 50 ml Wasser mit 50 ml Spiritus vermischt, so erwartet man als Ergebnis die Summe des Volumens beider Flüssigkeiten, also 100 ml Lösung. Tatsächlich erhält man aber ein geringeres Volumen. Eine Erklärung ergibt sich mithilfe eines **Modellversuchs:** Dabei dienen Erbsen und Senfkörner als Modelle für die kleinsten Teilchen von Spiritus und von Wasser. Mischt man 50 ml Erbsen mit 50 ml Senfkörnern, so bleibt das Gesamtvolumen deutlich unterhalb von 100 ml: Zwischen den Erbsen gibt es noch kleine Hohlräume. Ein Teil der Senfkörner füllt diese Hohlräume aus. Ähnlich ist es beim Mischen von Spiritus und Wasser: Die kleineren Wasser-Teilchen füllen zum Teil die Hohlräume zwischen den größeren Spiritus-Teilchen.

**1** Zeichne das Mischen von Spiritus und Wasser im Teilchenmodell.

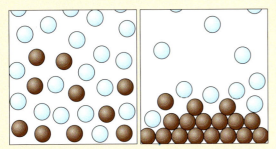

*Kristallisation von Zucker*

*Volumenänderung beim Vermischen*

Ohne Wasser läuft nichts **127**

## 9.9 Saure und alkalische Lösungen

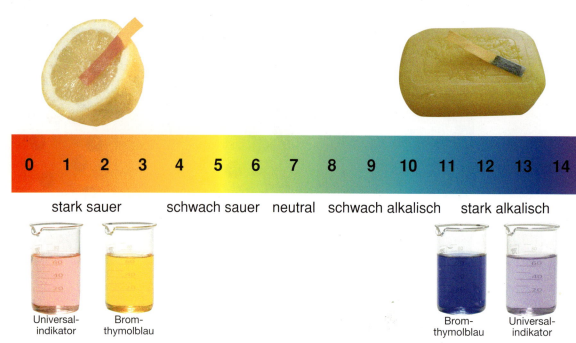

**pH-Skala und Indikatorfarbe**

Essig und Zitronensaft schmecken stark **sauer**. Hat man einmal zu viel Zitronensaft in den Tee geschüttet, gibt man Zucker hinzu, um den unangenehmen Säuregeschmack abzumildern. Der Tee schmeckt dann süß-sauer. Bei der Herstellung vieler Lebensmittel kommt man aber auch ganz ohne Zucker oder Süßstoff aus, wenn die Zutaten zu sauer sind: Man gibt Natronlauge oder Natron als *Säureregulatoren* hinzu. Die Lösungen dieser Stoffe bezeichnet man als **alkalisch**.

Lösungen, die weder sauer noch alkalisch sind, nennt man **neutral**. Beispiele dafür sind Trinkwasser, Kochsalzlösung und Zuckerlösung.

**Indikatoren.** Rotkohl wird hellrot, wenn man saure Äpfel oder Essig dazugibt. Eine Prise Natron färbt den Rotkohl blau. In reinem Wasser behält er seine ursprüngliche rotviolette Farbe. Auch zahlreiche andere Farbstoffe zeigen – ähnlich wie der Farbstoff des Rotkohls – in alkalischen Lösungen eine andere Färbung als in sauren Lösungen. Solche Farbstoffe bezeichnet man als *Indikatoren* (lat. *indicare*: anzeigen).

Im Labor wird besonders häufig eine Lösung von *Bromthymolblau* als Indikator eingesetzt. Alkalische Lösungen werden durch diesen Indikator-Farbstoff blau gefärbt, eine Gelbfärbung zeigt eine saure Lösung an, neutrale Lösungen sind grün.

*Universalindikatoren* enthalten ein Gemisch aus verschiedenen Indikatorstoffen. Universalindikatoren verwendet man im Labor als Lösung oder als Papier.

**Der pH-Wert.** Um deutlich zu machen, wie stark sauer oder alkalisch eine Lösung ist, gibt man den pH-Wert an. Die übliche pH-Skala reicht von 0 bis 14. Neutrale Lösungen haben einen pH-Wert von 7, saure Lösungen einen pH-Wert kleiner als 7, alkalische Lösungen haben einen pH-Wert größer als 7.

> Indikatoren zeigen durch Farbänderungen an, ob saure, neutrale oder alkalische Lösungen vorliegen.
> Der pH-Wert gibt an, wie stark sauer oder alkalisch eine Lösung ist. Der pH-Wert 7 kennzeichnet neutrale Lösungen.

**1** Erkläre den Begriff *Indikator* an einem selbst gewählten Beispiel. Nenne ein weiteres Beispiel für einen Indikator aus dem Alltag.
**2** Erkläre, was man unter dem pH-Wert versteht.
**3** Der pH-Wert von Kaffee ist 5, der von Seewasser ist etwa 8. Ordne den Lösungen die Begriffe sauer und alkalisch zu.
**4** Nenne Vorteile, die ein Universalindikator gegenüber dem Indikator Bromthymolblau bietet.
**5** Übersäuerte Seen werden mit Kalk versetzt. Erläutere dieses Verfahren.

# Saure und alkalische Lösungen

**Praktikum**

## V1: Der Radieschenindikator

*Materialien:* Becherglas (100 ml), kleiner Trichter, Filtrierpapier, Tropfflasche (50 ml), Küchenmesser;
5 große Radieschen, Propanol (Xi, F) oder Brennspiritus (F), Salzsäure (verd.), Haushaltsessig, Mineralwasser (kohlensäurehaltig), Leitungswasser, wässrige Lösung von Natriumhydrogencarbonat (Natron), Natronlauge (verd.; C), Universalindikator-Lösung.

*Durchführung:*
1. Schäle die Radieschen so dünn wie möglich und gib die Schalen in das Becherglas.
2. Gieße so viel Propanol (oder Brennspiritus) in das Becherglas, dass die Schalen gerade bedeckt sind, und lass die Mischung dann mindestens 15 Minuten lang stehen.
3. Filtriere die Farbstofflösung in die Tropfflasche.
4. Fülle in je ein Reagenzglas etwa 2 cm hoch Salzsäure, Essig, Mineralwasser, Leitungswasser, Natriumhydrogencarbonat-Lösung und Natronlauge.
5. Gib in jedes Reagenzglas etwa 10 Tropfen des Radieschenindikators und vergleiche die Farben.
6. Wiederhole Arbeitsschritt 4 und bestimme den pH-Wert der Lösungen mit Universalindikator.

*Aufgaben:*
a) Notiere deine Beobachtungen bei der Herstellung des Radieschenindikators.
b) Gib an, welche Farben der Radieschenindikator in den einzelnen Lösungen annimmt.
c) Ordne den Farben einen pH-Wert zu.

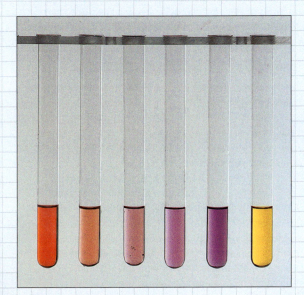

## V2: Saure und alkalische Lösungen im Haushalt

*Materialien:* Tropfpipette;
Kochsalz, Essig, Zitronensaft, Rhabarbersaft, Buttermilch, Waschpulver, Haushaltsreiniger, Entkalker, Jogurt, Sauerkraut, Natron, Abflussreiniger (C), Bromthymolblau.

*Durchführung:*
1. Gib jeweils eine kleine Probe in ein Reagenzglas mit 5 ml Wasser und schüttle vorsichtig um.
2. Tropfe in jedes Reagenzglas Bromthymolblau-Lösung und schüttle.

*Aufgabe:* Notiere deine Ergebnisse in Form einer Tabelle.

## V3: Saure und alkalische Lösungen im Wettstreit

*Materialien:* 2 Tropfpipetten;
Essigsäure (5 %), Kalkwasser, Bromthymolblau.

*Durchführung:*
1. Fülle 1 ml Essigsäure in ein Reagenzglas. Gib einige Tropfen Bromthymolblau-Lösung hinzu und schüttle.
2. Füge tropfenweise Kalkwasser hinzu und schüttle nach jeder Zugabe.
3. Gib zu 2 ml Kalkwasser etwas Bromthymolblau-Lösung und tropfe nach und nach Essigsäure zu.

*Aufgabe:* Notiere und erkläre deine Beobachtungen.

## V4: Oxide bilden saure und alkalische Lösungen

*Materialien:* Trinkhalm, Tropfpipette;
Universalindikator-Lösung, Phosphorpentoxid (C; B1), Calciumoxid (Xi; B1), Magnesiumoxid.

*Durchführung:*
1. Gib in drei Reagenzgläser jeweils eine Spatelspitze eines Feststoffes.
2. Füge jeweils 5 ml Wasser hinzu und schüttle.
3. Gib einen Tropfen Universalindikator hinzu.
4. Gib in das 4. Reagenzglas ebenfalls 5 ml Wasser, einige Tropfen Universalindikator und blase ausgeatmete Luft in die Lösung.

*Aufgabe:* Notiere deine Beobachtungen.

## 9.10 Wasser = Wasserstoffoxid

*Wasserdampf reagiert mit Magnesium*

*Synthese von Wasser*

Im Altertum zählten griechische Philosophen Wasser zu den vier Elementen. Noch heute sprechen wir vom Wasser als dem „nassen Element". Ob Wasser auch im chemischen Sinne ein Element ist, zeigt ein einfaches Experiment.

**Analyse des Wassers.** Leitet man Wasserdampf über erhitztes Magnesium, so glüht das Metall auf und reagiert zu weißem Magnesiumoxid. Gleichzeitig bildet sich ein farbloses, brennbares Gas mit sehr geringer Dichte. Dieses Gas ist das Element **Wasserstoff**. Das Reaktionsschema für diese Reaktion lautet:

Wasser + Magnesium ⟶
    Wasserstoff + Magnesiumoxid;  exotherm

Wasser ist also chemisch zerlegbar und somit kein Element, sondern eine Verbindung aus den Elementen Wasserstoff und Sauerstoff, also ein Oxid. Die chemisch korrekte Bezeichnung für Wasser wäre somit **Wasserstoffoxid**.

Für das Element Wasserstoff verwendet man das Symbol H (gr. *Hydrogenium:* Wasserbildner). Wasserstoff ist das Gas mit der geringsten Dichte: Erst 14 Liter wiegen soviel wie ein Liter Luft. Trotz seiner Brennbarkeit verwendete man Wasserstoff daher lange Zeit als Ballonfüllung.

**Synthese von Wasser.** Wasserstoff verbrennt an der Luft oder in Sauerstoff mit einer farblosen Flamme. Lässt man das Verbrennungsgas abkühlen, so kondensiert es als eine farblose und geruchlose Flüssigkeit, die als Wasser nachgewiesen werden kann. Die Synthese aus den Elementen Wasserstoff und Sauerstoff bestätigt damit das Ergebnis der Analyse des Wassers.

Wasserstoff + Sauerstoff ⟶ Wasser;  exotherm

Wasserstoff verbrennt mit reinem Sauerstoff mit einer sehr heißen Flamme. Man verwendet daher Wasserstoff/Sauerstoff-Brenner zum Schweißen und zum Schneiden schwer schmelzbarer Metalle sowie für die Bearbeitung von Glas.

**Elektrolyse von Wasser.** Wasser kann auch mithilfe von Gleichstrom zerlegt werden. Dazu werden dem Wasser Salze beigemischt, um die elektrische Leitfähigkeit zu erhöhen. Dann taucht man 2 Metallstäbe in die Lösung und legt eine Gleichspannung an. An einem Pol bildet sich das Element Wasserstoff, am anderen Pol das Element Sauerstoff.
Diese elektrische Wasserzerlegung bezeichnet man auch als Elektrolyse des Wassers. Sie ist die Umkehrung der Synthese des Wassers aus den Elementen.

Wasser ⟶ Wasserstoff + Sauerstoff;  endotherm

> Wasser ist eine Verbindung aus den Elementen Wasserstoff und Sauerstoff. Wasser kann in diese Elemente zerlegt und aus diesen Elementen synthetisiert werden.

**1** Erläutere, weshalb Wasser im heutigen Sinne kein chemisches Element ist.
**2** Wasserstoff reagiert mit Sauerstoff zu Wasser.
**a)** Benenne diese Reaktion
**b)** Leite her, warum man Wasser auch als Wasserstoffoxid bezeichnen könnte.
**3** Erkläre am Beispiel Wasser den Begriff *Synthese*.
**4** Erläutere, warum die Zerlegung von Wasser und die Synthese umkehrbare Reaktionen darstellen.
**5** Entwirf eine Apparatur zur Elektrolyse von Wasser. Zeichne das Schaltbild und den Versuchsaufbau.
**6** Beschreibe dein Vorgehen, wenn du ein Reagenzglas ohne weitere Hilfsmittel mit Wasserstoff füllen willst. Gib an, welche Schwierigkeit dabei auftreten kann.

## 9.11 Wasserstoff in Labor und Technik

Leitet man ein Wasserstoff/Sauerstoff-Gemisch in eine Seifen-Lösung, so kann man die Seifenblasen mit einem brennenden Holzspan entzünden. Sie explodieren mit lautem Knall. Ein solches Gasgemisch wird daher auch als **Knallgas** bezeichnet. Reiner Wasserstoff brennt dagegen ruhig ab: Hält man eine brennende Kerze an die Öffnung eines mit Wasserstoff gefüllten Glaszylinders, entzündet sich das Gas und verbrennt mit kaum sichtbarer Flamme.

Führt man die Kerze weiter in den Zylinder ein, so erlischt sie. Zieht man die Kerze wieder langsam heraus, entzündet sie sich erneut an der Flammenfront des brennenden Wasserstoffs. Wasserstoff ist also brennbar, unterhält aber die Verbrennung nicht.

### Steckbrief: Wasserstoff

hoch entzündlich

| | |
|---|---|
| R 12 | Hoch entzündlich |
| S 9 | Behälter an einem gut gelüfteten Ort aufbewahren |
| S 16 | Von Zündquellen fernhalten – nicht rauchen |
| S 33 | Maßnahmen gegen elektrostatische Aufladung treffen |

*Eigenschaften:*
– farbloses, geruchloses Gas
– Dichte: $0{,}084 \frac{g}{l}$ (bei 20 °C und 1013 hPa)
– Schmelztemperatur: −259 °C
– Siedetemperatur: −253 °C
– brennbares Gas, unterhält nicht die Verbrennung
– bildet explosives Gemisch mit Sauerstoff (Knallgas)

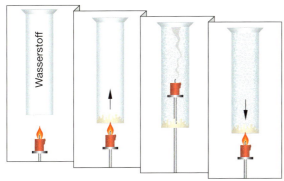

**Knallgasprobe.** Bei Reaktionen mit Wasserstoff muss man unbedingt prüfen, ob die Apparatur frei von Sauerstoff ist. Dazu führt man die Knallgasprobe durch: Man fängt eine Gasprobe in einem Reagenzglas auf und entzündet sie an der Öffnung des Reagenzglases. Enthält die Gasprobe noch Sauerstoff, entsteht ein pfeifendes Geräusch.

**Wasserstoff im Labor.** Die Reaktion von Salzsäure mit einem Metall wie Zink ist die gebräuchlichste Methode, um Wasserstoff in kleinen Mengen herzustellen: Man tropft Salzsäure auf Zinkgranalien und fängt das entstehende Gas auf. Will man einen gleichmäßigen Wasserstoffstrom erzeugen, verwendet man eine Gasdruckflasche mit Wasserstoff. Der auffällig rote Anstrich weist darauf hin, dass sie ein brennbares Gas enthält.

Die Knallgasprobe ist ein Nachweis für Wasserstoff. Wasserstoff bildet mit Sauerstoff ein explosives Gemisch. Reiner Wasserstoff brennt ruhig ab.

**1** Erkläre, warum eine brennende Kerze in Wasserstoffgas erlischt.

---

### Wasserstoff — Praktikum

**V1: Darstellung und Nachweis von Wasserstoff**

**Materialien:** Reagenzglas mit seitlichem Ansatz, Schlauch, Gasableitungsrohrstopfen, Stopfen mit Kanüle und Einwegspritze (5 ml), pneumatische Wanne, Gasbrenner; Zink-Granalien (F), Salzsäure (verd.).

**Durchführung:**
1. Baue die Apparatur wie im Bild auf und gib mit der Einwegspritze langsam verdünnte Salzsäure zu einigen Zink-Granalien.
2. Warte etwas und fange dann das entstehende Gas in zwei Reagenzgläsern auf. Verschließe sie sofort unter Wasser mit einem Stopfen.
3. Führe mit beiden Reagenzgläsern die Knallgasprobe durch und beobachte genau.

**Aufgaben:**
a) Notiere deine Beobachtungen.
b) Gib die wichtigsten Eigenschaften des entstehenden Gases an.
c) Erkläre, warum du das Gas nicht sofort auffangend solltest.
d) Begründe, wieso bei Reaktionen mit Wasserstoff eine Knallgasprobe durchzuführen ist.

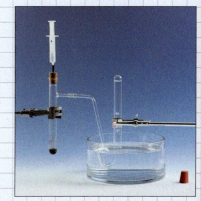

Ohne Wasser läuft nichts

**Exkurs**

## Wasserstoff-Technologie

**Gewinnung.** Wasserstoff kommt auf der Erde nicht als Element vor. Er muss erst unter hohem Energieaufwand aus Wasserstoff-Verbindungen wie Erdgas oder Benzin oder durch die Zerlegung von Wasser hergestellt werden.
Die elektrische Energie für diese Reaktionen könnte man aus Sonnen-, Wind- und Wasserenergie gewinnen. Die Verwendung von Wasserstoff in großem Maßstab scheiterte bisher jedoch an den hohen Kosten für die Herstellung.

**Speicherung und Transport.** Wasserstoff kann als Gas in Druckbehältern oder in verflüssigter Form in Stahlbehältern aufbewahrt werden. Um Wasserstoff-Gas zu verflüssigen, muss es unter Druck auf −240 °C abgekühlt werden. Wasserstoff wird über ein Pipeline-Netz oder in Drucktanks per Bahn, Lkw oder Schiff transportiert.

**Anwendung.** Wasserstoff ist ein umweltfreundlicher Treibstoff für alle Fahrzeuge. Statt schädlicher Abgase bildet sich lediglich Wasserdampf. Wasserstoff kann auf verschiedene Weise als Treibstoff verwendet werden:
Auf den Straßen fahren bereits Versuchsautos mit *Wasserstoff-Motoren*, in denen Wasserstoff an Stelle von Benzin verbrannt wird. Die ersten Wasserstoff-Tankstellen sind auch schon eröffnet. Probleme bereitet jedoch noch die Größe der Tanks.
Eine zweite Art von Fahrzeugen hat einen Elektromotor als Antrieb. Der Strom wird in *Brennstoffzellen* erzeugt. Sie wandeln die Energie, die bei der Reaktion von Wasserstoff mit Sauerstoff frei gesetzt wird, direkt in elektrische Energie um. Getankt wird meist ein flüssiger Kraftstoff. Eine kleine chemische Fabrik an Bord des Fahrzeugs spaltet daraus den Wasserstoff ab.

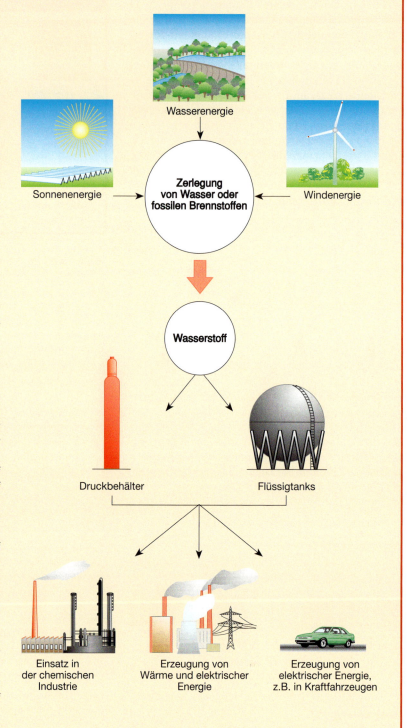

**1** Fasse die verschiedenen Möglichkeiten der Gewinnung von Wasserstoff zusammen.

**2** Führt ein Rollenspiel zum Thema „Vorteile und Nachteile der Wasserstofftechnologie" durch.

# Ohne Wasser läuft nichts

**Basiswissen**

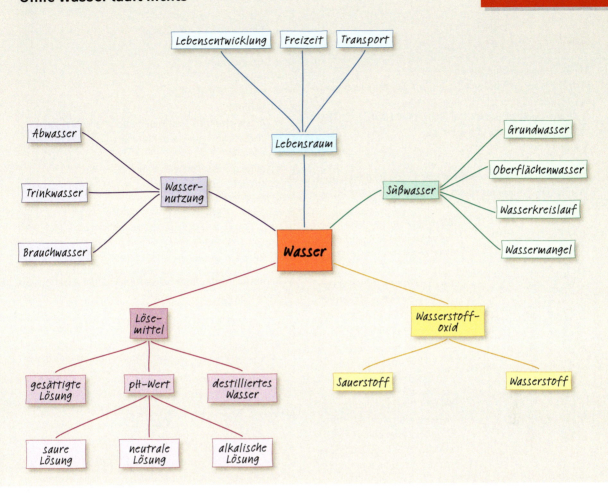

## Wasser – eine begehrte Ressource

**Chemie in unserer Welt**

Wasser ist ein wichtiger Stoff im täglichen Leben. Sein Vorkommen scheint uns sehr oft unbegrenzt. Tatsächlich ist Wasser aber ein knappes Gut. Durch den natürlichen Wasserkreislauf und durch technische Kreisläufe können die begrenzten Vorräte immer wieder genutzt werden.

**Wasserüberwachung.** Die Überwachung der Wasserqualität ist eine wichtige Aufgabe der Chemie. Chemiker und Laboranten untersuchen regelmäßig unser Trinkwasser, aber auch das Wasser in Schwimmbädern und Badeseen. Chemiker haben die Nachweisreaktionen für die Wasserinhaltsstoffe entdeckt und daraus verlässliche Analyseverfahren entwickelt. Im Alltag stehen uns solche Verfahren als Teststäbchen zur Verfügung um etwa die Wasserhärte im Trinkwasser zu bestimmen.

Die Reinheit von Trinkwasser wird mit chemischen Verfahren überprüft und zur Reinigung werden chemische Verfahren herangezogen. Gleiches gilt bei der Abwasserreinigung im Klärwerk. Für diese Prozesse sind die Kenntnisse über das Lösemittel Wasser wichtig.

**Wasserstofftechnologie.** Eine spannende Frage war über Jahrtausende das Problem, ob Wasser ein Element oder eine Verbindung ist. Da Wasser in Wasserstoff und Sauerstoff zu zerlegen ist, muss Wasser als Wasserstoffoxid eine Verbindung sein. Der bei der Zerlegung von Wasser entstehende Wasserstoff wird der als wichtiger Energieträger für die Zukunft angesehen, da bei der Verbrennung keine Schadstoffe entstehen. Die aktuelle chemische Forschung sucht Lösungen für die sichere Speicherung von Wasserstoff.

# Prüfe dein Wissen

## Quiz

**A1 a)** Erkläre die Begriffe des Fensters.
**b)** Notiere auf der Vorderseite von Karteikarten den Begriff, auf der Rückseite die Erklärung.
**c)** Ordne die Begriffe den Basiskonzepten „Materie", „chemische Reaktion" und „Energie" zu.
Begründe deine Zuordnung.

**A2** Beschreibe den Kreislauf des Wassers, beginne dabei an einer gut geeigneten Stelle.

**Die wichtigsten Begriffe**
- Lebensraum Wasser
- Süßwasser und Salzwasser
- Kreislauf des Wassers
- Grundwasser
- Trinkwasser
- Trinkwassergewinnung
- Uferfiltrat
- Wassergebrauch und Wassernutzung
- Abwasserreinigung und Kläranlage
- Lösemittel
- saure und alkalische Lösungen
- pH-Wert
- Wasserstoff
- Knallgasprobe

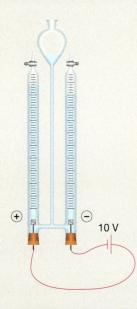

**A3** Nenne einige Beispiele, an denen deutlich wird, dass Wasser lebenswichtig ist.

**A4** Beschreibe deine Vorgehensweise, wenn du prüfen sollst, ob eine Lösung sauer, alkalisch oder neutral ist.

**A5** Nenne weitere wichtige Lösemittel neben Wasser.

**A6** Bei der Zerlegung von Wasser durch elektrischen Strom im abgebildeten HOFMANNschen Zersetzungsapparat entstehen zwei Gase. Gib an, um welche Gase es sich handelt und wie man sie nachweisen kann.

**A7** Erläutere am Beispiel Wasserstoff den Begriff „Energieträger". Gib an, welche Vorteile und Nachteile Wasserstoff als Energieträger bietet.

## Know-how

**A8** Wasser ist ein gutes Lösemittel für viele Stoffe. Beschreibe je ein Experiment, mit dem man beweisen kann, dass im Mineralwasser folgende Stoffe gelöst sind:
a) Feststoffe
b) Gase.

**A9** Wenn in einer Apparatur vor dem Erhitzen neben Wasserstoff noch Luft oder Sauerstoff vermutet wird, führt man die Knallgasprobe durch.
a) Beschreibe, wie man dabei vorgeht.
b) Erkläre, was du aus der folgenden Beobachtung schließt: Die Probe brennt fast geräuschlos ab.

**A10** Formuliere das Reaktionsschema für die Reaktion von Zink mit Wasser.

**A11** Parfüme oder Rasierwasser enthalten oft Alkohol als Lösemittel.
Erkläre, weshalb man hier nicht Wasser als Lösemittel verwendet.

## Natur – Mensch – Technik

**A12** Sodbrennen ist die Folge eines übersäuerten Magens. Magentabletten gegen Sodbrennen enthalten Stoffe, die schwach alkalisch reagieren. Erkläre, wie solche Tabletten die Beschwerden beseitigen können.

**A13** Erstelle in Anlehnung an den Wasserkreislauf in der Natur einen Kreislauf für Brauchwasser.

**A14** Neben großen Industrieanlagen findet man häufig eine Ansammlung künstlich angelegter Teiche.
Nenne mögliche Gründe für die Anlage solcher Teiche.

134 Ohne Wasser läuft nichts

## Wissen vernetzt

### A1 Löslichkeit von Gasen

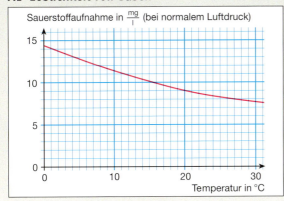

*Löslichkeit von Sauerstoff in Wasser*

**(SV) Fischsterben im Rekordsommer.** Deutschland liegt seit über zwei Wochen unter einer Hitzeglocke. Das heiße Wetter macht aber nicht nur den Menschen zu schaffen, sondern auch die Natur leidet unter der Hitze: So führten die anhaltend hohen Temperaturen zu einem massiven Fischsterben. Fischer mussten mehr als 2 000 tote Äschen aus dem Hochrhein bergen. Noch lebende, nach Luft schnappende Fische wurden mit Käschern eingefangen und in große belüftbare Wassertröge umgesetzt. Besonders dramatisch war die Situation in den Seitenarmen des Rheins. Unzählige Brassen, Rotaugen und Zander verendeten hier. Einzelne Seitenarme sind streckenweise ausgetrocknet und dadurch von der Wasserzufuhr durch den Rhein abgeschnitten. Wo der Wasserstand bei Normalbedingungen fast zwei Meter beträgt, sind jetzt nur noch bessere Pfützen von 20 bis 30 Zentimeter Tiefe übrig geblieben. Die Hitze hat diese Gewässer ausgezehrt.
Als Sofortmaßnahme ordneten die zuständigen Behörden in Bayern und in Baden-Württemberg an, einige Kraftwerke, die an größeren Flüssen liegen, vom Netz zu nehmen.

*a)* Erkläre die Ursachen des in der Zeitungsnotiz beschriebenen Fischsterbens.
*b)* Beschreibe und erläutere das Diagramm.
*c)* Begründe mithilfe des Diagramms, warum die hohen Temperaturen des Rekordsommers für das Fischsterben verantwortlich sind.
*d)* Um ein weiteres Fischsterben zu vermeiden, wird eine künstliche Belüftung von Teichen und Seen erwogen. Beurteile, welche Vor- und Nachteile eine solche Maßnahme hätte.
*e)* Die Wassertemperatur der Nordsee ist in den letzten 40 Jahren um etwa 1,1 Grad gestiegen. Im Laufe dieses Jahrhunderts ist mit einem weiteren Anstieg um 2 bis 4 Grad zu rechnen. Erläutere mögliche Konsequenzen.

### A2 Wassernotstand in Barcelona

*Wasserversorgung von Barcelona*

Im Sommer 2008 wurde in Zeitungen berichtet, dass Barcelona in absehbarer Zeit der Wassernotstand drohe. Der Wassermangel ist zum einen die Folge extrem geringer Niederschläge, der zur schlimmsten Dürre seit 60 Jahren führte. Zum anderen hat sich die Bevölkerung in den letzten 50 Jahren verdoppelt, der Wasserverbrauch aber sogar verdreifacht.
Dabei ist in Barcelona der private Wasserverbrauch nicht einmal besonders hoch. Der Pro-Kopf-Verbrauch liegt mit nur 110 Litern pro Tag deutlich niedriger als beispielsweise in Valencia, wo der Verbrauch bei 170 Litern liegt. Im internationalen Vergleich verbrauchen die Einwohner von New York oder Peking mit etwa 600 Litern pro Jahr sogar mehr als das Fünffache. Allerdings ist die Bewässerung in der Landwirtschaft im Großraum Barcelona wenig effizient: Der Wasserverbrauch für Bewässerung ist nahezu doppelt so hoch wie in Israel oder Marokko.
Hoteliers sehen erhebliche Probleme, für ihre Hotelanlagen weiterhin ausreichend Wasser zu haben oder ihre Grünanlagen zu bewässern. Wasserkraftwerke produzieren nur noch halb so viel Strom. Die Waldbrandgefahr nimmt auch im Winter zu. Diese Beobachtungen decken sich mit einer Studie des Umweltverbandes WWF. Diese Studie sagt voraus, dass große Teile der Mittelmeerländer in den nächsten 20 bis 30 Jahren immer trockener werden.
Bei dem akuten Wassermangel kämpfen die einzelnen Regionen um das knappe Wasser. Man diskutiert sogar die Möglichkeit, Flüsse umzuleiten. Die Frage, wem das Wasser gehört, ist auf einmal sehr aktuell.

*a)* Fasse die Ursachen des Wassermangels zusammen.
*b)* Recherchiere, ob du weitere Regionen mit ähnlichen Problemen findest.
*c)* Zur Lösung der Wasserprobleme sollen in Spanien Anlagen zur Meerwasserentsalzung gebaut werden. Informiere dich über die Funktion und Folgen dieses Verfahrens.

Ohne Wasser läuft nichts

# 10 Kupfer – ein wichtiges Gebrauchsmetall

Bereits vor über 9000 Jahren wurde Kupfer in gediegener Form als Werkstoff für die Herstellung von Schmuckstücken verwendet. Damit war es eines der ersten Gebrauchsmetalle in der Geschichte der Menschheit.

Vor etwa 6000 Jahren entwickelten die Ägypter Verfahren, um das Metall aus Erzen zu gewinnen. Der Name Kupfer leitet sich von einem Fundort der Erze ab (lat. *aes cyprium*: Erz aus Zypern).

Im weiteren Verlauf der Geschichte hat dann Eisen Kupfer in seiner Bedeutung als Werkstoff abgelöst. Aber obwohl Kupfer um ein Vielfaches teurer als Eisen ist, wird es auch heute noch in großen Mengen verwendet.

Zentrale Fragen:
- Welche Bedeutung hat Kupfer für unseren Alltag?
- Welche Eigenschaften haben Kupfer und Kupfer-Verbindungen?
- Wie kann man Kupfer mithilfe chemischer Reaktionen gewinnen?
- Wie viel Kupfer ist in Kupfer-Verbindungen enthalten?

## 10.1 Kupfer – ständiger Begleiter des Fortschritts

*Antike Gegenstände aus Bronze*

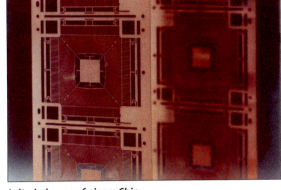

*Leiterbahnen auf einem Chip*

Jeder kennt das rötlich glänzende Metall und seine wichtigsten Anwendungsbereiche: Kupfer ist auch heute noch eines der wichtigsten Gebrauchsmetalle.

**Geschichte des Kupfers.** Seit dem Ende der Steinzeit wurde Kupfer wegen seines *metallischen Glanzes* und seiner guten *Verformbarkeit* vielfältig verwendet, zuerst vor allem als Schmuckmetall.
Mit der zunehmenden Beherrschung der Gewinnung von Kupfer aus *Erzen* wurde es möglich, das Metall in viel größeren Mengen bereitzustellen. So konnte ein großer Teil der vorher aus Stein gefertigten Werkzeuge ersetzt werden.

Später erwies sich eine *Legierung* (siehe hierzu auch Kapitel 3.2) aus Kupfer und Zinn als noch besser geeignet als reines Kupfer, da sie eine deutlich größere Härte aufweist. Bei dieser Legierung handelt es sich um *Bronze*. Der neue Werkstoff ermöglichte die Produktion von Waffen, die zu einer deutlichen militärischen Überlegenheit führten. Es entstanden Hochkulturen, deren Macht und Reichtum auf der Technik zur Herstellung von Bronze und auf dem Handel mit dem Metall beruhten. Die Herstellung von Bronze und ihr Gebrauch haben damit das Leben der Menschen in starkem Maße beeinflusst. Diese Epoche wird daher als *Bronzezeit* bezeichnet.

Trotz der günstigeren Eigenschaften von Bronze haben sich auch Anwendungen von reinem Kupfer erhalten. So wurden im Mittelalter Dächer bedeutender Bauten mit Kupfer belegt. Hier bot das Metall im Gegensatz zu den vorher verwendeten Holzdächern den Vorteil, der Brandgefahr in den Städten effektiv entgegenzuwirken. Auch die sehr gute *Beständigkeit* von Kupfer gegenüber Umwelteinflüssen machte es zu einem wichtigen Bauwerkstoff.

**Kupfer heute.** Auch heute noch verwendet man Kupfer im Baugewerbe: Es wird zu Rohren verarbeitet, die als Leitungen für Heizöl, Gas und auch Wasser genutzt werden. Nicht nur die gute *Verformbarkeit* macht Kupfer zu einem idealen Werkstoff für diese Anwendungen, sondern auch seine antibakterielle Wirkung. So ist selbst bei längeren Standzeiten von Trinkwasser in der Leitung sichergestellt, dass es nicht zur Ausbreitung von Krankheitserregern kommen kann.

Bei der Verwendung von Kupfer spielt neben dem Bausektor die Elektrotechnik die wichtigste Rolle. Hier wird Kupfer wegen seiner guten *elektrischen Leitfähigkeit* verwendet. Neben Silber ist Kupfer zwar nur der zweitbeste elektrische Leiter, dafür aber wesentlich preiswerter. Ohne Kupfer wäre die Produktion moderner Kommunikationsmittel wie Computern oder Mobilfunktelefonen nicht denkbar.

Darüber hinaus ist Kupfer ein *ausgezeichneter Wärmeleiter* und wird zur Herstellung von Töpfen und Pfannen verwendet. Es leitet die vom Herd abgegebene Wärme schnell weiter und hilft so, Energie zu sparen. Bevorzugt wird es zur Herstellung von Topfböden verwendet.

> Kupfer ist eines der ältesten Gebrauchsmetalle in der Menschheitsgeschichte. Es lässt sich leicht verarbeiten und leitet den elektrischen Strom und die Wärme sehr gut.

**1** Nenne Beispiele für die Verwendung von Kupfer und Bronze.
**2 a)** Recherchiere die Eigenschaften von Kupfer und erstelle einen Steckbrief. **b)** Bereite einen Kurzvortrag vor, in dem du die Eigenschaften präsentierst.

# Projekt: Untersuchung von Kupfer

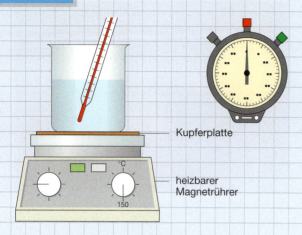

Kupferplatte

heizbarer Magnetrührer

### V1: Wärmeleitfähigkeit von Kupfer

**Materialien:** Heizplatte, Thermometer (bis 200 °C), Stoppuhr, Tiegelzange, Becherglas (100 ml);
Kupferplatte, Eisenplatte, Glasplatte (gleiche Abmessungen).

**Durchführung:**
1. Regle die Temperatur der Heizplatte auf etwa 150 °C ein. Kontrolliere die Temperatur mit dem Thermometer.
2. Wenn die Temperatur sich nicht mehr ändert, wird das Kupferblech mittig auf die Heizplatte gelegt und ein Becherglas mit 100 ml Wasser darauf gestellt.
3. Starte die Stoppuhr und miss die Wassertemperatur so lange, bis sie 50 °C erreicht. Lies dann die Stoppuhr ab.
4. Wiederhole das Experiment mit den anderen Platten.

*Aufgaben:*
a) Notiere deine Beobachtungen.
b) Begründe, weshalb die Böden moderner Töpfe und Pfannen aus Kupfer bestehen.

### V2: Experimentelle Hausaufgabe: Kupfer unter Umwelteinflüssen

**Materialien:** Stahlwolle, Gläser oder Kunststoffbecher, Klebeband;
mehrere Kupferblechstreifen, Essig, Salz, Abflussreiniger
*Hinweis:* Beachte die Sicherheitshinweise des Herstellers.

**Durchführung:**
1. Poliere alle Kupferblechstreifen vor dem Experiment mit der Stahlwolle, um eine frische Kupferoberfläche zu erhalten.
2. Klebe einen Teil jedes Kupferblechstreifens mit Klebeband ab. Dieses Stück dient dir später als Vergleichsfläche.
3. Lege einen Kupferblechstreifen an einen sehr trockenen Ort (Heizungsraum) und einen zweiten an einen sehr feuchten Ort (Badezimmer).
4. Fülle in ein Glas je 100 ml Leitungswasser, Salzwasser, Essig und Lösung von wenigen Körnern Abflussreiniger in Wasser. Gib je einen Streifen Kupferblech in die Flüssigkeit.

*Aufgaben:*
a) Notiere präzise die Bedingungen, die bei deinen Versuchen geherrscht haben.
b) Protokolliere zunächst deine Beobachtungen für eine Woche täglich und dann für einen Monat wöchentlich.
c) Gib an, unter welchen Bedingungen Kupfer angegriffen wird und wann es keine Reaktion zeigt.
d) Hast du Ideen für weitere Experimente? Führe diese Experimente durch und protokolliere sie.
e) Stelle die Ergebnisse deiner Untersuchungen im Unterricht vor.

*Hinweis:* Nicht immer ergibt sich bei den Experimenten gleich eine deutliche Veränderung. Du solltest daher die Geduld aufbringen, deine Beobachtungen über mehrere Tage zu notieren und auch kleinste Veränderungen festhalten.

### V3: Experimentelle Hausaufgabe: Frischhalten von Schnittblumen

Als Ratschlag für die richtige Behandlung von Schnittblumen wird häufig angeführt, dass man ein Stück Kupfer mit in das Blumenwasser geben soll.

*Aufgaben:*
a) Entwickle Experimente, mit denen überprüft werden kann, ob der Ratschlag wirklich wirksam ist.
b) Führe die Experimente durch und beschreibe deine Beobachtungen.
c) Erkläre den theoretischen Hintergrund des Ratschlags.
d) Recherchiere, welche anderen Möglichkeiten zur Verbesserung der Haltbarkeit von Schnittblumen es gibt. Erstelle dazu eine Übersicht.
e) Bereite einen Kurzvortrag mit deinen Ergebnissen vor.

138 Kupfer – ein wichtiges Gebrauchsmetall

## 10.2 Silber und Gold ☆

*Silberglanz und Kupfersilberglanz*

*Goldkristall und Goldnugget*

Neben Kupfer zählen Silber und Gold zu den Metallen, die bereits seit Jahrtausenden verwendet werden. Bei allen drei Metallen handelt es sich um Edelmetalle. Silber und Gold kommen in der Natur jedoch viel seltener vor; daher sind sie deutlich wertvoller. So kostet ein Kilogramm Kupfer etwa 5 Euro und ein Kilogramm Silber rund 380 Euro. Ein Kilogramm Gold hat dagegen einen Wert von 20 000 Euro.

**Silber.** Bereits vor 7000 Jahren wurde elementares Silber für Schmuckstücke oder als Zahlungsmittel verwendet. Das Metall kommt in der Natur elementar vor, meist ist es jedoch an Schwefel gebunden. Solche natürlich vorkommenden Verbindungen bezeichnet man als **Mineralien**. Haben sie einen besonders hohen Metallgehalt, spricht man von **Erzen**. Zu den wichtigsten Silber-Erzen gehören Silberglanz und Kupfersilberglanz. Die bedeutendsten Lagerstätten für Silbererze befinden sich in Peru, Mexiko und Australien.

Silber hat die beste elektrische Leitfähigkeit aller Metalle. Daher wird es in Elektronik und Elektrotechnik in Hightech-Anwendungen eingesetzt, bei denen die Materialkosten keine Rolle spielen.
Im polierten Zustand spiegelt Silber besonders stark; deshalb wird es als dünne Beschichtung in Christbaumkugeln und Spiegeln verwendet. Die keimtötende Eigenschaft von Silber wird neuerdings bei der Produktion medizinischer Geräte und Textilien genutzt. Hier wirkt das verarbeitete Metall praktisch als Dauerdesinfektionsmittel.

Silber ist gegenüber Umwelteinflüssen relativ beständig, es ist allerdings unedler als Gold. Im Kontakt mit Schwefel oder Schwefelverbindungen überzieht sich Silber jedoch mit einem dünnen, schwarzen Belag aus Silbersulfid. Man sagt: Silber läuft an.

**Gold.** In nahezu allen Kulturen spielte Gold eine besondere Rolle. Die ältesten archäologischen Funde stammen aus dem 6. Jahrtausend vor Christus.
Gold verdankt seine Sonderstellung seinen besonderen Eigenschaften: es hat eine auffallend gelbe Farbe, es ist weich und daher leicht zu verarbeiten und es ist äußerst beständig gegenüber Umwelteinflüssen. Es verliert daher auf Dauer kaum an Glanz. Seine chemische Beständigkeit ist auch die Ursache dafür, dass das Metall in der Natur vor allem elementar vorkommt.

Gold wurde früher bei den Staatsbanken in großen Mengen gelagert; es diente als Währungsreserve. Auch heute gilt es als sichere Geldanlage. Im Wesentlichen wird Gold für die Produktion von Schmuck verwendet. Ein weiteres Anwendungsgebiet ist die Zahntechnik, in der Goldlegierungen zu langlebigen Zahnfüllungen verarbeitet werden.

> Silber und Gold sind Edelmetalle. Sie kommen in der Natur daher elementar vor. Sie werden vor allem in der Schmuckindustrie verwendet.

**1** Erläutere, weshalb Gold in der Natur zumeist gediegen vorkommt und Silber hingegen nicht.
**2** Beschreibe, für welche Zwecke Silber und Gold heute verwendet wird.
**3** Erstelle mithilfe deines Atlas eine Tabelle, in der du die wichtigsten Lieferanten für Silbererze und Gold auflistest. Lies die zugehörigen Fördermengen aus den Karten ab.
**4** Recherchiere die Eigenschaften von Silber und Gold und erstelle Steckbriefe. Bereite einen Kurzvortrag vor, in dem du die Eigenschaften der Metalle präsentierst.
**5** Erkläre, was man unter dem Begriff *gediegen* versteht.
**6** Suche fünf Begriffe aus der alltäglichen Sprache, die sich auf Edelmetalle beziehen.

Kupfer – ein wichtiges Gebrauchsmetall **139**

## Exkurs: Kupfergewinnung heute

Bereits in der Antike wurde Kupfer aus Kupfererzen gewonnen. Damals verwendete man dazu Erze, die Kupferoxid enthielten. In einfachen Öfen wurde das Erz mit Holzkohle umgesetzt.
Nach dem Entzünden der Kohle setzt eine exotherme Reaktion ein, bei der sich Kupfer und Kohlenstoffdioxid bilden. Das Kupfer sammelte sich bei diesem Verfahren im unteren Teil des Ofens.

**Kupfergewinnung heute.** Die heute wichtigsten Kupfererze sind Kupferglanz und Kupferkies. In ihnen ist Kupfer an Schwefel beziehungsweise an Schwefel und Eisen gebunden.

Weil das Metall heute so wertvoll ist, gelten Erzlagerstätten mit einem Kupferanteil von bis hinunter zu 0,3 % als abbauwürdig. Damit ein solches Erz weiterverarbeitet werden kann, muss zunächst das taube Gestein abgetrennt werden, in dem kein Kupfer enthalten ist. Dazu wird das Erz gemahlen und das erhaltene Gesteinsmehl in Wasser aufgeschlämmt.
Dann wird in diese Suspension Luft eingeblasen. Die Kupferminerale bleiben dabei an den Luftbläschen haften und steigen nach oben. In weiteren Arbeitsschritten werden sie von der Suspension getrennt und anschließend getrocknet. Durch diese *Erzaufbereitung* erhält man ein Konzentrat mit einem Anteil von bis zu 50 % Kupfer.

Bei der nun folgenden *Verhüttung* wird das Konzentrat mit Zusatzstoffen versetzt und in einen Ofen eingebracht. Durch Einblasen von Luft und Sauerstoff wird zunächst das im Erz enthaltene Eisen oxidiert. Das entstehende Eisenoxid wird in eine Schlacke umgewandelt, die sich leicht abgießen lässt. Zurück bleibt zunächst geschmolzenes Kupfersulfid. Durch weiteres Einblasen von Luft bilden sich schließlich Kupfer und gasförmiges Schwefeldioxid.

Das so erhaltene Rohkupfer hat einen Kupfergehalt von 98 % bis 99 %. Es enthält Verunreinigungen von Eisen und Zink, aber auch Edelmetalle wie Silber, Gold und Platin sind enthalten.

Für viele Anwendungen ist das gewonnene Rohkupfer aber nicht rein genug. Bei der folgenden Reinigung, der so genannten *Raffination,* werden Verunreinigungen mithilfe von elektrischem Strom weitgehend abgetrennt. Man erhält Reinstkupfer mit einem Reinheitsgrad von 99,99 %. Als begehrte Nebenprodukte fallen dabei Edelmetalle an.

**Kupferrecycling.** Der Wiederverwertung von Werkstoffen wie Kupfer kommt heute eine immer größere Bedeutung zu. Zum einen werden dabei Rohstoffe geschont und zum anderen kann Energie eingespart werden, die bei der Verhüttung von Kupfererzen aufgebracht werden müsste.
Kupferschrott ist deshalb heute eine besonders wichtige Rohstoffquelle für die Gewinnung von Reinstkupfer. Er ist für die Aufreinigung auf elektrischem Wege bestens geeignet. Deshalb wird die Wiederverwertung von Kupferschrott auch als größte und wirtschaftlichste Kupfermine der Welt bezeichnet. Auf diese Art und Weise wird Kupfer in den Produktkreislauf zurückgeführt.

**1** Erstelle ein Fließschema für den Produktionsprozess von Kupfer.
**2** In der größten Kupfermine der Welt in Chuquicamata (Chile) werden 180 000 Tonnen Erz pro Tag gefördert. Das Erz hat einen durchschnittlichen Kupfergehalt von 1,5 %. Berechne, wie viel Tonnen Kupfer pro Tag gewonnen werden.
**3** Recherchiere, zu welchen Zwecken in Deutschland Kupfer verwendet wird. Erstelle dazu ein Tortendiagramm.

## 10.3 Vom Metalloxid zum Metall – eine Reduktion

Gold kommt vor allem elementar vor; es wird durch die Auswaschung des Metalls aus Gestein gewonnen. Bei Silber und Kupfer kann dieses Verfahren nicht angewendet werden, weil die Metalle in der Natur meist als Verbindungen vorliegen. Mithilfe chemischer Reaktionen lassen sich solche Verbindungen jedoch spalten.

**Reduktion.** Erhitzt man eine Probe Silberoxid, so kann man die Bildung eines metallisch glänzenden Feststoffs beobachten. Gleichzeitig entweicht ein Gas, in dem ein glimmender Holzspan aufflammt. Silberoxid wird bei dieser Reaktion in die Elemente Silber und Sauerstoff gespalten. Eine chemische Reaktion, bei der aus einem Oxid Sauerstoff abgespalten wird, bezeichnet man als *Reduktion* (lat. *reducere:* zurückführen). Die Reduktion ist die Umkehrung der *Oxidation*.

Silberoxid ⟶ Silber + Sauerstoff;  endotherm

**Redoxreaktion.** Aus Kupferoxid lässt sich Sauerstoff nicht einfach durch Erhitzen abspalten, weil er fest an Kupfer gebunden ist. Mit einem geeigneten Reaktionspartner kann man jedoch Kupferoxid den Sauerstoff entziehen und so elementares Kupfer gewinnen. Diese Reaktion ist mit Kohlenstoff möglich: Vermischt man Holzkohle-Pulver und Kupferoxid und erhitzt das Gemisch im Reagenzglas, so beobachtet man die Bildung von Kupfer und von Kohlenstoffdioxid.

Kupferoxid wird dabei zu Kupfer reduziert. Bei der Reaktion nimmt der Kohlenstoff den Sauerstoff auf; er wird zu Kohlenstoffdioxid oxidiert. Zusammenfassend spricht man von einer *Redoxreaktion*. Die Silbe *Red* deutet auf den Reduktionsvorgang hin, die Silbe *Ox* auf den Oxidationsvorgang. In einer Redoxreaktion laufen Reduktion und Oxidation also gleichzeitig ab.

*Redoxreaktion von Kupferoxid mit Kohlenstoff*

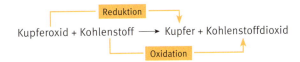

**Oxidationsmittel und Reduktionsmittel.** Stoffe wie Kupferoxid, die Sauerstoff an andere Stoffe abgeben, werden als *Oxidationsmittel* bezeichnet. Stoffe wie Kohlenstoff, die ihren Reaktionspartnern Sauerstoff entziehen, bezeichnet man als *Reduktionsmittel*.

> Eine chemische Reaktion, bei der einem Oxid Sauerstoff entzogen wird, nennt man Reduktion. In einer Redoxreaktion laufen Oxidation und Reduktion gleichzeitig ab.

**1** Erläutere, wie das gasförmige Reaktionsprodukt bei der Spaltung von Silberoxid eindeutig nachgewiesen werden kann.
**2** Formuliere das Reaktionsschema für die Oxidation von Silber mit Sauerstoff.

---

### Die Redoxreaktion im Teilchenmodell   **Theorie**

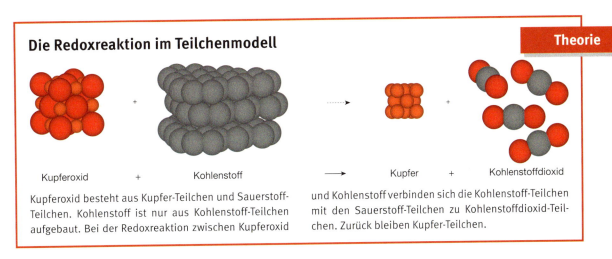

Kupferoxid besteht aus Kupfer-Teilchen und Sauerstoff-Teilchen. Kohlenstoff ist nur aus Kohlenstoff-Teilchen aufgebaut. Bei der Redoxreaktion zwischen Kupferoxid und Kohlenstoff verbinden sich die Kohlenstoff-Teilchen mit den Sauerstoff-Teilchen zu Kohlenstoffdioxid-Teilchen. Zurück bleiben Kupfer-Teilchen.

Kupfer – ein wichtiges Gebrauchsmetall **141**

## 10.4 Wie viel Kupfer ist im Kupferoxid?

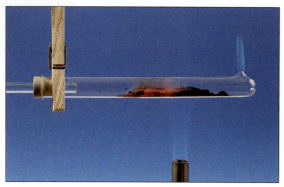

*Gewinnung von Kupfer*

| Verbindung | Massenverhältnis (gerundet) |
|---|---|
| schwarzes Kupferoxid | $m$ (Kupfer) : $m$ (Sauerstoff) = 4 : 1 |
| Kupferglanz | $m$ (Kupfer) : $m$ (Schwefel) = 4 : 1 |
| Kupferiodid | $m$ (Kupfer) : $m$ (Iod) = 2 : 1 |
| Kohlenstoffdioxid | $m$ (Sauerstoff) : $m$ (Kohlenstoff) = 2,7 : 1 |
| Wasser | $m$ (Sauerstoff) : $m$ (Wasserstoff) = 8 : 1 |

*Massenverhältnisse einiger Verbindungen*

Kupfer lässt sich großtechnisch aus seinen oxidischen Erzen gewinnen. Neben Holzkohle können dabei andere Stoffe wie Wasserstoff oder das hauptsächlich aus Methan bestehende Erdgas als *Reduktionsmittel* eingesetzt werden.

**Kupfergewinnung im Labor.** Erhitzt man schwarzes Kupferoxid im Erdgasstrom, so glüht der schwarze Feststoff auf und nimmt allmählich einen rötlichen Farbton an. Gleichzeitig beschlagen die kälteren Teile der Versuchsapparatur mit Wassertröpfchen. Leitet man das gasförmige Reaktionsprodukt in Kalkwasser ein, so beobachtet man eine Trübung.
Bei der Untersuchung des roten Produkts unter dem Mikroskop kann man einzelne Partikel mit metallischem Glanz erkennen: Bei der Reaktion ist Kupfer entstanden. Dabei wird Sauerstoff von dem Oxidationsmittel Kupferoxid auf das Reduktionsmittel Methan übertragen. Kupferoxid wird dabei reduziert; Methan wird oxidiert.

schwarzes Kupferoxid + Methan $\longrightarrow$
    Kupfer + Kohlenstoffdioxid + Wasser

**Massenverhältnisse.** Sowohl für Chemiker im Labor als auch für Hütteningenieure ist die Frage interessant, wie viel Kupfer man aus Kupferoxid gewinnen kann. Um diese Frage zu beantworten, reduziert man eine genau abgewogene Menge Kupferoxid vollständig mit Erdgas und bestimmt anschließend die Masse des entstehenden Kupfers: Im Experiment *erhält man bei mehrfacher Wiederholung aus 2 g schwarzem Kupferoxid stets 1,6 g Kupfer.* Entsprechend ergeben 4 g Kupferoxid 3,2 g Kupfer und 6 g Kupferoxid 4,8 g Kupfer.
Das so gewonnene Kupfer war vorher im Kupferoxid gebunden: Also *enthält* 1 g Kupferoxid 0,8 g Kupfer. Der Rest ist Sauerstoff. In 1 g schwarzem Kupferoxid sind demnach neben 0,8 g Kupfer noch 0,2 g Sauerstoff in gebundener Form enthalten.

In demselben – stets gleich bleibenden – Massenverhältnis müssen Kupfer und Sauerstoff bei der Bildung von schwarzem Kupferoxid miteinander reagieren. Dieses Massenverhältnis beträgt

$$\frac{m \text{ (Kupfer)}}{m \text{ (Sauerstoff)}} = \frac{0,8 \text{ g}}{0,2 \text{ g}} = \frac{4}{1}$$

Dieses Massenverhältnis gilt für die Bildung von schwarzem Kupferoxid aus den Elementen. Im gleichen Verhältnis sind die Elemente dann in der Verbindung enthalten und können so auch wieder daraus in diesem Massenverhältnis gewonnen werden.

**Gesetz der konstanten Massenverhältnisse.** Ebenso wie bei der Bildung und der Zerlegung von schwarzem Kupferoxid lässt sich für *alle* Verbindungen ein bestimmtes – stets gleich bleibendes – Massenverhältnis finden, in dem die Elemente miteinander reagieren, in dem sie in der Verbindung enthalten sind und in dem sie aus der Verbindung gewonnen werden können.

Dieser Sachverhalt wird durch das Gesetz *der konstanten Massenverhältnisse* beschrieben: In einer Verbindung sind die Elemente immer in einem bestimmten gleich bleibenden Massenverhältnis enthalten.

> Für chemische Verbindungen gilt das Gesetz der konstanten Massenverhältnisse. Eine Verbindung enthält die Elemente stets in einem bestimmten, unveränderlichen Massenverhältnis.

**1** Erkläre, weshalb die Masse der Produkte einer chemischen Reaktion genauso groß ist, wie die Masse der Ausgangsstoffe.

**2** 172 g Kupfer reagieren mit 32 g Schwefel zu Kupfersulfid. Berechne das Massenverhältnis.

# Reduktion von Kupferoxid

**Praktikum**

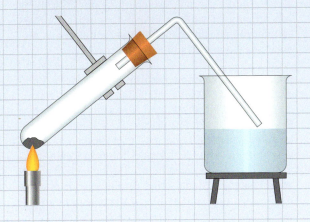
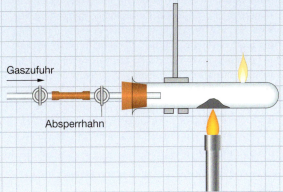

**V1: Reduktion von Kupferoxid**

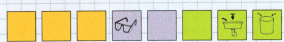

*Materialien:* durchbohrter Stopfen mit Gasableitungsrohr, Gasbrenner, Waage; schwarzes Kupferoxid, Holzkohlepulver, Kalkwasser.

*Durchführung:*
1. Mische in einem Reagenzglas 2 g schwarzes Kupferoxid mit 0,2 g Holzkohle.
2. Baue die Apparatur nach der Abbildung auf.
3. Erhitze das Gemisch aus Kupferoxid und Holzkohle mit rauschender Flamme und leite das entstehende Gas auf das Kalkwasser.

*Aufgaben:*
a) Notiere deine Beobachtungen.
b) Stelle das Reaktionsschema für die Reaktion zwischen Kupferoxid und Holzkohle auf und gib den Energieumsatz an.
c) Erläutere den Nachweis des entstandenen Gases.

**V2: Reduktion von Kupferoxid durch Erdgas**

*Materialien:* Stopfen, durchbohrte Stopfen, Glasrohr, Schlauch, Waage, Gasbrenner; schwarzes Kupferoxid, Erdgas (F+).

*Durchführung:*
1. Verschließe ein Reagenzglas mit dem Stopfen und erhitze dann den Boden des Glases mit der rauschenden Flamme des Gasbrenners schnell so stark, dass das Reagenzglas an einer Stelle aufplatzt. Das so vorbereitete Reagenzglas dient im weiteren Versuch als Reaktionsraum.
2. Bestimme die Masse des Reagenzglases genau.
3. Fülle etwa zwischen 0,5 g und 2,5 g schwarzes Kupferoxid so ein, dass die Stoffportion in der Mitte des Reagenzglases liegt. Bestimme die Masse des Reagenzglases mit seinem Inhalt.
4. Baue die Versuchsapparatur entsprechend der Abbildung auf.
5. Schließ die Erdgaszufuhr über den durchbohrten Stopfen mit Glasrohr an das Reagenzglas an.
6. Leite langsam Erdgas über das Kupferoxid. Fühle am Auslass, ob das Erdgas ausströmt.
Entzünde das Gas nach einer Weile an der Austrittsstelle.
*Hinweis:* Vorsicht! Wenn du nicht lange genug Erdgas durch das Reagenzglas geleitet hast, so dass die darin enthaltene Luft vollständig verdrängt ist, kann es bei der Entzündung zu einer Verpuffung kommen!
7. Erhitze das Oxid mit dem Gasbrenner so lange, bis keine Veränderung mehr zu beobachten ist.
8. Lösche die Brennerflamme, lasse das Reagenzglas abkühlen. Leite dabei weiter Erdgas über das Produkt.
9. Puste die Flamme an der Austrittsöffnung des Reagenzglases aus und stell die Erdgaszufuhr ab.
10. Bestimme die Masse des Reagenzglases mit dem Produkt.

*Aufgaben:*
a) Notiere deine Beobachtungen und die Ergebnisse der Wägungen.
b) Errechne die Masse des eingesetzten Kupferoxids, die Masse des entstandenen Kupfers und die Masse des umgesetzten Sauerstoffs.
c) Bestimme das Massenverhältnis von Kupfer und Sauerstoff im schwarzen Kupferoxid.
d) Vergleiche dein Ergebnis mit den Ergebnissen deiner Mitschüler und erläutere die Abweichungen.
e) Trage alle Ergebnisse in ein Diagramm ein (x-Achse: $m$(Sauerstoff), y-Achse: $m$(Kupfer)). Werte das Diagramm aus.

Kupfer – ein wichtiges Gebrauchsmetall **143**

# 10.5 Das Atommodell von DALTON

„Chemical analysis and synthesis go no farther than to the separation of particles one from another, and to their reunion. No new creation or destruction of matter is within the reach of chemical agency. We might as well attempt to introduce a new planet into the solar system, or to annihilate one already in existence, as to create or destroy a particle of hydrogen."

*matter:* Materie; *agency:* Wirkung; *might as well attempt:* könnten genauso gut versuchen; *to annihilate:* vernichten; *hydrogen:* Wasserstoff

**Aus DALTONS „A New System of Chemical Philosophy" von 1808**

In der zweiten Hälfte des 18. Jahrhunderts hatte man die Massen bei chemischen Reaktionen genauer untersucht und dabei das Gesetz der Erhaltung der Masse und das Gesetz der konstanten Massenverhältnisse gefunden. Eine theoretische Begründung lieferte rund fünfzig Jahre spätert der englische Naturforscher John DALTON gefunden. Zu Beginn des 19. Jahrhunderts hatte er die Massenverhältnisse bei zahlreichen Verbindungen untersucht und daraus das *Atommodell* entwickelt. Danach existieren kleinste, unteilbare Bausteine der Materie nur bei den Elementen. Er verwendete für diese Teilchen den Begriff Atome (griech. *atomos:* unteilbar).

**Historischer Hintergrund.** Der Atombegriff stammt ursprünglich aus der Gedankenwelt der griechischen Naturphilosophie. Schon vor 2500 Jahren hatten die Philosophen LEUKIPP und DEMOKRIT angenommen, dass die Materie aus kleinsten, nicht weiter zerlegbaren Teilchen, den Atomen, aufgebaut sei. Im Altertum konnte sich diese Vorstellung letztlich nicht durchsetzen und war dann bis in den Mittelalter praktisch in Vergessenheit geraten. In der Renaissance, zu Beginn der Neuzeit, wurde die Atomvorstellung wieder aufgegriffen und von Alchemisten in dem Sinne gebraucht, wie wir heute das Teilchenmodell verwenden. Den ersten entscheidenden Schritt hin zu unseren heutigen Vorstellungen von Atomen vollzog DALTON um 1800, indem er die Atomtheorie mit den experimentellen Ergebnissen seiner Zeit verknüpfte.

**Atommodell von Dalton.** Die wesentlichen Aussagen des Atommodells sind Verknüpfung des Elementbegriffs mit dem Atombegriff und die Behauptung, dass Atome weder erzeugt noch vernichtet werden können. Darüber hinaus macht das Atommodell wichtige Aussagen über die Eigenschaften der Atome. Danach sind die Atome eines Elementes alle untereinander gleich. Für die weitere Ausschärfung der Vorstellung von Atomen ist DALTONs Feststellung über die Massen der Atome von besonderer Bedeutung: Alle Atome eines Elements haben die gleiche *Masse*.

**Erklärung der Massenverhältnisse.** Mit dem Atommodell von DALTON lässt sich das *Gesetz von der Erhaltung der Masse* erklären: Bei einer chemischen Reaktion werden Atome weder erzeugt noch vernichtet. Die Gesamtzahl und die Art der Atome in einem geschlossenen Gefäß bleiben daher bei einer chemischen Reaktion unverändert. Daher kann in einem geschlossenen Gefäß keine Änderung der Massen der Atome und damit der Gesamtmasse der beteiligten Stoffe auftreten.

Auch das Gesetz *der konstanten Massenverhältnisse* lässt sich mit DALTONs Atommodell deuten: Im Falle der Bildung von schwarzem Kupferoxid konnte man experimentell ein Massenverhältnis von Kupfer zu Sauerstoff von 4:1 ermitteln. In diesem Massenverhältnis sind die Elemente in der Verbindung enthalten, das heißt, in diesem Massenverhältnis sind dann auch die Kupfer-Atome und Sauerstoff-Atome im Kupferoxid enthalten. Die Masse von Kupfer ergibt sich dabei aus der Masse eines Kupfer-Atoms multipliziert mit der Anzahl der in der Stoffportion enthaltenen Kupfer-Atome. Ebenso ergibt sich die Masse des Sauerstoffs aus der Masse eines einzelnen Sauerstoff-Atoms multipliziert mit der Anzahl der Sauerstoff-Atome.

**Umgruppierung von Atomen.** Auf der Grundlage des Atommodells lassen sich chemische Reaktionen auf Teilchenebene anschaulich deuten. So wird mithilfe dieses Modells verständlich, weshalb sich die Elemente aus Verbindungen zurückgewinnen lassen. Bei der Reaktion von Kupfer mit Sauerstoff zu Kupferoxid lösen sich die Kupfer-Atome und die Sauerstoff-Atome aus ihrem jeweiligen Atomverband der Elemente und bilden dann in einer bestimmten Anordnung den *gitterähnlichen Verband* der Verbindung Kupferoxid.

**Moleküle.** Im Falle der Bildung von Kohlenstoffdioxid liegen zunächst Kohlenstoff-Atome in einem Kohlenstoff-Gitter vor. Die Sauerstoff-Atome bilden Teilchen, die jeweils aus zwei Atomen bestehen. Solche Teilchen aus einer bestimmten Anzahl von Atomen bezeichnet man als **Moleküle**. Bei der Reaktion werden der Gitterverband der Kohlenstoff-Atome aufgelöst und die Sauerstoff-Moleküle gespalten. Bei der Umgruppierung der Atome bilden sich Kohlenstoffdioxid-Moleküle, die jeweils aus einem Kohlenstoff-Atom und zwei Sauerstoff-Atomen bestehen.

Moleküle findet man vor allem bei gasförmigen Elementen wie Sauerstoff, Stickstoff und Iod sowie bei gasförmigen Verbindungen aus mehreren Nichtmetallen. Beispiele sind die Oxide des Kohlenstoffs und des Stickstoffoxide.

**Elementsymbole.** Bereits DALTON benutzte für jedes chemische Element ein eigenes Symbol. Viele dieser Symbole entstammten der Astronomie und wurden schon lange von den Alchemisten verwendet. Heute verwendet man andere Elementsymbole, die der schwedische Chemiker BERZELIUS im Jahre 1813 einführte. Sie werden jeweils aus dem ersten Buchstaben oder dem ersten und einen weiteren Buchstaben des wissenschaftlichen Elementnamens gebildet. Sie bilden die Grundlage der internationalen Symbolsprache der Chemie.

Sauerstoff: O (von Oxygenium)
Kupfer: Cu (von Cuprum)
Schwefel: S (von Sulfur)
Wasserstoff: H (von Hydrogenium)
Stickstoff: N (von Nitrogenium)
Eisen: Fe (von Ferrum)
Blei: Pb (von Plumbum)

| Element | Symbol nach DALTON | heutiges Symbol für das Atom |
|---|---|---|
| Kohlenstoff | ● | C |
| Wasserstoff | ⊙ | H |
| Kupfer | Ⓒ | Cu |
| Gold | ⊕ | Au |
| Silber | Ⓢ | Ag |

*Elementsymbole früher und heute*

Das Atommodell erklärt das Gesetz der Erhaltung der Masse und das Gesetz der konstanten Massenverhältnisse. Anstelle von DALTONs Symbolen für Elemente und Verbindungen verwendet man heute eine internationale Symbolik.

1 Erläutere, wie mithilfe des Atommodells die Bildung einer Verbindung aus den Elementen erklärt werden kann.
2 Erkläre, weshalb sich bei einer chemischen Reaktion die Masse nicht ändert.
3 Erkläre, weshalb es nicht möglich ist, durch eine chemische Reaktion ein Element in ein anderes umzuwandeln.

## Die Anordnung der Atome entscheidet

**Exkurs**

Die Materie besteht aus Atomen aufgebaut; jedes Element ist dabei aus einer eigenen Art von Atomen aufgebaut.

**Graphit.** Das Element Kohlenstoff kommt in der Natur als schwarz-glänzender Graphit vor, ein weicher, brennbarer Stoff. Bei der Verbrennung entsteht Kohlenstoffdioxid. Graphit-Kristalle bestehen aus Kohlenstoff-Atomen, in dem Gitterverband schichtartig angeordnet sind. Die einzelnen Schichten sind leicht gegeneinander verschiebbar.

**Diamant.** Wertvoller Schmuck enthält oft Diamanten. Diese sehr harten, durchsichtigen Kristalle verbrennen ebenfalls zu Kohlenstoffdioxid. Die Kristalle bestehen also ebenfalls aus Kohlenstoff-Atomen, die hier allerdings dichter angeordnet sind als im Graphit. Im Diamant ist jedes Kohlenstoff-Atom von vier anderen Kohlenstoff-Atomen umgeben.

Die unterschiedlichen Eigenschaften von Graphit und Diamant hängen *nicht* davon ab, aus welchen Atomen sie aufgebaut sind, sondern nur von der unterschiedlichen Anordnung der sonst gleichen Atome.

*Graphit – schwarzer Kohlenstoff*

*Diamant – funkelnder Kohlenstoff*

| Übersicht | Die chemische Reaktion und DALTONs Atommodell |

| Experiment | Modell |
|---|---|

**Stoffumwandlung:**

Kupfer

+

Sauerstoff

chemische Reaktion →

schwarzes Kupferoxid

Elemente          Verbindung

**Umgruppierung von Atomen:**

Kupfer-Atome

+

Sauerstoff-Moleküle

chemische Reaktion →

Kupferoxid-Gitter

---

**Erhaltung der Masse:**

Kupfer: 1,6 g

+

Sauerstoff: 0,4 g

chemische Reaktion →

schwarzes Kupferoxid:
1,6 g + 0,4 g
= 2 g

**Umgruppierung von Atomen:**

chemische Reaktion →

Kupfer-Atome + Sauerstoff-Atome

---

**Konstantes Massenverhältnis:**

Massenverhältnis
Kupfer : Sauerstoff
= 4 : 1

**Konstantes Atomanzahlverhältnis:**

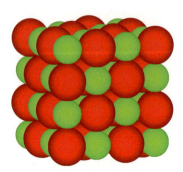

# Fotoreise in die Welt der Atome

**Exkurs**

*Die Oberfläche einer Euro-Cent-Münze ...*

*... im Elektronenmikroskop (bis zu 50 000-fach)*

„Zeigen Sie mir ein Atom, erst dann glaube ich daran." So raunzte der berühmte Physiker Ernst MACH jeden Fachkollegen an, der ihn davon überzeugen wollte, dass alle Stoffe aus Atomen bestehen. Zu Beginn des 20. Jahrhunderts zweifelten noch viele Wissenschaftler daran, dass die Materie aus Atomen aufgebaut ist. Da wäre eine fotografische Abbildung von Atomen schon sehr überzeugend gewesen! Aber lassen sich Atome überhaupt fotografieren?

**Vom Kupfercent zum Kupfer-Atom.** Man muss genau hinsehen, um mit bloßem Auge das Prägungsjahr einer Cent-Münze zu erkennen. Bei tausendfacher Vergrößerung mit einem *Mikroskop* fällt dann auf, dass es keine scharfe Abgrenzung zwischen der erhöhten Aufschrift und der darunter befindlichen Fläche gibt. Die Formen verschwimmen ineinander. Atome sieht man aber noch lange nicht. Sichtbares Licht ist mit einer Wellenlänge von etwa 500 nm viel zu grob, um Atome abzubilden.

Wesentlich weiter kommt man mit einem *Elektronenmikroskop:* Bei 20 000-facher Vergrößerung sind bereits kleine Kupfer-Kristalle zu erkennen. Allerdings zeigen sich auch bei der maximal erreichbaren 500 000-fachen Vergrößerung noch keine Atome.

Erst das *Feldelektronen-Mikroskop,* das eine bis zu 2 000 000-fache Vergrößerung erlaubt, schafft den Durchbruch in die atomare Dimension: Auf der Oberfläche der Kupfer-Kristalle erscheinen die Atome wie dicht aneinander geklebte Perlen.

Richtige Fotos von Atomen sind die so gewonnenen Bilder allerdings nicht. Bei diesem Abbildungsverfahren wird ein Metalldraht mit extrem feiner Spitze über den Kristall geführt, und ein Computer verarbeitet die Abtastsignale. Das Bild einer Hügellandschaft aus Atomen ist also kein Foto im eigentlichen Sinn, sondern eher eine Computergrafik.

*... im Mikroskop (tausendfach)*

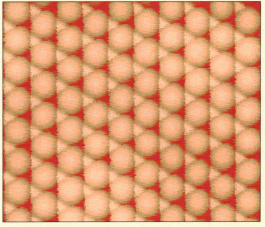

*... im Feldelektronen-Mikroskop (bis zu 2 000 000-fach)*

Kupfer – ein wichtiges Gebrauchsmetall **147**

## 10.6 Wie schwer ist ein Atom? ✭

| Element | Atommasse gerundeter Wert | genauer Wert |
|---|---|---|
| Wasserstoff | 1 u | 1,00794 u |
| Kohlenstoff | 12 u | 12,011 u |
| Sauerstoff | 16 u | 15,9994 u |
| Magnesium | 24 u | 24,3050 u |
| Aluminium | 27 u | 26,981539 u |
| Schwefel | 32 u | 32,066 u |
| Chlor | 35,5 u | 35,4527 u |
| Eisen | 56 u | 55,847 u |
| Kupfer | 63,5 u | 63,546 u |
| Zink | 65 u | 65,39 u |
| Silber | 108 u | 107,8682 u |
| Iod | 127 u | 126,90447 u |
| Blei | 207 u | 207,2 u |
| Uran | 238 u | 238,0289 u |

Nach DALTONs Atommodell besitzen alle Atome eines Elements die gleiche Masse. DALTON gelang es allerdings nie, die Massen der Atome direkt zu bestimmen. Heute kann man die Atommassen sehr genau ermitteln. Die Masse eines Kupfer-Atoms beträgt:
m (Kupfer-Atom) =
0,000 000 000 000 000 000 000 106 g

Atommassen sind also unvorstellbar klein. Deshalb ist es nicht sinnvoll, sie in der Einheit Gramm anzugeben. Auch in der Einheit Milligramm ergeben sich noch längst keine übersichtlichen Zahlen:
m (Kupfer-Atom) =
0,000 000 000 000 000 000 106 mg

**Atomare Masseneinheit.** Niemand rechnet gerne mit Zahlen, die 18 Nullen hinter dem Komma haben. Daher entschloss man sich, eine Masseneinheit einzuführen, die der Größenordnung der Atommassen angepasst ist. Als *atomare Masseneinheit* verwendet man die Einheit **u**. Sie entspricht ungefähr der Masse des leichtesten aller Atome, des Wasserstoff-Atoms. Zwischen der Einheit g und der Einheit u bestehen folgende Zusammenhänge:

$1\ g =$ 602 200 000 000 000 000 000 000 u ≈ 6 · $10^{23}$ u

$1\ u = \frac{1}{602\,200\,000\,000\,000\,000\,000\,000}$ g ≈ 1,66 · $10^{-24}$ u

Messen bedeutet immer Vergleichen: Gibt man eine Masse in der Einheit kg an, so vergleicht man sie mit der Masse des Urkilogramm-Stücks. Verwendet man dagegen die Einheit u, so vergleicht man praktisch mit der Masse eines Wasserstoff-Atoms. Die Masse eines Kupfer-Atoms beträgt 63,5 u: Die Masse eines Kupfer-Atoms ist also 63,5-mal so groß wie die Masse eines Wasserstoff-Atoms. Das schwerste in der Natur vorkommende Atom, das Uran-Atom, ist rund 238-mal so schwer wie ein Wasserstoff-Atom; es hat also eine Masse von 238 u.

> Die Masse von Atomen wird in der atomaren Masseneinheit u angegeben. Für die Umrechnung in die Masseneinheit Gramm gilt: 1 g ≈ 6 · $10^{23}$ u

**1** Erkläre, weshalb es sinnvoll ist, für Atommassen eine eigene Einheit einzuführen. Nenne die Einheit.
**2** Gib eine Definition der atomaren Masseneinheit u.
**3** Berechne die Masse eines Wasserstoff-Atoms in der Einheit Milligramm.
**4** Ein Sauerstoff-Atom hat die Masse m (Sauerstoff-Atom)
= 0,000 000 000 000 000 000 000 026 5 g.
Rechne in die atomare Masseneinheit um.

---

### Exkurs: Wie bestimmt man Atommassen?

Eine wichtige Methode zur exakten Bestimmung von Atommassen ist die *Massenspektroskopie*. Dabei wird die Stoffprobe zunächst verdampft. Die einzelnen Atome werden dann durch elektrische Energie auf eine hohe Geschwindigkeit beschleunigt. Nun lässt man von der Seite her eine Kraft einwirken und drängt dadurch die Atome aus ihrer geraden Flugbahn ab. Dies geschieht umso leichter, je kleiner die Masse eines Atoms ist. Aus dem Maß der Ablenkung kann man auf die Masse des Atoms schließen.

*Modellversuch:* Lässt man unterschiedlich schwere Kugeln aus einem Trichter rollen und bläst von der Seite her mit einem Föhn, so werden die leichten Kugeln stärker abgelenkt als die schweren.

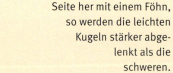
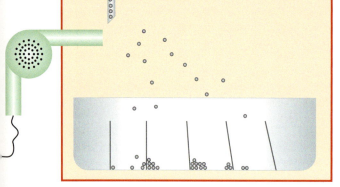

# Kupfer – ein wichtiges Gebrauchsmetall

**Basiswissen**

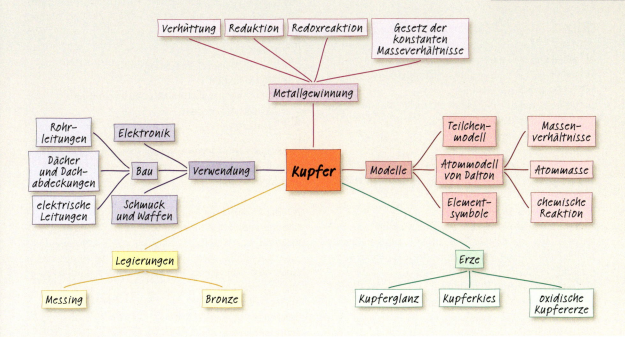

## Vom Experiment zum Modell

**Chemie in unserer Welt**

Die erste Verwendung von Metallen wie Kupfer stammt aus einer Zeit, als die Menschen zufällig gediegene Stücke des Metalls fanden und als Schmuck nutzten. Erst die Chemie erschloss dann eine weiter reichende Anwendung: Mithilfe von Holzkohle konnte man metallische Oxide reduzieren und so das Metall in größerer Menge herstellen. Die damaligen Metallurgen waren praktisch Chemiker, denn sie stellten einen neuen Stoff her. Heute wird die praktische Arbeit in der Produktion ergänzt und weiterentwickelt durch die Anwendung von Modellen und Theorien.

**Experiment und Modell im Wechselspiel.** Wichtige Grundlagen für unser heutiges naturwissenschaftliches Verständnis der Welt wurden zu Beginn der Neuzeit gelegt. Dazu gehört in erster Linie die zentrale Stellung des Experiments im Prozess der Erkenntnisgewinnung. Experimentelle Untersuchungen gehörten von Anfang an zum Selbstverständnis der Chemie. In der zweiten Hälfte des 18. Jahrhunderts kam mit der Waage als Messinstrument die zahlenmäßige Erfassung chemischer Reaktionen hinzu.
DALTONs Atommodell lieferte im Nachhinein die Theorie für die Massengesetze chemischer Reaktionen. Diese Modellvorstellung führte gleichzeitig aber auch zu neuen Fragestellungen, die nur experimentell zu beantworten waren. Ein Beispiel ist die Bestimmung der Atommassen.
Das Wechselspiel zwischen Experiment und Modell bestimmt auch heute noch die Weiterentwicklung der Naturwissenschaften. Experimentelle Befunde überschreiten immer wieder die Erklärungsmöglichkeiten des zugrunde liegenden Modells. Daraufhin werden Modelle weiterentwickelt und führen ihrerseits wieder zu neuen Fragen, die nur experimentell beantwortet werden können.

**Grenzen unseres Wissens.** Knapp einhundert Jahre nach DALTON erkannte man, dass seine Atome nicht die allerkleinsten Bausteine der Materie sind: Man entdeckte Elektronen, Protonen und Neutronen.
Heute verwendet man ein Atommodell mit noch kleineren Teilchen, den Quarks. Diese **Elementarteilchen** wurden zwischen 1970 und 1990 experimentell nachgewiesen. Dieses Modell fordert aber auch die Existenz eines weiteren Teilchens, des HIGGS-Teilchens. Für dessen Nachweis wurde für über 3 Milliarden Euro in Genf eine Experimentiereinrichtung, der LHC (engl. **L**arge **H**adron **C**ollider: große Kollisionsanlage für schwere Teilchen) gebaut und 2009 in Betrieb genommen.

## Prüfe dein Wissen

### Quiz

**A1 a)** Erkläre die Begriffe des Fensters.
**a)** Notiere auf der Vorderseite von Karteikarten den Begriff, auf der Rückseite die Erklärung.
**c)** Ordne die Begriffe den Basiskonzepten „Materie", „chemische Reaktion" und „Energie" zu.
Begründe deine Zuordnung.

**A2** Nenne die wichtigsten Stoffeigenschaften von Kupfer und beschreibe in welchen Formen es in der Natur vorkommt.

**A3** Erhitzt man Bleioxid auf Holzkohle, so bildet sich Blei.
**a)** Stelle das Reaktionsschema auf und erläutere an diesem Beispiel die Begriffe *Oxidation*, *Reduktion* und *Redoxreaktion*.
**b)** Erkläre, welcher Stoff bei dieser Reaktion das Reduktionsmittel und welcher das Oxidationsmittel ist.

**A4 a)** Beschreibe, welche Beziehung zwischen der Masseneinheit Gramm und der Masseneinheit u besteht.
**b)** Suche die Atommasse von Gold heraus und rechne sie in die Einheit Gramm um.

### Know-how

**A5** Informiere dich über die Stoffeigenschaften von Zink, Aluminium, Blei und Kupfer. Entwickle einen Plan, wie du die Metalle voneinander unterscheiden kannst.

**A6** Prüfe Münzen von 2 Cent und 5 Cent mit einem Magneten. Was beobachtest du? Erkläre den Widerspruch zwischen deiner Beobachtung und der Farbe der Münze.

**A7** Quecksilberoxid wird durch Wärmezufuhr in Quecksilber und Sauerstoff zerlegt.
**a)** Stelle das Reaktionsschema auf.
**b)** Benenne die Reaktion mit einem Fachbegriff.
**c)** Erkläre, wie man den entstehenden Sauerstoff experimentell nachweisen kann.

**A8 a)** Nenne die Aussagen des Atommodells von DALTON.
**b)** Gib die Elementsymbole an: Kupfer, Blei, Schwefel, Kohlenstoff, Wasserstoff, Sauerstoff, Silber, Gold.
**c)** Gib an, welche Elemente sich hinter folgenden Elementsymbolen verbergen: H, C, Ca, N, Cl.
**d)** Erkläre, welche Vorteile die heutigen Elementsymbole im Vergleich zu den von DALTON verwendeten Symbolen haben.

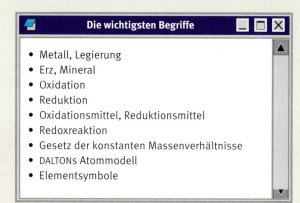

**Die wichtigsten Begriffe**
- Metall, Legierung
- Erz, Mineral
- Oxidation
- Reduktion
- Oxidationsmittel, Reduktionsmittel
- Redoxreaktion
- Gesetz der konstanten Massenverhältnisse
- DALTONs Atommodell
- Elementsymbole

**A9** Der in dem abgebildeten Titelblatt verwendete Begriff „Transmutation" bezieht sich auf eine Grundvorstellung der Alchemisten: Bei geschicktem Vorgehen sollte es möglich sein, weniger wertvolle Stoffe in Gold umzuwandeln. Erkläre mithilfe von DALTONs Atommodell, warum alle Versuche dieser Art scheitern mussten.

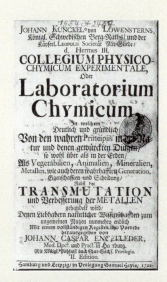

### Natur – Mensch – Technik

**A10 a)** Hochwertige Töpfe besitzen häufig im Boden eine Kupferschicht.
Erkläre, welchen Vorteil die Verwendung dieses Materials hat.
**b)** Töpfe für Profiköche bestehen fast ganz aus Kupfer.
Erläutere, weshalb diese Töpfe innen oft noch mit einem anderen Metall beschichtet sind.

**A11** Edelmetalle wie Gold, Silber und Kupfer wurden wesentlich früher vom Menschen genutzt als unedle Metalle wie Eisen oder Aluminium. Begründe diese Tatsache.

**A12** Begründe, warum man Ohrstecker möglichst aus Edelmetallen herstellen sollte.

**A13** Überlege, welche im Haushalt verwendeten Gegenstände ganz oder teilweise aus Kupfer oder Messing bestehen. Erläutere, weshalb der Einsatz dieser Materialien im jeweiligen Bereich besonders sinnvoll ist.

# Kupfer – ein wichtiges Gebrauchsmetall

**Wissen vernetzt**

## A1 Eine bedeutende Entdeckung in der Steinzeit

*5000 Jahre alte Gegenstände aus Kupfer*

Vor 6000 Jahren irgendwo in Vorderasien: Eine Gruppe von Menschen sitzt müde um ein Holzfeuer. Die Sonne ist schon lange untergegangen und langsam verglühen die letzten Holzkohlenstücke. Man legt sich zur Ruhe. Am Morgen sucht ein Mitglied der Gruppe vergeblich nach Glutresten in der Asche, um ein neues Feuer zu entzünden. Statt dessen findet er zu seinem Erstaunen kleine, rötlich glänzende Kügelchen. Neugierig durchsucht er die Asche in der Hoffnung, weitere Kügelchen zu entdecken. Aber außer einem schwarzen Belag ist auf dem sonst grünlichgrauen Felsgestein, auf dem die Feuerstelle liegt, nichts zu sehen. Enttäuscht kratzt er etwas von dem schwarzen Belag ab. Lange noch starrt er darauf. Sollten daraus die rötlich glänzenden Kügelchen entstanden sein? Denn nur dort, wo das Holzkohlenfeuer brannte, fanden sich auch die glänzenden Kugeln.
So oder so ähnlich könnte in der Jungsteinzeit die Bildung von Kupfer durch eine chemische Reaktion entdeckt worden sein.

**a)** Gib die Ausgangsstoffe der chemischen Reaktion an, die zu der beschriebenen Bildung von Kupfer geführt haben. Denke dabei an natürliche Vorkommen von Metallverbindungen.
**b)** Erstelle ein Reaktionsschema für die Bildung von Kupfer am Lagerfeuer.
**c)** Entwirf eine Versuchsanleitung für einen Laborversuch, der dem Vorgang im Lagerfeuer entspricht. Zeige dabei auch auf, wie die Reaktionsprodukte nachgewiesen werden können.
**d)** 1991 wurde auf einem Gletscher in den Ötztaler Alpen eine Eismumie gefunden, die nach ihrem Fundort den Namen „Ötzi" erhielt. Dieser sensationelle Fund hat viele Aufschlüsse über das Leben der Menschen vor etwa 5000 Jahren in Europa ermöglicht.
Recherchiere im Internet über das Leben von „Ötzi". Bereite einen Vortrag vor, in dem du auch erklärst, was das Leben dieses Mannes mit dem Kontext Kupfer zu tun hat.

## A2 Messing - eine wichtige Kupferlegierung

Kupfer und Bronze gehören zu den ersten metallischen Werkstoffen. Für die Verwendung als Werkstoff für Werkzeuge und Waffen erwies sich die Legierung Bronze dem Kupfer als überlegen, weil sie deutlich härter und damit geeigneter für derartige Einsatzbereiche war.

Messing, eine weitere Legierung des Kupfers, ist bis heute von besonderer Bedeutung. Es entsteht, wenn Kupfer und Zink in der Schmelze gemischt werden. Der Produktionsprozess ist aufgrund der niedrigen Siedetemperatur von Zink komplizierter als der von Bronze. So wurden erst um 1000 vor Christus in Kleinasien Verfahren entwickelt, die eine Produktion ermöglichten. Als Ausgangsstoffe für die Gewinnung von Messing dienten metallisches Kupfer und Galmei, ein zinkhaltiges Erz. Beim so genannten Galmei-Verfahren wurde in abgeschlossenen Öfen gearbeitet. Dies verhinderte, dass das Zink bei Temperaturen von mehr als 900 °C als Gas entwich. Die Römer perfektionierten diese Technik. Aufgrund ihrer Kenntnisse über die optimale Verhüttungstemperatur und die Auswirkung unterschiedlicher Mischungsverhältnisse konnten sie die Eigenschaften der jeweiligen Legierung steuern. So war es möglich, ein Messing herzustellen, das als Goldersatz für Münzen diente, weil es sich leicht hämmern und prägen ließ und über dies hinaus nur schwer zu fälschen war.

Heute werden etwa 60 verschiedene Messingsorten hergestellt, deren Stoffeigenschaften auf die jeweilige Anwendung hin optimiert sind. So ist es etwa möglich, über den Zinkgehalt die Farbe des Materials zu steuern: Bei einem hohen Kupferanteil nimmt die Legierung einen goldroten Farbton an, während bei einem hohen Zinkanteil eine hellgelbe Farbe erzielt wird.
Messing ist je nach Zusammensetzung hart oder weich, starr oder dehnbar. Es ist darüber hinaus ein ausgezeichneter Wärmeleiter, verschleißarm und korrosionsbeständig. Messing ist außerdem hygienisch, weil sich Bakterien auf seiner Oberfläche nicht vermehren können.

**a)** Viele Bauteile in mechanischen Uhren werden aus Messing gefertigt. Erläutere, weshalb dieses Material hier zum Einsatz kommt.
**b)** Erkläre, was man unter einer Legierung versteht. Wie stellt man sie her?
**c)** Begründe, welche Produkte bei der Verbrennung von Messing entstehen.
**d)** Recherchiere, wie heute Messing hergestellt wird. Präsentiere deine Ergebnisse in einem Kurzvortrag.

# 11 Eisenerz und Schrott – Grundstoffe der Stahlgewinnung

Stahl ist einer der wichtigsten Grundstoffe für die Herstellung von Gebrauchsgegenständen. Erst durch die Massenproduktion von Stahl mit Beginn der Industrialisierung wurde unsere moderne Lebensweise überhaupt möglich. Ohne diesen wertvollen Werkstoff wäre die Produktion von Fahrzeugen oder auch der Bau von Wolkenkratzern undenkbar.

Die besonderen Eigenschaften des Stahls verleihen diesem Werkstoff seine herausragende Bedeutung und machen ihn zu einem wirtschaftlich äußerst wichtigen Material.

Zentrale Fragen:
- Wie läuft die Eisengewinnung nach dem Hochofenverfahren ab?
- Welche Rohstoffe benötigt man für die Herstellung von Stahl?
- Welche Eigenschaften hat Stahl?
- Welche Verfahren werden heute zur Stahlgewinnung genutzt?
- Welche weltwirtschaftliche Bedeutung hat Stahl?

# 11.1 Eisen – ein universell einsetzbarer Werkstoff

*Meteoreisen*

*Schiffsbau*

Eisen und seine Legierungen gehören zu den wichtigsten Werkstoffen überhaupt und sind aus der modernen Welt nicht mehr wegzudenken.

**Geschichte der Eisengewinnung.** Gelegentlich findet man gediegenes Eisen als Meteoreisen, das bei Meteoriteneinschlägen buchstäblich vom Himmel fällt. In Folge derartiger Funde war das Metall bereits etwa 6000 Jahre vor Christus bekannt. Weil die Menge an Meteoreisen jedoch sehr gering und eine Gewinnung aus Erzen technisch kompliziert ist, erlangte das Metall erst viel später seine herausragende Bedeutung.

Seit dem 16. Jahrhundert v. Chr. hatten die Hethiter in Kleinasien praktisch das Monopol, Eisen herzustellen und zu verarbeiten. Mit dem Ende ihres Reiches ab 1200 v. Chr. breitet sich das Wissen über den vorderen Orient und den Mittelmeerraum aus. Etwa ab 800 v. Chr. war es auch in Europa möglich, Eisen zu gewinnen. In Schachtöfen konnte man so hohe Temperaturen erreichen, dass aus Eisenerzen Eisen mithilfe von Holzkohle erzeugt werden konnte. Dadurch erlangte Eisen eine größere Bedeutung als Kupfer und Bronze. Damit begann eine Epoche, die als Eisenzeit bezeichnet wird.

Im Laufe der Zeit wurden die Verfahren zur Herstellung von Eisen stark verbessert. So kamen im 14. Jahrhundert die ersten Hochöfen auf. Im 18. Jahrhundert wurde Koks an Stelle von Holzkohle als Reduktionsmittel eingesetzt. Ab dem 19. Jahrhundert begann mit der Industrialisierung und dem Bau immer größerer Hochöfen die Massenproduktion von Eisen und Stahl.
Eisen ist bis heute das wichtigste Gebrauchsmetall geblieben. So gesehen, ist die Eisenzeit also noch längst nicht zu Ende.

**Eigenschaften von Eisen und Stahl.** Der Name Eisen leitet sich vom gotischen Wort „isarn" ab und bedeutet festes Metall. Tatsächlich hat Eisen eine besondere *Festigkeit,* die beim Stahl, einer Legierung des Eisens, noch stärker in Erscheinung tritt. Unter Festigkeit versteht man sowohl *Zugfestigkeit* als auch *Druckfestigkeit.* Neben der Festigkeit sind auch Zähigkeit und Elastizität wichtige Eigenschaften von Eisen und Stahl. Unter *Elastizität* versteht man die Fähigkeit, einwirkende Kräfte aufzunehmen, sich zu verformen und dann wieder in den ursprünglichen Zustand zurückzukehren. Als *Zähigkeit* bezeichnet man dagegen den Widerstand gegen die Ausbreitung von Rissen und Brüchen.

**Verwendung von Stahl.** Wegen seiner günstigen Eigenschaften kann Stahl bei der Konstruktion von Brücken und Hochhäusern eingesetzt werden. Mit ihren *Stahlarmierungen* widerstehen die Bauwerke allen Belastungen, auch bei Wind und Sturm.
Stahl kann auf vielfältige Weise bearbeitet werden: Stahl ist schmiedbar und schweißbar und lässt sich so in jede beliebige Form bringen. So kann man daraus ebenso eine Messerklinge herstellen wie die Karosserie für ein Kraftfahrzeug.

> Eisen ist das wichtigste Gebrauchsmetall. Es bildet den Hauptbestandteil von Stahl. Aufgrund seiner Härte, Elastizität und Verformbarkeit wird es als Werkstoff für verschiedenste Anwendungsgebiete genutzt.

**1** Nenne Vorzüge, die Eisen gegenüber einem Werkstoff wie Kupfer bietet.
**2** Erstelle eine Liste von Eisengegenständen im Haushalt. Erkläre, weshalb die entsprechenden Gegenstände aus Eisen gefertigt sind.

Eisenerz und Schrott – Grundstoffe der Stahlgewinnung **153**

# 11.2 Vom Eisenerz zum Roheisen

Eisen wird aus *Eisenerzen* wie **Magneteisenstein** (Magnetit) und **Roteisenstein** (Hämatit) gewonnen. Sie enthalten bis zu 70 % Eisen. Weitere Bestandteile sind Verbindungen von Mangan, Schwefel und Phosphor. Daneben enthalten Erze taubes Gestein.

Die Erze werden im **Hochofen** zu *Roheisen* verarbeitet. Für die Reduktion wird *Koks* benötigt; er wird aus Steinkohle gewonnen und besteht im Wesentlichen aus Kohlenstoff. Außerdem werden Kalkstein und andere *Zuschläge* zugesetzt. Aus dem tauben Gestein und den Zuschlägen bildet sich eine leicht abtrennbare, flüssige Schlacke. Das entstehende Roheisen enthält rund 10 % Verunreinigungen.

**Arbeitsweise eines Hochofens.** Der Reaktionsraum eines Hochofens ist ein Schacht von bis zu 40 Metern Höhe und etwa 10 Metern Durchmesser. Die Wände bestehen aus hitzebeständigem Mauerwerk, das von einem Stahlmantel umgeben ist. Der Mantel wird mit Wasser gekühlt, um die beim Betrieb frei werdende Wärme abzuführen.

Der Hochofen wird von oben mit einem Gemisch aus Eisenerz, Zuschlägen und Koks gefüllt. Im unteren Teil wird Heißluft mit hohem Druck eingeblasen. Die beim Betrieb gebildeten Gase verlassen den Hochofen am oberen Abschluss, der *Gicht*. Daher spricht man von Gichtgas.
Das Roheisen und die Schlacke sammeln sich als Schmelze im unteren Teil des Hochofens an. Da die Dichte der Schlacke geringer ist als die des Roheisens, schwimmt sie auf dem Roheisen. So können beide Stoffe einzeln entnommen werden.
Der Hochofen läuft ohne Unterbrechung Tag und Nacht. Dementsprechend müssen regelmäßig neue Ausgangsstoffe zugeführt und die Produkte entnommen werden.

**Reaktionen im Hochofen.** Die Ausgangsstoffe werden im Hochofen zunächst auf 200 °C bis 400 °C vorgewärmt und dabei getrocknet. Die Wärme dazu liefern die weiter unten im Hochofen ablaufenden exothermen Reaktionen.
In der *Reduktionszone* in der Mitte des Hochofens laufen die wesentlichen chemischen Reaktionen zur Herstellung von Eisen ab: Kohlenstoffmonooxid reagiert dann mit dem Eisenoxid zu Eisen:

Kohlenstoffmonooxid + Eisenoxid $\longrightarrow$
Eisen + Kohlenstoffoxid; exotherm

Es ist sehr viel besser als Reduktionsmittel geeignet als der feste Koks, da es mit der gesamten Oberfläche des Erzes in Kontakt treten kann.

Im unteren Teil des Hochofens verbrennt Koks mit der eingeblasenen Luft zu gasförmigem Kohlenstoffmonooxid:

Kohlenstoff + Sauerstoff $\longrightarrow$
Kohlenstoffmonooxid; exotherm

Durch die exotherme Reaktion steigt die Temperatur auf etwa 900 °C; das gebildete Eisen ist noch im festen Zustand.

Im unteren Bereich des Hochofens beträgt die Temperatur bis zu 2000 °C; sie nimmt nach oben hin ab. Ab etwa 1200 °C schmilzt das durch die Reduktion gebildete Eisen. In der *Schmelzzone* tropft das geschmolzene Eisen durch die glühenden Koksstücke. Dabei lösen sich bis zu 5 % Kohlenstoff in dem Eisen.
Das Roheisen sammelt sich am Boden des Hochofens unter der flüssigen Schlacke. Diese schützt das Eisen vor erneuter Oxidation.

**Winderhitzer.** Das am Hochofen oben austretende *Gichtgas* strömt in einen feuerfest ausgemauerten Winderhitzer. Dort werden die brennbaren Bestandteile des Gasgemisches verbrannt. Anschließend wird frische Kaltluft eingeblasen und durch die glühenden Steine auf rund 1200 °C erwärmt. Die Heißluft wird durch mehrere Düsen in den unteren Teil des Hochofens geleitet.

Weltweit wurden 2007 mehr als 1 Milliarde Tonnen Roheisen erzeugt. Dafür sind mehr als 200 Hochöfen ständig in Betrieb. Als Abfallprodukte des Hochofenprozesses fallen große Mengen Schlacke, Gichtgas und Staub an.

> Roheisen wird durch Reduktion von oxidischen Eisenerzen in Hochöfen gewonnen. Als Reduktionsmittel wirkt dabei Kohlenstoffmonooxid, das bei der Verbrennung von Koks entsteht.

**1** Erläutere, weshalb die Schlacke das produzierte Eisen vor Oxidation schützt.
**2** Gereinigtes Gichtgas besteht aus Kohlenstoffmonooxid, Kohlenstoffdioxid, Wasserstoff und Stickstoff. Nenne die Bestandteile des Gichtgases, die im Winderhitzer verbrannt werden. Stelle die Reaktionsschemata für die Verbrennungsreaktionen auf.
**3** Vergegenwärtige dir die Bewegungsrichtungen der Stoffe im Hochofen. Erkläre, weshalb man von einem Gegenstromprinzip sprechen kann?
**4** Schlage im Atlas nach, an welchen Standorten in Deutschland Eisenhütten entstanden sind. Erläutere, welche Standortfaktoren heute ausschlaggebend sind.

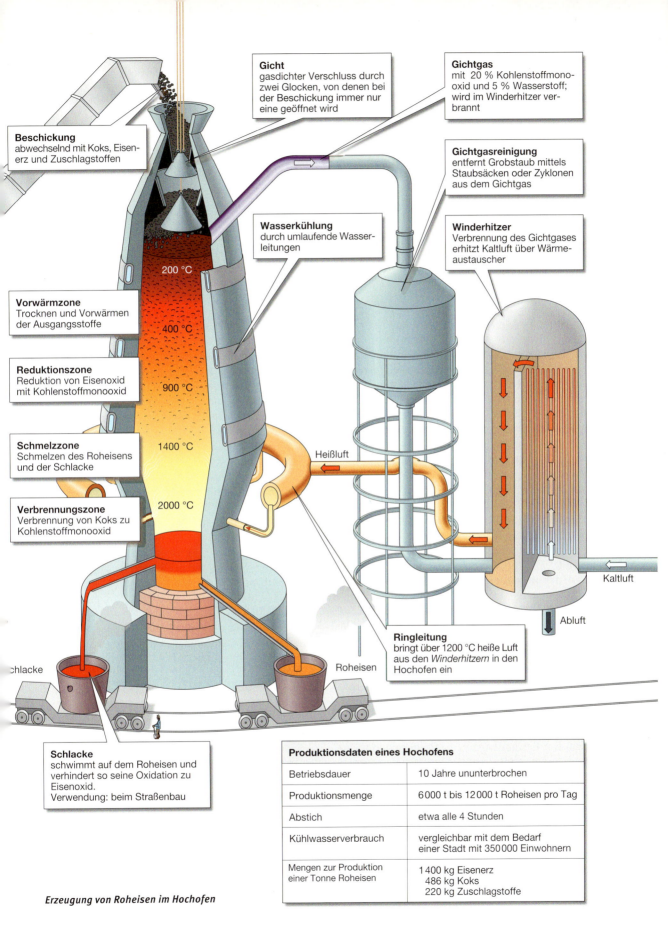

*Erzeugung von Roheisen im Hochofen*

## 11.3 Aus Roheisen wird Stahl

*Konverterbefüllung mit Roheisen*

*Frischen im Konverter*

Das im Hochofenprozess gewonnene Roheisen hat eine Reinheit von nur etwa 90 %. Ein Anteil von bis zu 5 % Kohlenstoff und weitere Begleitstoffe wie Mangan, Silicium, Phosphor und Schwefel machen das Roheisen hart und brüchig. Versucht man es mit dem Hammer zu bearbeiten, so zerspringt es. Roheisen lässt sich weder schmieden noch schweißen, darum eignet es sich nur begrenzt als Werkstoff. Es wird zur Herstellung von gusseisernen Pfannen, Gullydeckeln oder für die Produktion von Maschinengehäusen eingesetzt. In erster Linie wird Roheisen jedoch zu Stahl weiterverarbeitet.

**Stahlherstellung.** Stahl ist eine Eisen-Legierung, die weniger als 2,1 % Kohlenstoff und nur noch geringe Anteile an Mangan, Silicium, Phosphor und Schwefel enthält.
Bei der Stahlherstellung werden die im Roheisen enthaltenen unerwünschten Stoffe mithilfe von Sauerstoff oxidiert. Die ablaufenden Reaktionen sind exotherm. Man bezeichnet diesen Vorgang als *Frischen*. Gleichzeitig können an dieser Stelle des Herstellungsprozesses *Legierungsmetalle* hinzugefügt werden, die die Eigenschaften des Stahls gezielt verbessern. Zu diesen sogenannten *Stahlveredlern* gehören Metalle wie Chrom, Nickel, Cobalt, Wolfram, Molybdän, Mangan, Vanadium und Titan.

**Frischen.** Der Prozess wird in einem birnenförmigen Tiegel, dem *Konverter,* durchgeführt (lat. *convertere:* umwandeln). Früher wurden verschiedene Verfahren zum Einbringen von Sauerstoff in die Schmelze genutzt.
Bei dem heute üblichen *Sauerstoffaufblas-Verfahren* wird reiner Sauerstoff unter hohem Druck durch ein wassergekühltes Rohr auf eine Schmelze aus Roheisen geblasen, die bis zu 30 % Schrott enthält. Der Schrott dient dabei wie der zugeführte Sauerstoff als Oxidationsmittel.

Sobald der Sauerstoff auf das Roheisen trifft, brodelt die sich erhitzende Schmelze und es sprüht ein Funkenregen aus der Tiegelöffnung. Es handelt sich dabei hauptsächlich um die neu gebildete Schlacke, die geschmolzene Oxidationsprodukte enthält. Der Rest der Verbrennungsprodukte entweicht als gasförmiges Oxid. Es bilden sich unter anderem Kohlenstoffdioxid, Kohlenstoffmonooxid und Schwefeldioxid.
Nach etwa 20 Minuten ist der Frischvorgang beendet. Der Konverter wird geschwenkt und der fertige Stahl in eine *Gießpfanne* gekippt. Von dort wird er zur Weiterverarbeitung in ein Walzwerk transportiert. Hier wird der Stahl zu Blechen, Drähten, Formstahl oder Rohren verarbeitet.

> Bei der Stahlerzeugung werden die im Roheisen enthaltenen Verunreinigungen durch Zugabe von Schrott und durch Aufblasen von Sauerstoff entfernt.

**1** Erkläre, weshalb der größte Teil des produzierten Roheisens zu Stahl weiterverarbeitet wird, bevor es als Werkstoff genutzt werden kann.
**2 a)** Beschreibe Aufbau und Funktionsweise eines Konverters. Orientiere dich dabei an dem nebenstehenden Schema.
**b)** Erkläre die Rolle des Sauerstoffs bei dem Verfahren und erläutere, wodurch die Energieversorgung sichergestellt wird.
**3** Erstelle ein Fließschema der Weiterverarbeitung von Stahl im Walzwerk. Nutze hierfür das Internet.

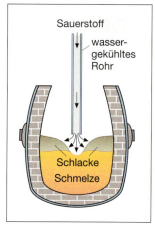
*Konverter-Schema*

156 Eisenerz und Schrott – Grundstoffe der Stahlgewinnung

## Edelstahl
**Exkurs**

Als Edelstahl bezeichnet man Stahlsorten, deren Eigenschaften durch die Beimischung geeigneter Stahlveredler und durch besondere Behandlungsverfahren wesentlich verbessert wurden. Edelstähle sind dementsprechend für die jeweilige Anwendung maßgeschneiderte Legierungen des Eisens.

**Rostfreier Stahl.** Eisen, das mit Sauerstoff und Feuchtigkeit in Kontakt kommt, beginnt bereits nach kurzer Zeit zu rosten. Dem kann man vorbeugen, wenn man rostfreien Stahl verwendet: Solche Stähle enthalten vorwiegend Chrom als Legierungsbestandteil. Weitere wichtige Legierungspartner sind dabei Nickel und Mangan. Rostfreie Stähle werden zum Beispiel zur Herstellung von Kochtöpfen und von Spülbecken verwendet.

**Messerstahl.** Eine Klinge muss verschiedensten Anforderungen gerecht werden. Sie soll möglichst rostfrei sein. Sie soll sich leicht schärfen lassen und gleichzeitig trotz hoher Beanspruchung lange scharf bleiben – scheinbar widersprüchliche Anforderungen an Härte und Abriebfestigkeit. Hier verwendet man Stähle, denen neben Chrom Molybdän und Vanadium zugesetzt wurden. Molybdän erhöht die Härte und die Korrosionsbeständigkeit des Stahls. Vanadium wird verwendet, um den Stahl elastisch zu machen und so ein Verbiegen oder Brechen der Klinge bei größerer Belastung zu verhindern.

**Werkzeugstahl.** Werkzeuge sind oft größten mechanischen Belastungen ausgesetzt. Sie sollen die Form, Passgenauigkeit oder Schärfe möglichst lange beibehalten, um oft eingesetzt werden zu können. Der verwendete Stahl muss deshalb auch bei höheren Temperaturen eine besondere Härte aufweisen, was durch den Zusatz von Wolfram erreicht wird. Bereits geringe Mengen dieses Metalls erhöhen die Härte des Stahls beträchtlich.
Metallbohrer werden aus Werkzeugstahl gefertigt und tragen häufig die Aufschrift HSS (engl. *high speed steel:* Schnellarbeitsstahl), was auf die verwendete Stahlsorte hinweist. In ihr kommen die Legierungsmetalle Wolfram, Molybdän, Vanadium, Cobalt, Nickel und Titan zum Einsatz.

**1** Recherchiere im Internet, welche Eigenschaften die Stahlveredler im Stahl hervorrufen. Stell deine Ergebnisse in einer Tabelle zusammen.

## Legierungen
**Exkurs**

*Prägestempel auf einem Silberbesteck*

Reine Metalle sind für viele technische Anwendungen zu weich. Elementares Silber eignet sich beispielsweise nur bedingt zur Herstellung von Schmuck oder Besteck. Um Werkstoffe mit besseren Eigenschaften zu gewinnen, werden die entsprechenden Metalle im geschmolzenen Zustand mit anderen Elementen vermischt. Häufig handelt es sich bei diesen Beimischungen ebenfalls um Metalle. Der Hauptbestandteil dieses Gemisches wird als *Basismetall* bezeichnet, die Beimischung hingegen als *Legierungselement*.

Nach dem Abkühlen erhält man eine *Legierung* (lat. *legare:* vereinigen). Diese Gemische von Metallen haben oft günstigere Werkstoffeigenschaften als die reinen Metalle. Wird Silber zum Beispiel mit 7,5 % Kupfer legiert, entsteht Sterlingsilber. Diese Legierung ist deutlich härter als reines Silber und gleichzeitig genauso unempfindlich gegenüber Umwelteinflüssen. Sie wird dementsprechend zur Herstellung von Silbergeschirr oder von Musikinstrumenten genutzt.

Grundsätzlich kann man zwischen homogenen Legierungen und heterogenen Legierungen unterscheiden. Bei *homogenen Legierungen* sind die Legierungsbestandteile im festen Zustand ebenso wie in der Schmelze so miteinander vermischt wie die Komponenten einer Lösung. Die Zusammensetzung der erstarrten Legierung ist überall gleich.

Bei *heterogenen Legierungen* sind die Bestandteile zwar in der Schmelze mischbar, nicht jedoch im festen Zustand. Hier liegen kleinste Kristalle der jeweiligen Legierungsbestandteile nebeneinander vor.

# Praktikum: Untersuchung von Eisen und Eisenverbindungen

## V1: Eigenschaften von Eisen und Eisenerz

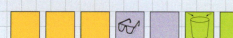

*Materialien:* Stabmagnet, Papier, Leitfähigkeitsprüfer, Becherglas (100 ml, breite Form), Gleichspannungsquelle, Strommessgerät;
Eisenpulver, schwarzes Eisenoxid, rotes Eisenoxid.

*Durchführung:*
1. Prüfe die Proben mit dem Stabmagneten auf ihre magnetischen Eigenschaften. Umwickle dabei den Magneten mit dem Papier, damit sich magnetisierbare Partikel nicht dauerhaft an ihm absetzen können.
2. Untersuche die elektrische Leitfähigkeit mithilfe des Leitfähigkeitsprüfers.

*Aufgaben:*
a) Notiere Deine Beobachtungen in einer Tabelle.
b) Erstelle eine exakte Schaltskizze für die Leitfähigkeitsuntersuchung.

## V2: Härte und Verformbarkeit von Eisen und Stahl

*Materialien:* Gasbrenner, Glasplatte, Tiegelzange;
Eisennagel, Stahlnagel, Rasierklinge, Blumendraht.

*Durchführung:*
1. Vergleiche die Härte eines Eisennagels und eines Stahlnagels, indem du versuchst, mit beiden Nägeln Glas zu ritzen.
2. Vergleiche die Elastizität und Verformbarkeit eines Blumendrahts und einer Rasierklinge aus gehärtetem Stahl.
   *Hinweis:* Umwickle die Rasierklinge teilweise mit Papier, damit du sie biegen kannst, ohne dich zu verletzen.
3. Erhitze den Blumendraht und die Rasierklinge in der rauschenden Flamme des Gasbrenners. Lass die Gegenstände langsam abkühlen und untersuche danach die Verformbarkeit.
4. Wiederhole Arbeitsschritt 3. Kühle dabei jedoch beide Prüfstücke schlagartig in einem Wasserbad ab. Prüfe erneut die Verformbarkeit.

*Aufgaben:*
a) Notiere deine Beobachtungen.
b) Bereite einen Kurzvortrag über die unterschiedlichen Stoffeigenschaften von Eisen und Stahl vor.
c) Informiere dich im Internet über die Arbeitsmethoden in einer Schmiede.

## V3: Reaktion von Eisen mit Luftsauerstoff

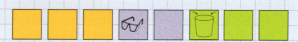

*Materialien:* Gasbrenner, Schleifpapier, Porzellanschale; Eisenblech, Eisenwolle.

*Durchführung:*
1. Poliere das Eisenblech bis es ganz sauber ist und lege es auf das Drahtnetz.
2. Erhitze das Blech mit der rauschenden Flamme des Gasbrenners von unten, bis es glüht.
3. Lege ein Stück Eisenwolle in eine Porzellanschale und halte an ein Ende der Eisenwolle kurz die Flamme des Brenners.
4. Untersuche das Blech und die Eisenwolle nach dem Erkalten.

*Aufgaben:*
a) Notiere deine Beobachtungen.
b) Stelle die Gemeinsamkeiten und Unterschiede im Verhalten des Eisenblechs und der Eisenwolle dar. Erkläre worauf diese Unterschiede beruhen.
c) Stelle das Reaktionsschema für die Reaktion von Eisen mit Sauerstoff auf.

**A1:** In zwei Reagenzgläser wird Eisenwolle gegeben. Im ersten Reagenzglas wurde die Eisenwolle vorher mit Wasser befeuchtet; im zweiten ist sie trocken. Beide Reagenzgläser werden umgedreht in ein Wasserbad getaucht.
a) Beschreibe die Veränderungen und erkläre die Unterschiede im Anstieg der Flüssigkeitssäulen.
b) Erläutere, wie hoch das Wasser maximal steigen kann.
c) Nenne die Reaktionsbedingungen unter denen sich besonders schnell Rost bildet.
d) Beschreibe und erkläre, was man beobachten würde, wenn die Reagenzgläser statt in ein Wasserbad in ein Ölbad tauchen würden.

158 Eisenerz und Schrott – Grundstoffe der Stahlgewinnung

# Gewinnung von Eisen

**Praktikum**

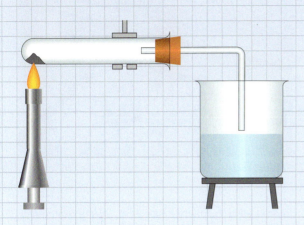

### V2: Projekt Rennofenverfahren

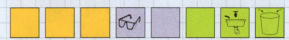

**Materialien:** Ziegelsteine, Lehm oder Ton, Stroh, Keramikrohr oder Stahlrohr (Länge etwa 30 cm, Durchmesser 3 cm), Spaten, Schaufel, Blasebalg; Eisenerz, Holzkohle.

*Durchführung:*
1. Errichte an einem Hang den Rennofen entsprechend der Skizze.
2. Trockne den Rennofen durchgehend 24 Stunden lang mit einem kleinen Feuer.

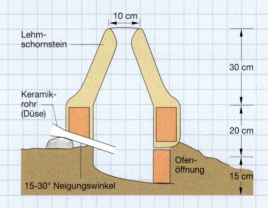

### V1: Gewinnung von Eisen im Reagenzglas

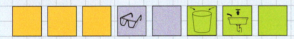

**Materialien:** schwer schmelzbares Reagenzglas, Gasbrenner, durchbohrter Stopfen mit gewinkeltem Glasrohr, Becherglas (50 ml), Waage, Stabmagnet, Uhrglas; rotes Eisenoxid, Holzkohle-Pulver, Kalkwasser.

*Durchführung:*
1. Mische im Reagenzglas 2 g Eisenoxid mit 2 g Kohlenstoff.
2. Prüfe von außen die magnetischen Eigenschaften von Eisenoxid und Kohlenstoff.
3. Verschließe das Reagenzglas mit dem Stopfen mit dem Glasrohr.
4. Gib in das Becherglas etwa 25 ml Kalkwasser.
5. Das Gemisch aus Eisenoxid und Kohlenstoff wird stark erhitzt. Die Öffnung des gewinkelten Glasrohrs wird dabei über das Kalkwasser gehalten.
6. Wenn sich keine Veränderung mehr ergibt, lässt man das Reagenzglas erkalten und prüft mit dem Stabmagneten erneut die magnetischen Eigenschaften.

*Aufgaben:*
a) Notiere deine Beobachtungen.
b) Erläutere die Nachweisreaktion mit Kalkwasser.
c) Stelle das Reaktionsschema für die Nachweisreaktion auf.
d) Stelle das Reaktionsschema für die Umsetzung von Eisenoxid mit Kohlenstoff auf.
e) Erläutere die Reaktion mit den Fachbegriffen Oxidationsmittel und Reduktionsmittel.
f) Vergleiche den Reagenzglasversuch mit der industriellen Eisengewinnung: Ordne den Sachverhalten ihre Entsprechungen im Hochofenprozess zu: Reagenzglas mit Gasbrenner, Holzkohle, Eisenoxid, Gasableitungsrohr.

3. Gib anschließend Holzkohle auf die Glut.
4. Wenn die Holzkohle glüht, wird der Rennofen 20 cm hoch mit Eisenerz und Holzkohle im Massenverhältnis 1:2 beschickt.
5. Blase regelmäßig mit dem Blasebalg Luft durch die Düse.
6. Öffne den Ofen nach sechs Stunden.
7. Untersuche nach dem Abkühlen das mit Schlacke durchsetzte Eisen, die Luppe.

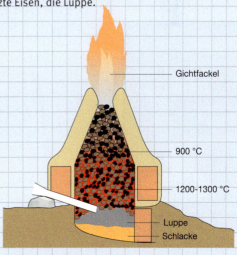

Eisenerz und Schrott – Grundstoffe der Stahlgewinnung

# 11.4 Thermitverfahren ☆

*Verschweißen von Eisenbahnschienen*

*Schweißnaht*

Roheisen wird in großer Menge gewonnen, zu Stahl weiterverarbeitet und abschließend für die entsprechende Anwendung in Form gebracht. Wesentliche Handelsformen sind Bleche, Rohre, Drähte, Stahlträger und Schienen. Bei der Herstellung der Endprodukte müssen die vorgefertigten Bauteile schließlich verschraubt oder verschweißt werden.

Früher wurden die Enden von Eisenbahnschienen miteinander verschraubt, um einen durchgängigen Schienenstrang zu erhalten. Bei der Fahrt war dann im Inneren des Zuges immer ein charakteristisches Geräusch zu hören. Das Verschrauben der Schienen ist heute nicht mehr möglich, da moderne Züge mit deutlich höheren Geschwindigkeiten fahren und aus Sicherheitsgründen deshalb eine möglichst exakte Verbindung der Schienen benötigen.

**Schweißen von Schienen.** Ein besonderes Schweißverfahren kommt bei der Verbindung von Bahnschienen zur Anwendung. Dabei handelt es sich um das Thermitverfahren. Um die Lücke zwischen zwei Schienenenden zu verschweißen wird an Ort und Stelle aus Eisenoxid und Aluminium durch eine Redoxreaktion Eisen hergestellt. Aluminium reduziert dabei Eisenoxid:

Zum Verschweißen der Schienenenden bringt man am Schienenspalt eine Gießform an, die mit einem feuerfesten Reaktionsofen verbunden ist. In das Reaktionsgefäß wird die Thermitmischung gegeben. Sie enthält neben Eisenoxid und Aluminiumgrieß noch Legierungsmetalle wie Vanadium und Mangan, damit die Schweißnaht noch stabiler wird.
Nachdem die Enden der Schienen mit Gasbrennern auf etwa 900 °C vorgewärmt worden sind, wird die Mischung gezündet. Augenblicklich setzt eine heftige Reaktion ein:
Bei Temperaturen von weit über 2000 °C entsteht flüssiges Eisen, das aufgrund der höheren Dichte nach unten sinkt. Darüber schwimmt das flüssige Aluminiumoxid, das verhindert, dass der Sauerstoff der Luft mit dem flüssigen Eisen erneut zu Eisenoxid reagieren kann.
Das weißglühende Eisen fließt schließlich in die Gießform und füllt den Schienenstoß von unten nach oben aus. Nach dem Abkühlen wird die Gießform zerschlagen und die Schienenoberfläche glatt geschliffen.

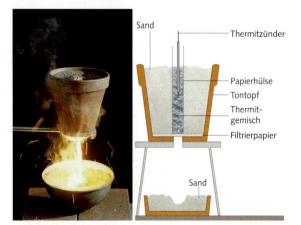
*Thermitreaktion im Laborversuch*

> Beim Thermitverfahren wird Eisen aus Eisenoxid und Aluminium gewonnen. Diese exotherme Reaktion wird beim Verschweißen von Bahnschienen angewandt.

**1** Erläutere die Thermitreaktion. Gib auch Reduktionsmittel und Oxidationsmittel an.
**2** Erkläre die technische Bedeutung des Thermitverfahrens.

## 11.5 Reduktion – wer reduziert wen? ☆

Metalle lassen sich aus ihren Oxiden mithilfe geeigneter *Reduktionsmittel* gewinnen. Das Metalloxid gibt während der Reaktion Sauerstoff ab, während das Reduktionsmittel Sauerstoff aufnimmt.

**Kohlenstoff als Reduktionsmittel.** Um aus Kupferoxid oder Eisenoxid das entsprechende Metall zu gewinnen, verwendet man Kohlenstoff als Reaktionspartner. Das Metalloxid wird zum Metall reduziert. Aus Kohlenstoff bildet sich Kohlenstoffdioxid. Will man die Reaktion im Reagenzglas durchführen, muss man das Oxid ständig mit dem Brenner erhitzen, um eine Reduktion zu ermöglichen. Während dies beim Kupferoxid noch leicht gelingt, so sind beim Eisenoxid lange Zeit hohe Temperaturen nötig, um eine Reaktion herbeizuführen. Hieraus lässt sich schließen, dass Kupferoxid leichter reduziert werden kann als Eisenoxid: Die Tendenz, Sauerstoff abzugeben ist im Falle des Kupfers stärker ausgeprägt als beim Eisen.

*Reaktion von Kupferoxid mit Eisen*

**Reduktionswirkung.** Neben Nichtmetallen wie Kohlenstoff können auch Metalle für die Reduktion eines Metalloxids eingesetzt werden.
Beim Thermitverfahren lässt sich Eisen mithilfe von Aluminium aus Eisenoxid gewinnen. Auf vergleichbare Weise kann aus Kupferoxid metallisches Kupfer gewonnen werden. In beiden Fällen ist Aluminium das Reduktionsmittel, bei der Reaktion bildet sich Aluminiumoxid.
Ein entscheidender Unterschied zwischen den Reaktionen besteht in ihrer Heftigkeit. Beim Eisenoxid verläuft die Reaktion noch kontrollierbar, beim Kupferoxid hingegen explosionsartig.
Neben Aluminium kann auch Eisen zur Reduktion von Kupferoxid verwendet werden. Bei der Reaktion bildet sich Eisenoxid und Kupfer. Eisen ist in der Lage, Kupferoxid zu reduzieren, es dient als Reduktionsmittel. Umgekehrt kann Eisenoxid von metallischem Kupfer jedoch nicht reduziert werden.

Ein Vergleich zeigt, dass nicht jedes Metall geeignet ist, um andere Metall-Oxide zu reduzieren. Aluminium ist in der Lage sowohl Eisenoxid als auch Kupferoxid zu reduzieren. Eisen hingegen kann nur Kupferoxid, nicht aber Aluminiumoxid reduzieren. Kupfer eignet sich hier nicht als Reduktionsmittel. Die Reduktionswirkung von Metallen ist also unterschiedlich stark.

Die Metalle lassen sich in einer Rangfolge ihrer Reduktionswirkung, in der sogenannten **Redoxreihe der Metalle,** zusammenstellen. Links in dieser Reihe stehen starke Reduktionsmittel. Dazu gehören Magnesium, Aluminium und Eisen. Sie liefern bei der Umsetzung mit Sauerstoff viel Energie und werden leicht oxidiert. Solche Metalle bezeichnet man als *unedle Metalle.* Im Gegensatz dazu haben Silber, Gold und Platin kaum eine Reduktionswirkung. Sie stehen rechts in der Redoxreihe; es handelt sich um die *Edelmetalle.* Sie werden an der Luft nicht oxidiert.
Je schwächer die Reduktionswirkung eines Metalls, umso stärker ist die Oxidationswirkung des jeweiligen Oxids: Silberoxid ist ein viel stärkeres Oxidationsmittel als Magnesiumoxid.

> Die Metalle ordnet man nach der Stärke ihres Reduktionsvermögens in der Redoxreihe. Die unedlen Metalle sind in der Lage, die Oxide edlerer Metalle zu reduzieren.

**1** Nenne einige edle und unedle Metalle.
**2** Um Zinkoxid zu Zink zu reduzieren, stehen die Metalle Magnesium, Aluminium und Eisen zur Verfügung. Erkläre welche Metalle hierfür geeignet sind.

---

Reduktionswirkung

| Magnesium | Aluminium | Zink | Eisen | Blei | Kupfer | Silber | Gold | Platin |

unedle Metalle — edle Metalle

Eisenerz und Schrott – Grundstoffe der Stahlgewinnung

## 11.6 Recycling von Metallen

*Vorsortierter Metallschrott für das Recycling*

*Recycling im Elektrolichtbogenofen*

Mit der zunehmender Industrialisierung und dem steigenden Wohlstand der Gesellschaft sind neue Probleme entstanden:
- Seit den 1970er Jahren ist deutlich geworden, dass Ressourcen wie Erdöl bei gleich bleibender Verwendung irgendwann erschöpft sein werden.
- Außerdem ist eine zunehmende Belastung von Mensch und Umwelt durch Abfallstoffe zu verzeichnen.

Daher kommt einer ressourcenschonenden Wirtschaftsweise und dem Umweltschutz eine immer größere Bedeutung zu. Eine wichtige Möglichkeit, beide Aspekte zu berücksichtigen, besteht in der Wiederverwertung von Werkstoffen, dem **Recycling**. Hierbei werden Abfälle aufgearbeitet, in den Produktkreislauf zurückgeführt und so zur Produktion neuer Güter verwendet. Ziel ist es, sowohl den Rohstoffverbrauch zu senken als auch die Abfallmengen zu vermindern. Mit einer solchen Wirtschaftsweise ist meist gleichzeitig auch eine Energieeinsparung möglich.

**Metallrecycling.** Die größte Menge an Abfällen entsteht bei der industriellen Produktion: etwa 85 % des gesamten Abfallaufkommens entfällt auf das produzierende Gewerbe. Dementsprechend ist die Abfallvermeidung im Bereich der Industrie besonders wichtig. Die Abfallmenge konnte seit den 1980er Jahren mithilfe des Recyclings deutlich reduziert werden.

Im Bereich der metallerzeugenden Industrie ist der Recycling-Gedanke deutlich älter als in der übrigen Wirtschaft. Hier haben sich frühzeitig Verfahren zur Rohstoffrückgewinnung durchgesetzt: So sammelten früher Alteisensammler Metallschrott wie alte Maschinen oder Fahrräder ein. Beim Schrotthändler wurde der Metallschrott schließlich getrennt und sortiert, um für die Wiederverwertung genutzt zu werden.

**Elektrostahl.** Neben der Erzeugung von Stahl aus Roheisen, kommt Recycling von Schrott eine immer größere Bedeutung zu. Der jährliche Anteil an recyceltem Stahl beträgt derzeit etwa 35% mit steigender Tendenz.

Ein bedeutendes Recyclingverfahren bei der Stahlerzeugung ist die Herstellung von sogenanntem *Elektrostahl*.
In einem pfannenähnlichen Ofen wird dabei aus Schrott Stahl hergestellt. Die zum Schmelzen des Schrotts benötigte Energie wird durch die Umwandlung von elektrischer Energie in Wärme bereitgestellt. Zwischen zwei Enden einer Spannungsquelle, den *Elektroden*, bildet sich bei hoher Spannung ein *Lichtbogen*, durch den der Strom fließt. Ein Lichtbogen ist praktisch ein kontinuierlicher Blitz, der bis zu 3500 °C heiß ist. Als Elektroden verwendet man Graphitstäbe und den Schrott selbst, so dass sich der Lichtbogen zwischen den Graphitstäben und dem Schrott aufbaut. Der Schrott schmilzt; in der Schmelze erreicht man Temperaturen von bis zu 1800 °C.
Die Schmelze wird mit Zuschlägen und Stahlveredlern versetzt. Dabei bildet sich die Schlacke, die auf dem Stahl liegt und ihn vor Oxidation schützt.
Pro Schmelzvorgang werden in weniger als einer Stunde bis zu 250 Tonnen Stahl hergestellt.

Chemisch gesehen oxidiert der im Schrott gebundene Sauerstoff die unerwünschten Begleitelemente sowie die dem Schrott anhaftenden Verunreinigungen.

Die Herstellung von Elektrostahl hat nicht allein ökologische Vorteile, sondern auch ökonomische Aspekte, die ein Recycling des Werkstoffs Stahl interessant machen: So müssen kaum Rohstoffe außer Schrott zugekauft werden, was den Prozess unabhängiger von den Rohstoffpreisen des Weltmarktes

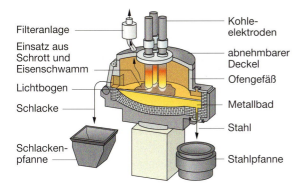

*Schema eines Elektrolichtbogenofens*

macht. Dementsprechend kostengünstiger wird die Produktion und damit auch der Stahl.
Ein weiterer Vorteil liegt in der größeren Flexibilität, mit der die Recyclinganlagen betrieben werden können. Während ein Hochofen über Jahre hinweg konti- nuierlich betrieben werden muss, so kann die Produktion bei Recyclingverfahren angepasst werden. Bei einer höheren Nachfrage kann mehr Stahl gewonnen werden, bei schwacher Konjunktur kann der Ofen zurückgefahren oder abgeschaltet werden.

> Recycling ist die Wiederverwertung von Rohstoffen mit dem Ziel Ressourcen und die Umwelt zu schonen. So wird aus Schrott Elektrostahl mithilfe eines Elektrolichtbogens erzeugt.

**1** Liste Vorteile und Nachteile der Verfahren zur Stahlgewinnung auf und diskutiere, weshalb das Schrottrecycling einen immer größeren Stellenwert einnimmt.
**2** Erkläre, weshalb die Produkton in einem Elektroofen flexibler ist als in einem Hochofen.
**3** Erstelle ein Schaubild der wichtigsten Herstellungsverfahren für Stahl. Informiere dich über das Direktreduktionsverfahren zur Eisengewinnung.

## Herstellung und Recycling von Blei  **Exkurs**

Blei ist ein leicht verformbares, mattgraues Metall. Wirtschaftliche Bedeutung haben Blei und Bleiverbindungen vor allem für die Herstellung von Autobatterien. Bleistäube und Bleiverbindungen sind giftig. Deshalb dürfen sie nicht ins Trinkwasser gelangen.

**Herstellung.** Blei wird aus Bleisulfid gewonnen. Das angewendete *Röstreduktionsverfahren* verläuft in zwei Arbeitsschritten. Das gemahlene Erz wird zunächst in einem Röstofen erhitzt. Bleisulfid reagiert dabei mit Sauerstoff zu Bleioxid und Schwefeldioxid; diese Reaktion bezeichnet man als *Röstreaktion*. Im zweiten Schritt erfolgt die *Reduktion*. Das Bleioxid wird mit Koks und Zuschlagstoffen in einem Schachtofen erhitzt. Gleichzeitig wird Luft in den Ofen geblasen. Wie beim Hochofen wirkt auch hier das bei der Verbrennung entstehende Kohlenstoffmonooxid als Reduktionsmittel.

Beim Abstich fließt das Blei in Formen und erstarrt. Dieses Rohblei wird weiter gereinigt. In Deutschland werden jährlich etwa 350 000 Tonnen Blei verarbeitet. Über die Hälfte davon ist *Sekundärblei,* also Blei, das aus Altmaterial recycelt wurde.

**Recycling von Bleibatterien.** Hersteller und Handel von Batterien und Akkus sind verpfichtet diese zurückzunehmen. Der Verbraucher muss im Gegenzug alle unbrauchbar gewordenen Batterien bei den Sammelstellen abgeben. Die Batterien werden dann recycelt.

Durch eine Pfandregelung hat man bei Autobatterien einen nahezu vollständigen Rücklauf erreicht. Über das Recycling kehren somit Blei und Bleiverbindungen in den Produktionsprozess zurück:
Zunächst wird aus den Batterien die Säure entleert und für die Weiterverwertung gesammelt. Die Batterien werden dann mit dem Kunststoffgehäuse in einem Schachtofen zusammen mit Koks und Zuschlagsstoffen erhitzt. Wie bei der Gewinnung von *Primärblei* aus Bleierzen entsteht neben Blei auch eine Schlacke.

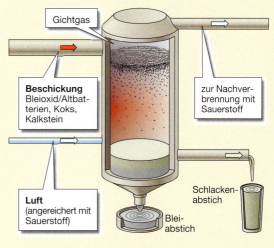

*Gewinnung von Blei im Schachtofen*

# Exkurs: Stahl – wirtschaftlich betrachtet

Seit der Industrialisierung ist Stahl praktisch *der* Werkstoff in Industrie und Technik. Die Stahlindustrie war bis in die 1960er Jahre eines der wichtigsten Standbeine der deutschen Volkswirtschaft. Insgesamt 340 000 Menschen waren damals in diesem Industriezweig in Deutschland beschäftigt. Auch heute spielt die Stahlindustrie noch eine wichtige Rolle als Zulieferer für wichtige Bereiche wie die Automobilindustrie, das Bauwesen und der Maschinenbau. 2006 waren noch rund 90 000 Arbeitnehmer in der Stahlindustrie beschäftigt.

**Preisbildung.** Der Preis für eine Tonne Rohstahl ist seit dem Jahr 2002 zunächst sehr stark gestiegen, dann Ende 2008 aber wieder eingebrochen. Die Preisbewegungen lagen in diesem Zeitraum zwischen 1000 € in der Spitze und rund 300 € am unteren Ende. Der Preis hängt von verschiedenen Faktoren ab: Neben dem Angebot, also der Produktionsmenge von Stahl, bestimmt die Nachfrage den Preis. Während sich das Angebot eher kontinuierlich mit dem Bau neuer Stahlwerke ändert, unterliegt die Nachfrage sehr starken konjunkturellen Schwankungen. So war der Preisanstieg seit 2002 sehr stark durch die entwicklungsbedingte Nachfrage vor allem von China verursacht. Der Einbruch in der zweiten Jahreshälfte 2008 erfolgte vor dem Hintergrund einer weltweiten Abschwächung der Konjunktur.

**Rohstoffe.** Der Stahlpreis hängt natürlich auch von den Preisen für Eisenerz, Koks und Zuschlagstoffen ab. Für die Stahlerzeugung benötigt man außerdem Stahlveredler. Diese werden entweder als reine Metalle zugesetzt oder in Form von Schrott zugegeben. Aufgrund der großen Nachfrage sind die Rohstoffkosten stark gestiegen. So hat sich der Preis für Schrott seit 2002 verdreifacht, der für Nickel seit 2002 mehr als verfünffacht. Der weltweite Erzmarkt ist in der Hand von nur drei Konzernen, die rund drei Viertel der Produktion kontrollieren und daher einen großen Einfluss auf den Preis nehmen können.

**Stahlproduktion.** Weltweit wurden im Jahre 2005 mehr als 1,1 Milliarden Tonnen Stahl erzeugt, davon knapp 200 Millionen Tonnen in der Europäischen Union. Das indische Unternehmen ArcelorMittal ist derzeit der weltweit größte Stahlkonzern. Das Unternehmen produzierte 2005 über 100 Millionen Tonnen Stahl.
Die ThyssenKrupp AG, das größte deutsche Stahlunternehmen, derzeit auf Platz 11 der Weltrangliste, stellte 2005 dagegen nur 16,5 Millionen Tonnen Stahl her. Diese im weltweiten Vergleich eher geringe Produktionsmenge ist auf die Spezialisierung des Unternehmens zurückzuführen. Mit der Produktion von Spezialstählen ist es gelungen, wettbewerbsfähig zu bleiben und sich in ausgewählten Sparten der Stahlindustrie gegenüber den größeren Konkurrenten zu behaupten.

**1** Beschreibe die Wege des Stahls, indem du Rohstofflieferanten, Stahlexporteure und Stahlimporteure herausstellst. Arbeite dabei mit der Karte und dem Atlas.
**2** Stelle die Entwicklung der Rohstoffpreise graphisch dar. Erkläre, wie sie mit dem Stahlpreis zusammenhängen.
**3** Recherchiere im Internet die wichtigsten Stahlhersteller. Stelle dazu eine Tabelle zusammen.

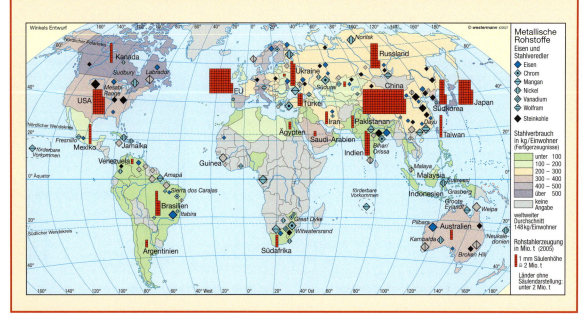

164 Eisenerz und Schrott – Grundstoffe der Stahlgewinnung

# Eisenerz und Schrott – Stahlerzeugung

**Basiswissen**

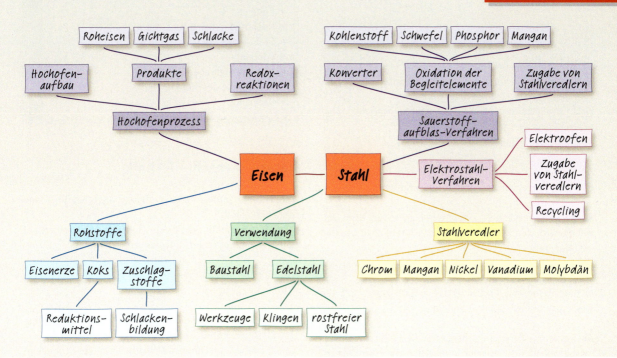

## Vom Eisen zum Stahl

**Chemie in unserer Welt**

Eisen ist der bedeutendste metallische Werkstoff weltweit. Er wird in der Baubranche ebenso benötigt wie für die Herstellung von Maschinen und Werkzeugen. In der eisen- und stahlerzeugenden Industrie werden daher jährlich riesige Mengen dieses Metalls hergestellt.

Obwohl die zur Produktion von Eisen angewandten Prozesse chemischer Natur sind, wird diese Branche nicht der chemischen Industrie zugerechnet, sondern traditionell als eigenständiger Industriezweig verstanden. Auch diese Eigenständigkeit zeigt die besondere Bedeutung von Eisen und Stahl für unsere Gesellschaft.

**Roheisen.** Im Hochofenprozess wird Roheisen durch die Reduktion von Erzen gewonnen. Der Hochofen wird für mehrere Jahre ununterbrochen betrieben. Mehrmals pro Tag wird flüssiges Eisen abgestochen.

Der Arbeitsplatz am Hochofen ist trotz zahlreicher Verbesserungen des Verfahrens noch immer gekennzeichnet durch extrem hohe Temperaturen, schwere Schutzkleidung sowie viel Staub und Schmutz. Dennoch ist die Herstellung von Eisen heute ein technisch hochentwickelter Prozess: Die Eisengewinnung wird von Ingenieuren ständig weiterentwickelt und den heutigen Anforderungen an Umwelt und Qualität angepasst.

**Thermitverfahren.** Beim Verschweißen von Bahnschienen wird das Thermitverfahren angewandt. Dabei bildet sich aus Eisenoxid und Aluminium flüssiges Eisen, das in die Lücke zwischen den beiden Schienen fließt und diese ausfüllt. Aluminium dient in diesem Fall als Reduktionsmittel: Es steht in der Redoxreihe der Metalle weiter links.

**Stahl.** Die weitaus größte Menge des Roheisens wird zu Stahl weiterverarbeitet. Dazu wird zunächst der Kohlenstoffgehalt des Roheisens gesenkt, indem man Sauerstoff in das flüssige Eisen einbläst. Der Prozess wird als Frischen bezeichnet. Später können dem Roheisen Stahlveredler zugesetzt werden, mit denen die speziellen Stoffeigenschaften des Stahls gesteuert werden können.

Eine Alternative zum Hochofenverfahren ist das Elektrostahlverfahren. Hierbei wird Stahlschrott im Lichtbogenofen geschmolzen. Die Schmelze wird dann mit Stahlveredlern versetzt. Das Verfahren gewinnt an Bedeutung, weil es auf dem Recycling von wertvollem Schrott beruht und eine flexiblere Steuerung der Produktionsmenge und der gewünschten Qualitäten erlaubt.

# Prüfe dein Wissen

## Quiz

**A1 a)** Erkläre die Begriffe des Fensters.
**b)** Notiere auf der Vorderseite von Karteikarten den Begriff, auf der Rückseite die Erklärung.
**c)** Ordne die Begriffe den Basiskonzepten „Materie", „chemische Reaktion" und „Energie" zu. Begründe deine Zuordnung.

**A2** Nenne die wichtigsten Stoffeigenschaften von Eisen und beschreibe, wie es in der Natur vorkommt.

**A3 a)** Erkläre, weshalb Eisen selten in reiner Form verwandt wird, sondern praktisch ausschließlich in seinen Legierungen.
**b)** Nenne Legierungsmetalle, die bei der Produktion von Stahl zum Einsatz kommen.
**c)** Beschreibe, wie Chromzusätze und Nickelzusätze die Eigenschaften von Stahl verändern.

**A4** Stelle das Reaktionsschema für die beim Thermitverfahren ablaufende chemische Reaktion auf. Gib Oxidationsmittel und Reduktionsmittel an.

**A5** Um Roheisen in Stahl umzuwandeln, bläst man Sauerstoff auf die Schmelze.
**a)** Nenne Bestandteile des Roheisens, die dadurch entfernt werden, und stelle für die ablaufenden Oxidationen jeweils das Reaktionsschema auf.
**b)** Erkläre, warum sich die Schmelze beim Sauerstoff-Blasverfahren erhitzt, obwohl keine Wärme zugeführt wird.

## Know-how

**A6** Erläutere, weshalb man bei Redoxreaktionen in der Industrie
**a)** meist Koks und nicht unedle Metalle als Reduktionsmittel verwendet.
**b)** Koks anstelle der früher üblichen Holzkohle einsetzt.

**A7** Beschreibe die Schritte zur Herstellung von Stahl.

**A8 a)** Gib an, wie man mit dem Elektrostahl-Verfahren aus Schrott Stahl gewinnen kann.
**b)** Begründe, weshalb die Stahlproduktion in Elektroöfen flexibler ist als die Stahlerzeugung im Hochofenprozess und anschließender Behandlung des Roheisens im Stahl-Konverter.

**A9** Erkläre mithilfe der Redoxreihe, welches Metall geeignet wäre, um Aluminium aus Aluminiumoxid herzustellen.

## Natur – Mensch – Technik

**A10** Früher wurden Fahrradrahmen ausschließlich aus Stahl hergestellt.
Begründe, weshalb man heute statt des Werkstoffs Stahl häufig Aluminium oder Titan verwendet.

**A11** Erkläre, warum man Hochöfen häufig an Flüssen errichtet hat.

**A12** Platintiegel werden im Labor genutzt, wenn aggressive Stoffe bei hohen Temperaturen reagieren sollen.
Nenne Gründe, warum gerade Platin besonders gut geeignet ist.

**A13** In einem Auto-Abgaskatalysator sind nur 2 g feinst verteilter Metalle enthalten.
Nenne Gründe, weshalb sich das Recycling dennoch lohnt.

**A14 a)** Beschreibe die Preisentwicklung von Nickel.

**b)** Erkläre, welcher sachliche Zusammenhang zwischen dem Preis für Stahl und dem Preis von Nickel besteht.
**c)** Begründe den deutlichen Anstieg des Preises für Nickel ab dem Jahre 2003.
**d)** Erkläre, wie man die Frage nach dem wirklichen Wert von Nickel beantworten müsste.

**A15** Begründe, weshalb man die Nutzung des Gichtgases im Winderhitzer im weitesten Sinne als Recycling bezeichnen kann.

# Eisenerz und Schrott – Grundstoffe der Stahlerzeugung

**Wissen vernetzt**

## A1 Zink – Schützt vor dem Rosten

Eisen und einfache Stähle sind für viele Anwendungen nur bedingt geeignet, weil sie unter dem Einfluss von Sauerstoff und Wasser schnell rosten. Daher sind Rostschutzmaßnahmen wie das *Feuerverzinken* notwendig: Dazu taucht man den zu schützenden Gegenstand kurz in eine Schmelze von Zink. Dabei wird eine dünne fest haftende Zink-Schicht gebildet.

Als relativ unedles Metall reagiert Zink an der Luft sehr schnell mit Sauerstoff zu Zinkoxid. Es bildet sich so an der Zinkoberfläche eine weiß-graue Oxid-Schicht. Diese Schicht ist allerdings so dicht, dass der weitere Zutritt von Sauerstoff an das Metall verhindert wird; das Metall unter der Oxid-Schicht wird nicht weiter angegriffen. Der verzinkte Gegenstand ist somit geschützt. Zink wird daher in der Industrie in großen Mengen benötigt.

Für die Gewinnung von Zink geht man von den Erzen Zinkblende und Zinkspat aus. Die Erze werden zunächst unter Luftzufuhr geröstet. Dabei entsteht Zinkoxid, das dann mit Koks umgesetzt wird. Wie im Hochofenprozess bildet sich zunächst Kohlenstoffmonooxid, welches das eigentliche Reduktionsmittel der Redoxreaktion darstellt.

Das so hergestellte Zink enthält noch relativ viele Verunreinigungen. Da Zink bereits bei rund 900 °C siedet, kann es von den Verunreinigungen durch Destillation abgetrennt werden. Das gereinigte Zink wird abschließend in Barren gegossen. In dieser Form kommt es auch meist in den Handel.

a) Erläutere, weshalb Zink für die stahlverarbeitende Industrie von großer Bedeutung ist.
b) Stelle das Reaktionsschema für die Reduktion von Zinkoxid mit Kohlenstoff auf.
c) Stelle Gemeinsamkeiten und Unterschiede der Gewinnung von Eisen und von Zink dar.
d) Erläutere, welcher Widerspruch zwischen der Stellung von Zink in der Redoxreihe und seiner Verwendung als Rostschutz besteht. Erkläre, wie sich der Widerspruch auflösen lässt.

## A2 Magnesium brennt unter Wasser

Angezündetes Magnesium kann auch unter Wasser brennen. Man setzt es deshalb für Unterwasserfackeln ein. Die leichte Brennbarkeit des Metalls kann aber auch zu gefährlichen Bränden mit Magnesiumwerkstoffen in der Technik führen.

a) Begründe, warum der Brandsatz einer Unterwasserfackel neben Magnesium und Bindemitteln auch Stoffe enthält, die leicht Sauerstoff abgeben können.
b) Im Gegensatz zu einer Magnesiumfackel erlischt ein brennendes Magnesiumband, wenn man es in Wasser taucht. Erkläre das unterschiedliche Verhalten.
c) Welche Reaktionen könnten bei einer Unterwasserfackel ablaufen? Formuliere Reaktionsschemata und gib Oxidationsmittel und Reduktionsmittel an.
d) Erläutere, welches Gas in den von der brennenden Fackel aufsteigenden Blasen enthalten sein könnte.
e) Ein Magnesiumbrand lässt sich weder mit Wasser noch mit einem Kohlenstoffdioxidlöscher bekämpfen. Formuliere das Reaktionsschema für die Reaktion von Magnesium mit Kohlenstoffdioxid.
f) Bei einem Experiment wird ein Magnesiumband mit der Brennerflamme an der Luft entzündet und dann in einen Standzylinder mit Kohlenstoffdioxid gehalten. Stelle Ausgangsstoffe und Reaktionsprodukte modellhaft auf der Teilchenebene dar.
g) Nenne und begründe eine mögliche Löschmethode für einen Magnesiumbrand.
h) Weltweit werden jährlich etwas 500 000 Tonnen Magnesium hergestellt. Recherchiere, in welchen Bereichen Magnesium und Magnesiumlegierungen hauptsächlich verwendet werden. Nenne auch einige Produkte aus dem Alltag.
i) Metallisches Magnesium wurde erstmals 1808 hergestellt und ab 1860 auch praktisch in der Feuerwerkerei eingesetzt. Als Werkstoff spielt Magnesium erst seit etwa 80 Jahren eine Rolle; in letzter Zeit steigt die Bedeutung stark an. Erläutere einige Gesichtspunkte, die diese Entwicklung erklären.

# Gefahrenhinweise und Sicherheitsratschläge für gefährliche Stoffe

## Gefahrenhinweise (R-Sätze)

Diese Hinweise geben in einer ausführlicheren Weise als die Gefahrensymbole Auskunft über die Art der Gefahr.

R 1   In trockenem Zustand explosionsgefährlich

R 2   Durch Schlag, Reibung, Feuer oder andere Zündquellen explosionsgefährlich

R 3   Durch Schlag, Reibung, Feuer oder andere Zündquellen besonders explosionsgefährlich

R 4   Bildet hochempfindliche explosionsgefährliche Metallverbindungen

R 5   Beim Erwärmen explosionsfähig

R 6   Mit und ohne Luft explosionsfähig

R 7   Kann Brand verursachen

R 8   Feuergefahr bei Berührung mit brennbaren Stoffen

R 9   Explosionsgefahr bei Mischung mit brennbaren Stoffen

R 10   Entzündlich

R 11   Leichtentzündlich

R 12   Hochentzündlich

R 14   Reagiert heftig mit Wasser

R 15   Reagiert mit Wasser unter Bildung hochentzündlicher Gase

R 16   Explosionsgefährlich in Mischung mit brandfördernden Stoffen

R 17   Selbstentzündlich an der Luft

R 18   Bei Gebrauch Bildung explosionsfähiger / leichtentzündlicher Dampf-Luftgemische möglich

R 19   Kann explosionsfähige Peroxide bilden

R 20   Gesundheitsschädlich beim Einatmen

R 21   Gesundheitsschädlich bei Berührung mit der Haut

R 22   Gesundheitsschädlich beim Verschlucken

R 23   Giftig beim Einatmen

R 24   Giftig bei Berührung mit der Haut

R 25   Giftig beim Verschlucken

R 26   Sehr giftig beim Einatmen

R 27   Sehr giftig bei Berührung mit der Haut

R 28   Sehr giftig beim Verschlucken

R 29   Entwickelt bei Berührung mit Wasser giftige Gase

R 30   Kann bei Gebrauch leichtentzündlich werden

R 31   Entwickelt bei Berührung mit Säure giftige Gase

R 32   Entwickelt bei Berührung mit Säure sehr giftige Gase

R 33   Gefahr kumulativer Wirkung

R 34   Verursacht Verätzungen

R 35   Verursacht schwere Verätzungen

R 36   Reizt die Augen

R 37   Reizt die Atmungsorgane

R 38   Reizt die Haut

R 39   Ernste Gefahr irreversiblen Schadens

R 40   Irreversibler Schaden möglich

R 41   Gefahr ernster Augenschäden

R 42   Sensibilisierung durch Einatmen möglich

R 43   Sensibilisierung durch Hautkontakt möglich

R 44   Explosionsgefahr bei Erhitzen unter Einschluss

R 45   Kann Krebs erzeugen

R 46   Kann vererbbare Schäden verursachen

R 48   Gefahr ernster Gesundheitsschäden bei längerer Exposition

R 49   Kann Krebs erzeugen beim Einatmen

R 50   Sehr giftig für Wasserorganismen

R 51   Giftig für Wasserorganismen

R 52   Schädlich für Wasserorganismen

R 53   Kann in Gewässern längerfristig schädliche Wirkungen haben

R 54   Giftig für Pflanzen

R 55   Giftig für Tiere

R 56   Giftig für Bodenorganismen

R 57   Giftig für Bienen

R 58   Kann längerfristig schädliche Wirkungen auf die Umwelt haben

R 59   Gefährlich für die Ozonschicht

R 60   Kann die Fortpflanzungsfähigkeit beeinträchtigen

R 61   Kann das Kind im Mutterleib schädigen

R 62   Kann möglicherweise die Fortpflanzungsfähigkeit beeinträchtigen

R 63   Kann das Kind im Mutterleib möglicherweise schädigen

R 64   Kann Säuglinge über die Muttermilch schädigen

R 65   Gesundheitsschädlich: Kann beim Verschlucken Lungenschäden verursachen

R 66   Wiederholter Kontakt kann zu spröder oder rissiger Haut führen

R 67   Dämpfe können Schläfrigkeit oder Benommenheit verursachen

## Sicherheitsratschläge (S-Sätze)

Hier werden Empfehlungen gegeben, wie Gesundheitsgefahren beim Umgang mit gefährlichen Stoffen abgewehrt werden können.

S 1 Unter Verschluss aufbewahren

S 2 Darf nicht in die Hände von Kindern gelangen

S 3 Kühl aufbewahren

S 4 Von Wohnplätzen fernhalten

S 5 Unter ... aufbewahren (geeignete Flüssigkeit vom Hersteller anzugeben)

S 6 Unter ... aufbewahren (inertes Gas vom Hersteller anzugeben)

S 7 Behälter dicht geschlossen halten

S 8 Behälter trocken halten

S 9 Behälter an einem gut gelüfteten Ort aufbewahren

S 12 Behälter nicht gasdicht verschließen

S 13 Von Nahrungsmitteln, Getränken und Futtermitteln fernhalten

S 14 Von ... fernhalten (inkompatible Substanzen sind vom Hersteller anzugeben)

S 15 Vor Hitze schützen

S 16 Von Zündquellen fernhalten – Nicht rauchen

S 17 Von brennbaren Stoffen fernhalten

S 18 Behälter mit Vorsicht öffnen und handhaben

S 20 Bei der Arbeit nicht essen und trinken

S 21 Bei der Arbeit nicht rauchen

S 22 Staub nicht einatmen

S 23 Gas/Rauch/Dampf/Aerosol nicht einatmen (geeignete Bezeichnung(en) vom Hersteller anzugeben)

S 24 Berührung mit der Haut vermeiden

S 25 Berührung mit den Augen vermeiden

S 26 Bei Berührung mit den Augen sofort gründlich mit Wasser abspülen und Arzt konsultieren

S 27 Beschmutzte, getränkte Kleidung sofort ausziehen

S 28 Bei Berührung mit der Haut sofort abwaschen mit viel ... (vom Hersteller anzugeben)

S 29 Nicht in die Kanalisation gelangen lassen

S 30 Niemals Wasser hinzugießen

S 33 Maßnahmen gegen elektrostatische Aufladung treffen

S 35 Abfälle und Behälter müssen in gesicherter Weise beseitigt werden

S 36 Bei der Arbeit geeignete Schutzkleidung tragen

S 37 Geeignete Schutzhandschuhe tragen

S 38 Bei unzureichender Belüftung Atemschutzgerät anlegen

S 39 Schutzbrille/Gesichtsschutz tragen

S 40 Fußboden und verunreinigte Gegenstände mit ... reinigen (Material vom Hersteller anzugeben)

S 41 Explosions- und Brandgase nicht einatmen

S 42 Bei Räuchern/Versprühen geeignetes Atemschutzgerät anlegen (geeignete Bezeichnung(en) vom Hersteller anzugeben)

S 43 Zum Löschen ... (vom Hersteller anzugeben) verwenden (wenn Wasser die Gefahr erhöht, anfügen: „Kein Wasser verwenden")

S 45 Bei Unfall oder Unwohlsein sofort Arzt hinzuziehen (wenn möglich dieses Etikett vorzeigen)

S 46 Bei Verschlucken sofort ärztlichen Rat einholen und Verpackung oder Etikett vorzeigen

S 47 Nicht bei Temperaturen über ... °C aufbewahren (vom Hersteller anzugeben)

S 48 Feucht halten mit ... (geeignetes Mittel vom Hersteller anzugeben)

S 49 Nur im Originalbehälter aufbewahren

S 50 Nicht mischen mit ... (vom Hersteller anzugeben)

S 51 Nur in gut gelüfteten Bereichen verwenden

S 52 Nicht großflächig für Wohn- und Aufenthaltsräume verwenden

S 53 Exposition vermeiden – vor Gebrauch besondere Anweisungen einholen

S 56 Diesen Stoff und seinen Behälter der Problemfallentsorgung zuführen

S 57 Zur Vermeidung einer Kontamination der Umwelt geeigneten Behälter verwenden

S 59 Information zur Wiederverwendung beim Hersteller/Lieferanten erfragen

S 60 Dieser Stoff und sein Behälter sind als gefährlicher Abfall zu entsorgen

S 61 Freisetzung in die Umwelt vermeiden. Besondere Anweisungen einholen / Sicherheitsdatenblatt zu Rate ziehen

S 62 Bei Verschlucken kein Erbrechen herbeiführen. Sofort ärztlichen Rat einholen und Verpackung oder dieses Etikett vorzeigen

S 63 Bei Unfall durch Einatmen: Verunfallten an die frische Luft bringen und ruhig stellen

S 64 Bei Verschlucken Mund mit Wasser ausspülen (nur wenn Verunfallter bei Bewusstsein ist)

# Stoffliste

| Stoff | Gefahrensymbole, Sicherheitssymbole, Entsorgungssymbole | Ratschläge R/S-Sätze |
|---|---|---|
| Benzin (Waschbenzin) | | R: 11–51/53–65–66–67 <br> S: 9–16–23–24–61–62 |
| Brennspiritus | | R: 11 <br> S: 7–16 |
| Bromthymolblau | | R: <br> S: |
| Calciumchlorid | | R: 36 <br> S: 22–24 |
| Calciumoxid | | R: 41 <br> S: 22–24–26–39 |
| Eisenpulver, -wolle (Stahlwolle) | | R: <br> S: |
| Essigsäure $w \geq 25\,\%$ | | 10–35 <br> S: 23–26–45 |
| Essigsäure $10\,\% \leq w < 25\,\%$ | | R: 36/38 <br> S: 23–26–45 |
| Essigsäure $w < 10\,\%$ | | R: <br> S: |
| Heptan | | R: 11–38–50/53–65–67 <br> S: 9–16–29–33–60–61–62 |
| Iod | | R: 20/21–50 <br> S: 23–25–61 |
| Kaliumhydrogencarbonat | | R: <br> S: |
| Kaliumnitrat | | R: 8 <br> S: 17–24/25 |
| Kalkwasser | | R: <br> S: |
| Kupferblech -pulver | | R: <br> S: |
| Kupferiodid | | R: <br> S: |
| Kupferoxid | | R: <br> S: |
| Kupfersulfat | | R: 22–36/38–50/53 <br> S: 22–60–61 |
| Magnesiumpulver | | R: 11–15–17 <br> S: 7/8–43 |
| Magnesiumband | | R: <br> S: |
| Magnesiumoxid | | R: <br> S: 22 |
| Methan | | R: 12 <br> S: 9–16–33 |
| Natriumcarbonat (Soda) | | R: 36 <br> S: 22–26 |
| Natriumchlorid | | R: <br> S: |
| Natriumhydrogencarbonat (Natron) | | R: <br> S: |
| Natriumhydrogensulfat | | R: 41 <br> S: 24–26 |
| Natronlauge $w \geq 2\,\%$ | | R: 34 <br> S: 26–37/39–45 |
| Natronlauge $0,5\,\% \leq w < 2\,\%$ | | R: 36/38 <br> S: 26–37/39–45 |
| Paraffin | | R: <br> S: |
| Phosphorpentoxid | | R: 35 <br> S: 22–26–45 |
| Propanol | | R: 11–41–67 <br> S: 7–16–24–26–39 |
| Salzsäure $w \geq 25\,\%$ | | R: 34–37 <br> S: 26–45 |
| Salzsäure $10\,\% \leq w < 25\,\%$ | | R: 36/37/38 <br> S: 28 |
| Salzsäure (verd.) | | R: <br> S: |
| Seifenlösung (alkohol.) | | R: 11 <br> S: 7–16 |
| Speiseessig (5 % Essigsäure) | | R: <br> S: |
| Zinkpulver | | R: 15–17 <br> S: 7/8–43 |
| Zitronensäure | | R: 36 <br> S: 26 |

X: spezielle Entsorgungsreaktion

# Die chemischen Elemente

| Name | Symbol | OZ | Atommasse[1] in u | Dichte[2] in g/cm³ (Gase: g/l) | Schmelz-temperatur[3] in °C | Siede-temperatur[3] in °C |
|---|---|---|---|---|---|---|
| **A**ctinium * | Ac | 89 | (227) | 10,1 | 1050 | 3200 |
| Aluminium | Al | 13 | 26,98 | 2,7 | 660 | 2467 |
| Americium * | Am | 95 | (241) | 11,7 | 1176 | (2067) |
| Antimon (Stibium) | Sb | 51 | 121,8 | 6,68 | 631 | 1635 |
| Argon | Ar | 18 | 39,95 | *1,66* | −189 | −186 |
| Arsen (grau) | As | 33 | 74,92 | 5,72 | 817p | 613s |
| Astat * | At | 85 | (210) | – | 302 | (335) |
| **B**arium | Ba | 56 | 137,3 | 3,5 | 725 | 1640 |
| Berkelium * | Bk | 97 | (249) | 15 | 986 | (2623) |
| Beryllium | Be | 4 | 9,012 | 1,85 | 1278 | 2471 |
| Bismut | Bi | 83 | 209 | 9,8 | 271 | 1560 |
| Blei (Plumbum) | Pb | 82 | 207,2 | 11,3 | 327 | 1740 |
| Bor | B | 5 | 10,81 | 2,34 | 2300 | 3660 |
| Brom | Br | 35 | 79,9 | 3,12 | −7 | 59 |
| **C**admium | Cd | 48 | 112,4 | 8,65 | 321 | 767 |
| Caesium | Cs | 55 | 132,9 | 1,87 | 28 | 669 |
| Calcium | Ca | 20 | 40,08 | 1,55 | 842 | 1484 |
| Californium * | Cf | 98 | (252) | – | – | – |
| Cer | Ce | 58 | 140,1 | 6,78 | 795 | 3433 |
| Chlor | Cl | 17 | 35,45 | *2,95* | −101 | −34 |
| Chrom | Cr | 24 | 52 | 7,19 | 1857 | 2672 |
| Cobalt | Co | 27 | 58,93 | 8,9 | 1495 | 2870 |
| Curium * | Cm | 96 | (244) | 13,5 | 1340 | 3110 |
| **D**ysprosium | Dy | 66 | 162,5 | 8,54 | 1410 | 2567 |
| **E**insteinium * | Es | 99 | (252) | – | (860) | – |
| Eisen (Ferrum) | Fe | 26 | 55,85 | 7,86 | 1535 | 2750 |
| Erbium | Er | 68 | 167,3 | 9,05 | 1529 | 2900 |
| Europium | Eu | 63 | 152 | 5,24 | 826 | 1596 |
| **F**ermium * | Fm | 100 | (257) | – | – | – |
| Fluor | F | 9 | 19 | *1,58* | −220 | −188 |
| Francium * | Fr | 87 | (223) | – | (27) | (680) |
| **G**adolinium | Gd | 64 | 157,3 | 7,9 | 1313 | 3273 |
| Gallium | Ga | 31 | 69,72 | 5,91 | 30 | 2403 |
| Germanium | Ge | 32 | 72,61 | 5,32 | 937 | 2830 |
| Gold (Aurum) | Au | 79 | 197 | 19,3 | 1064 | 2808 |
| **H**afnium | Hf | 72 | 178,5 | 13,3 | 2233 | 4450 |
| Helium | He | 2 | 4,003 | *0,17* | −272p | −269 |
| Holmium | Ho | 67 | 164,9 | 8,8 | 1472 | 2694 |
| **I**ndium | In | 49 | 114,8 | 7,31 | 157 | 2080 |
| Iod | I | 53 | 126,9 | 4,94 | 114 | 184 |
| Iridium | Ir | 77 | 192,2 | 22,5 | 2450 | 4500 |
| **K**alium | K | 19 | 39,1 | 0,86 | 63 | 760 |
| Kohlenstoff (Carboneum) | C | 6 | 12,01 | [4] | > 3550 | > 3900 |
| Krypton | Kr | 36 | 83,8 | *3,48* | −157 | −152 |
| Kupfer (Cuprum) | Cu | 29 | 63,55 | 8,96 | 1085 | 2527 |
| Lanthan | La | 57 | 138,9 | 6,17 | 920 | 3470 |
| Lawrencium * | Lr | 103 | (262) | – | – | – |
| Lithium | Li | 3 | 6,941 | 0,53 | 180 | 1342 |
| Lutetium | Lu | 71 | 175 | 9,84 | 1663 | 3402 |
| **M**agnesium | Mg | 12 | 24,31 | 1,74 | 650 | 1110 |
| Mangan | Mn | 25 | 54,94 | 7,43 | 1244 | 2095 |
| Mendelevium * | Md | 101 | (258) | – | (827) | – |
| Molybdän | Mo | 42 | 95,94 | 10,2 | 2610 | 5560 |

| Name | Symbol | OZ | Atommasse[1] in u | Dichte[2] in g/cm³ (Gase: g/l) | Schmelz-temperatur[3] in °C | Siede-temperatur[3] in °C |
|---|---|---|---|---|---|---|
| **N**atrium | Na | 11 | 22,99 | 0,97 | 98 | 883 |
| Neodym | Nd | 60 | 144,2 | 7 | 1024 | 3074 |
| Neon | Ne | 10 | 20,18 | *0,84* | −249 | −246 |
| Neptunium * | Np | 93 | (237) | 20,4 | 637 | (3900) |
| Nickel | Ni | 28 | 58,69 | 8,9 | 1455 | 2730 |
| Niob | Nb | 41 | 92,91 | 8,57 | 2468 | 4758 |
| Nobelium * | No | 102 | (259) | – | – | – |
| **O**smium | Os | 76 | 190,2 | 22,6 | (3045) | (5000) |
| **P**alladium | Pd | 46 | 106,4 | 12 | 1554 | 2970 |
| Phosphor | P | 15 | 30,97 | [5] | [6] | [7] |
| Platin | Pt | 78 | 195,1 | 21,4 | 1772 | 3825 |
| Plutonium * | Pu | 94 | (239) | 19,8 | 640 | 3230 |
| Polonium * | Po | 84 | (210) | 9,4 | 254 | 962 |
| Praseodym | Pr | 59 | 140,9 | 6,77 | 935 | 3510 |
| Promethium * | Pm | 61 | (146) | 7,22 | 1042 | (2730) |
| Protactinium * | Pa | 91 | (231) | 15,4 | 1572 | (4000) |
| **Q**uecksilber (Hydrargyrum) | Hg | 80 | 200,6 | 13,53 | −39 | 357 |
| **R**adium * | Ra | 88 | (226) | 5 | 700 | 1737 |
| Radon * | Rn | 86 | (222) | *9,73* | −71 | −62 |
| Rhenium | Re | 75 | 186,2 | 21 | 3180 | 5630 |
| Rhodium | Rh | 45 | 102,9 | 12,4 | 1964 | 3695 |
| Rubidium | Rb | 37 | 85,47 | 1,53 | 39 | 686 |
| Ruthenium | Ru | 44 | 101,1 | 12,4 | 2310 | 4150 |
| **S**amarium | Sm | 62 | 150,4 | 7,54 | 1072 | 1791 |
| Sauerstoff (Oxygenium) | O | 8 | 16 | *1,33* | −219 | −183 |
| Scandium | Sc | 21 | 44,96 | 3 | 1538 | 2730 |
| Schwefel (Sulfur) | S | 16 | 32,07 | [8] | 113 | 445 |
| Selen | Se | 34 | 78,96 | 4,8 | 217 | 685 |
| Silber (Argentum) | Ag | 47 | 107,9 | 10,5 | 962 | 2212 |
| Silicium | Si | 14 | 28,09 | 2,33 | 1410 | 3267 |
| Stickstoff (Nitrogenium) | N | 7 | 14,01 | *1,16* | −210 | −196 |
| Strontium | Sr | 38 | 87,62 | 2,6 | 769 | 1384 |
| **T**antal | Ta | 73 | 180,9 | 16,6 | 3000 | 5534 |
| Technetium* | Tc | 43 | (98) | 11,5 | 2157 | 4880 |
| Tellur | Te | 52 | 127,6 | 6,24 | 450 | 990 |
| Terbium | Tb | 65 | 158,9 | 8,25 | 1360 | 3230 |
| Thallium | Tl | 81 | 204,4 | 11,85 | 303 | 1457 |
| Thorium * | Th | 90 | (232) | 11,7 | 1750 | 4788 |
| Thulium | Tm | 69 | 168,9 | 9,32 | 1545 | 1950 |
| Titan | Ti | 22 | 47,87 | 4,5 | 1660 | 3287 |
| **U**ran * | U | 92 | (238) | 19,1 | 1135 | 3818 |
| **V**anadium | V | 23 | 50,94 | 6,1 | 1910 | 3407 |
| **W**asserstoff (Hydrogenium) | H | 1 | 1,008 | *0,084* | −259 | −253 |
| Wolfram | W | 74 | 183,8 | 19,3 | 3410 | 5660 |
| **X**enon | Xe | 54 | 131,3 | *5,46* | −112 | −108 |
| **Y**tterbium | Yb | 70 | 173 | 6,97 | 824 | 1194 |
| Yttrium | Y | 39 | 88,91 | 4,47 | 1522 | 3338 |
| **Z**ink | Zn | 30 | 65,39 | 7,14 | 420 | 907 |
| Zinn (Stannum) | Sn | 50 | 118,7 | 7,3 | 232 | 2602 |
| Zirconium | Zr | 40 | 91,22 | 6,49 | 1852 | 4377 |

[1] Eine eingeklammerte Zahl gibt die Nukleonenzahl des häufigsten Isotops des Elements an.

[2] Die Dichteangaben gelten für 25 °C und 1013 hPa. Bei gasförmigen Elementen wird die Dichte kursiv angegeben. Sie gilt für 20 °C und 1013 hPa.

[3] Eine eingeklammerte Zahl gibt Schätzwerte an.

[4] Graphit: 2,26 $\frac{g}{cm^3}$; Diamant: 3,51 $\frac{g}{cm^3}$

[5] weißer Phosphor: 1,82 $\frac{g}{cm^3}$; roter Phosphor: 2,35 $\frac{g}{cm^3}$; schwarzer Phosphor: 2,7 $\frac{g}{cm^3}$

[6] weißer Phosphor: 44 °C; roter Phosphor: 590 °C (p); schwarzer Phosphor: –

[7] weißer Phosphor: 280 °C; roter Phosphor: 417 °C (p); schwarzer Phosphor: –

[8] rhombischer Schwefel: 2,07 $\frac{g}{cm^3}$; monokliner Schwefel: 1,96 $\frac{g}{cm^3}$

– Werte nicht bekannt

p unter Druck

s sublimiert

* radioaktives Element

## Größen und ihre Einheiten

| Größe | | Einheit | | |
|---|---|---|---|---|
| Name | Zei-chen | Name | Zei-chen | Beziehungen |
| Masse | $m$ | Kilogramm | kg | 1 kg = 1000 g<br>1 g = 1000 mg |
| Volumen | $V$ | Kubikmeter | $m^3$ | $1\ m^3 = 1000\ dm^3$<br>$1\ dm^3 = 1\ l$ |
| | | Liter | l | 1 l = 1000 ml<br>$1\ ml = 1\ cm^3$ |
| Dichte | $\varrho$ | Kilogramm / Kubikmeter | $\frac{kg}{m^3}$ | $1\ \frac{g}{cm^3} = 1000\ \frac{kg}{m^3}$ |
| | | Gramm / Liter | $\frac{g}{l}$ | $1\ \frac{g}{l} = 0{,}001\ \frac{g}{m^3}$ |
| Druck | $p$ | Pascal | Pa | $1\ Pa = 1\ \frac{N}{m^2}$<br>100 Pa = 1 hPa |
| | | Bar | bar | 1 bar = 100 000 Pa<br>1 mbar = 100 Pa |
| Energie | $E$ | Joule | J | $1\ J = 1\ N \cdot m = 1\ \frac{kg \cdot m^2}{s^2}$ |
| Elektrizitäts-menge | $Q$ | Coulomb | C | $1\ C = 1\ A \cdot s$ |
| Anzahl | $N$ | | | |
| Stoffmenge | $n$ | Mol | mol | 1 mol enthält<br>$6{,}022 \cdot 10^{23}$ Teilchen |
| molare Masse | $M$ | Gramm / Mol | $\frac{g}{mol}$ | |
| Stoffmengen-konzentration | $c$ | Mol / Liter | $\frac{mol}{l}$ | |
| Temperatur | $\vartheta$ | Grad Celsius | °C | |
| | $T$ | Kelvin | K | 0 °C = 273,15 K |

## Umrechnungsfaktoren

| Energie | J | cal | eV |
|---|---|---|---|
| 1 J | 1 | 0,2390 | $6{,}242 \cdot 10^{18}$ |
| 1 cal | 4,184 | 1 | $2{,}612 \cdot 10^{19}$ |
| 1 eV | $1{,}602 \cdot 10^{-19}$ | $3{,}829 \cdot 10^{-20}$ | 1 |

$1\ J = 1\ N \cdot m = 1\ W \cdot s = 1\ V \cdot A \cdot s$

| Druck | Pa | atm | mm Hg | bar |
|---|---|---|---|---|
| 1 Pa | 1 | $9{,}869 \cdot 10^{-6}$ | $7{,}501 \cdot 10^{-3}$ | $10^{-5}$ |
| 1 atm | $1{,}013 \cdot 10^5$ | 1 | 760,0 | 1,013 |
| 1 mm Hg (Torr) | 133,3 | $1{,}316 \cdot 10^{-3}$ | 1 | $1{,}333 \cdot 10^{-3}$ |
| 1 bar | $10^5$ | 0,9869 | 750,1 | 1 |

100 Pa = 1 hPa;  1 mbar = 1 hPa;  1 mm Hg = 1 Torr;  $1\ Pa = 1\ \frac{N}{m^2}$

## Konstanten

| Atomare Masseneinheit | $u$ | $1{,}661 \cdot 10^{-27}$ kg |
|---|---|---|
| AVOGADRO-Konstante | $N_A$ | $6{,}022 \cdot 10^{23}\ \frac{1}{mol}$ |
| Molares Volumen eines idealen Gases (bei 1013 hPa und 20 °C) | $V_m$ | $24{,}056\ \frac{l}{mol}$ |
| Ladung eines Elektrons | $e$ | $1{,}602 \cdot 10^{-19}$ C |
| Masse eines Elektrons | $m_e$ | $9{,}109 \cdot 10^{-31}$ kg |
| Masse eines Protons | $m_p$ | $1{,}673 \cdot 10^{-27}$ kg |
| Masse eines Neutrons | $m_n$ | $1{,}675 \cdot 10^{-27}$ kg |
| FARADAY-Konstante | $F$ | $96\ 485\ \frac{C}{mol}$ |

## Gehaltsangaben für Mischungen und Lösungen (nach DIN 1310)

Masse einer Stoffportion: $m_i$    Massenkonzentration: $\beta_i = \frac{m_i}{V}$

Volumen einer Stoffportion: $V_i$    Volumenkonzentration: $\sigma_i = \frac{V_i}{V}$

Stoffmenge einer Stoffportion: $n_i$    Stoffmengenkonzentration: $c_i = \frac{n_i}{V}$

Teilchenzahl einer Stoffportion: $N_i$    Teilchenkonzentration: $C_i = \frac{N_i}{V}$

($V$: Gesamtvolumen **nach** dem Mischen)

Massenanteil (früher: Gewichtsprozent): $w_i = \frac{m_i}{m}$

Gesamtmasse $m = m_1 + m_2 + \ldots$

Volumenanteil (früher: Volumenprozent): $\varphi_i = \frac{V_i}{V_0}$

Gesamtvolumen $V_0 = V_1 + V_2 + \ldots$ (**vor** dem Mischen)

Stoffmengenanteil: $x_i = \frac{n_i}{n}$

Gesamtstoffmenge $n = n_1 + n_2 + \ldots$

Teilchenzahlanteil: $X_i = \frac{N_i}{N}$

Gesamtteilchenanzahl $N = N_1 + N_2 + \ldots$

Das Wort Gehalt wird als Oberbegriff bei der qualitativen Beschreibung verwendet. *Beispiel:* der Wassergehalt einer Probe

## Dezimale Teile/Vielfache

| Potenz | Vorsilbe | Symbol | Potenz | Vorsilbe | Symbol |
|---|---|---|---|---|---|
| $10^{-1}$ | Dezi | d | $10$ | Deka | da |
| $10^{-2}$ | Zenti | c | $10^2$ | Hekto | h |
| $10^{-3}$ | Milli | m | $10^3$ | Kilo | k |
| $10^{-6}$ | Mikro | $\mu$ | $10^6$ | Mega | M |
| $10^{-9}$ | Nano | n | $10^9$ | Giga | G |
| $10^{-12}$ | Piko | p | $10^{12}$ | Tera | T |
| $10^{-15}$ | Femto | f | $10^{15}$ | Peta | P |
| $10^{-18}$ | Atto | a | $10^{18}$ | Exa | E |

## Griechisches Alphabet

| Buchstabe klein | groß | Name | Buchstabe klein | groß | Name |
|---|---|---|---|---|---|
| $\alpha$ | A | alpha | $\nu$ | N | nü |
| $\beta$ | B | beta | $\xi$ | $\Xi$ | xi |
| $\gamma$ | $\Gamma$ | gamma | o | O | omikron |
| $\delta$ | $\Delta$ | delta | $\pi$ | $\Pi$ | pi |
| $\varepsilon$ | E | epsilon | $\varrho$ | P | rho |
| $\zeta$ | Z | zeta | $\sigma$ | $\Sigma$ | sigma |
| $\eta$ | H | eta | $\tau$ | T | tau |
| $\vartheta$ | $\Theta$ | theta | $\varphi$ | $\Phi$ | phi |
| $\iota$ | I | jota | $\upsilon$ | $\Upsilon$ | ypsilon |
| $\kappa$ | K | kappa | $\chi$ | X | chi |
| $\lambda$ | $\Lambda$ | lambda | $\psi$ | $\Psi$ | psi |
| $\mu$ | M | mü | $\omega$ | $\Omega$ | omega |

## Griechische Zahlwörter

| $^1/_2$ | hemi | | |
|---|---|---|---|
| 1 | mono | 11 | undeca |
| 2 | di | 12 | dodeca |
| 3 | tri | 13 | trideca |
| 4 | tetra | 14 | tetradeca |
| 5 | penta | 15 | pentadeca |
| 6 | hexa | 16 | hexadeca |
| 7 | hepta | 17 | heptadeca |
| 8 | octa | 18 | octadeca |
| 9 | nona | 19 | enneadeca |
| 10 | deca | 20 | eicosa |

# Kleines Lexikon der Chemie

**Adsorption:** Anlagerung von Teilchen an die Oberfläche eines porösen Feststoffs wie Aktivkohle.

**Aggregatzustand:** gibt an, ob ein Stoff fest, flüssig oder gasförmig vorliegt. Symbole: s (fest), l (flüssig), g (gasförmig).

**Analyse:** Zerlegung einer Verbindung in die Elemente. (→ Synthese)

**Asche:** der bei einem Verbrennungsvorgang übrig bleibende, nicht brennbare Rückstand eines Brennstoffes.

**Atmosphäre:** gesamte Gashülle der Erde.

**Atome:** Grundbausteine der Materie; es gibt ebenso viele Atomarten, wie es Elemente gibt.

**Atommasse:** Masse eines Atoms; sie wird in der atomaren Masseneinheit 1 u angegeben;
$1\ u = 1{,}66 \cdot 10^{-24}\ g$

**chemische Reaktion:** eine Umwandlung von Stoffen, bei der aus den Ausgangsstoffen neue Stoffe gebildet werden. Chemische Reaktionen sind stets von einem Energieumsatz begleitet.

**Chromatografie:** Verfahren zur Trennung kleiner Mengen von Stoffgemischen mittels eines Trägermaterials (Papier, poröser Stoff auf einer Platte oder als Säulenfüllung) und eines Lösemittels bzw. Gases.

**Destillation:** Trennverfahren für Flüssigkeitsgemische; die Trennung erfolgt aufgrund unterschiedlicher Siedetemperaturen.

**Diffusion:** auf der Teilchenbewegung beruhende selbstständige Durchmischung gasförmiger und gelöster Stoffe.

**Element:** Reinstoff, der mit chemischen Mitteln nicht weiter zerlegt werden kann. Jedem Element entspricht eine bestimmte Atomart.

**Emulsion:** heterogenes Gemisch aus nicht ineinander löslichen Flüssigkeiten.

**Energieumsatz:** Kennzeichen chemischer Reaktionen. Bei exothermen Reaktionen wird Energie frei; Reaktionen, die nur unter Energieaufwand ablaufen, heißen endotherm.

**Erhaltung der Masse:** Bei chemischen Reaktionen ist die Masse der Endstoffe gleich der Masse der Ausgangsstoffe.

**Erze:** Mineralien mit hohem Metallgehalt; meist Oxide oder Sulfide; werden zur Gewinnung von Metallen eingesetzt.

**Extraktion:** Trennverfahren, bei dem lösliche Stoffe aus einem Gemisch herausgelöst werden.

**Filtrieren:** Trennverfahren für Suspensionen; mit einem Filter werden alle Teilchen zurückgehalten, die größer sind als die Filterporen.

**heterogene Gemische:** uneinheitliche Gemische, bei denen man, manchmal auch nur mit dem Mikroskop, die einzelnen Bestandteile erkennen kann; einheitliche Gemische bezeichnet man als homogene Gemische.

**Indikator:** ein Farbstoff, der durch seine Farbe anzeigt, ob eine saure, neutrale oder alkalische Lösung vorliegt.

**Katalysator:** ein Stoff, der die Geschwindigkeit einer Reaktion erhöht und unverändert aus der Reaktion hervorgeht.

**Kristall:** ein von ebenen Flächen regelmäßig begrenzter Körper.

**Legierung:** ein homogenes Gemisch aus zwei oder mehreren Metallen, das in der Schmelze hergestellt wird.

**Lösemittel:** Flüssigkeit, in der Feststoffe, Flüssigkeiten oder Gase gelöst werden können.

**Löslichkeit:** gibt die Masse eines Stoffes an, die sich maximal bei 20 °C in Wasser lösen lässt.

**Lösung:** ein homogenes flüssiges Gemisch aus zwei oder mehreren Stoffen. Das wichtigste Lösemittel ist Wasser.

**Lösung, alkalisch:** Lösung, die eine Farbänderung bei einem Indikator verursacht; wird als Säureregulator eingesetzt.

**Lösung, gesättigt:** in der Lösung ist die maximale Menge des zu lösenden Stoffes gelöst.

**Lösung, neutral:** Lösung, die weder sauer noch alkalisch ist.

**Lösung, sauer:** Lösung, die eine Farbänderung bei einem Indikator verursacht.

**Modell:** eine zu einem bestimmten Zweck gemachte vereinfachte Darstellung. Modelle dienen häufig der Veranschaulichung besonders kleiner, besonders großer oder besonders komplizierter Gegenstände oder Sachverhalte.

**Moleküle:** Atomverbände mit definierter Zusammensetzung.

**Nebel:** heterogenes Gemisch, bei dem eine Flüssigkeit in einem Gas verteilt ist.

Kleines Lexikon der Chemie **173**

**Oxid:** Verbindung eines Elementes mit Sauerstoff. Ein Oxid ist damit das Produkt einer Oxidationsreaktion.

**Oxidation:** Reaktion, bei der ein Stoff Sauerstoff aufnimmt.

**Oxidationsmittel:** ein Stoff, der einen anderen Stoff oxidiert; Gegenteil: Reduktionsmittel.

**Ozonschicht:** Teil der Stratosphäre; liegt etwa in 30 km Höhe; dort absorbiert Ozon den größten Teil der UV-Strahlung der Sonne.

**pH-Skala:** umfasst üblicherweise die Werte von 0 bis 14. Bei pH 7 liegt eine neutrale Lösung vor, bei pH-Werten unterhalb von 7 ist die Lösung sauer, oberhalb von 7 alkalisch.

**Rauch:** heterogenes Gemisch, bei dem ein Feststoff in einem Gas verteilt ist.

**Rauchgasreinigung:** Reinigung der Abgase eines Kraftwerkes, bei der Staub, Schwefeldioxid und Stickstoffoxide entfernt werden. Die Rauchgasreinigung erfolgt schrittweise in unterschiedlichen Anlagen des Kraftwerks: in der Entstaubungsanlage, der Entschwefelungsanlage und der Entstickungsanlage.

**Reaktionsschema:** Kurzdarstellung für eine chemische Reaktion mit Hilfe eines Reaktionspfeils. Links davon werden die Ausgangsstoffe genannt, rechts davon die neu gebildeten Produkte.

**Recycling:** Wiederverwertung von bereits gebrauchten Stoffen oder Gegenständen.

**Redoxreaktion:** Reaktion, bei der Sauerstoff ausgetauscht wird.

**Redoxreihe:** Auflistung von Stoffen nach ihrer Oxidierbarkeit.

**Reduktion:** Reaktion, bei der einem Stoff Sauerstoff entzogen wird.

**Reduktionsmittel:** ein Stoff, der einen anderen Stoff reduziert.

**saurer Regen:** Regen, der durch aus Luftschadstoffen (Schwefeldioxid und Stickstoffoxiden) gebildeten Säuren sauer reagiert.

**Schmelztemperatur:** Temperatur, bei der ein Stoff vom festen in den flüssigen Aggregatzustand übergeht.

**Schmelzwärme:** aufgenommene Wärmeenergie während des Schmelzens eines Stoffes.

**Sedimentation:** Trennverfahren für Suspensionen; der Feststoff setzt sich aufgrund der höheren Dichte ab.

**Stahl:** Eisen-Legierung mit geringem Kohlenstoffanteil.

**Suspension:** heterogenes Gemisch eines Feststoffs in einer Flüssigkeit.

**Synthese:** Aufbau einer Verbindung aus den Elementen. (→ Analyse)

**Teilchenmodell:** wichtige Modellvorstellung; Stoffe bestehen aus kleinsten Teilchen.

**Thermitverfahren:** Redoxreaktion zwischen Aluminium und Eisenoxid. Das dabei entstehende flüssige Eisen wird zum Verschweißen von Bahnschienen verwendet.

**Treibhauseffekt (anthropogen):** weltweite Temperaturerhöhung, verursacht durch die Zunahme von Kohlenstoffdioxid und anderen Gasen in der Atmosphäre.

**Treibhauseffekt (natürlich):** Erwärmung der Erdatmosphäre aufgrund der Absorption der von der Erdoberfläche abgestrahlten Wärme durch den Kohlenstoffdioxid- und Wasserdampf-Anteil der Luft.

**Verbindung:** Reinstoff, der durch chemische Reaktionen in Elemente zerlegt werden kann.

**Verdampfungswärme:** aufgenommene Wärmeenergie während des Siedens eines Stoffes.

**Wasser, demineralisiert:** reines Wasser, durch Entfernung der Salze gereinigt.

**Wasser, destilliert:** reines Wasser, durch Destillation gereinigt.

**Zündtemperatur:** ist die Temperatur, auf die man einen Stoff erhitzen muss, damit er mit dem Sauerstoff der Luft reagiert und brennt.

# Stichwortverzeichnis

**A**

Adsorption 48
Aggregatzustand 23, 30
alkalisch 128
alkalische Lösung 129
Alleskleber 126
Analyse 94, 130
anthropogener
  Treibhauseffekt 110
Arbeitsdruck 104
Asche 68, 89
Atmosphäre 99 f.
Atmung 102
Atom 95, 144, 146, 148
Atomanzahlverhältnis 146
Atomare Masseneinheit 148
Atommasse 148
Atommodell 95, 144, 146
Aufgaben 7
Aufschlag 41
Aussortieren 43

**B**

Belebungsbecken 122
BERZELIUS 144
Bewässerung 117
Biomasse 84
Blei 163
Bleibatterie 163
Bodenkörper 125
Brandbekämpfung 77, 81
Brandentstehung 77
Brandklassen 79 f.
Brennerflamme 14
Brennglas 67
Brennspiritus 69
Brennstoffe 68, 83
Brennstoffzellen 132
Brennwert 83
Bromthymolblau 128
Bronze 137
Butangas 15

**C**

Chemie 9
chemische Reaktion 54, 70
Chromatografie 45, 48
Chromatografie-Säule 48
chromatografische
  Verfahren 48

**D**

DALTON 95, 144
Darmstadtium 93
demineralisiertes Wasser 118
DEMOKRIT 144
Destillation 45
destilliertes Wasser 118
Dichte 27
Diffusion 32
Distickstoffoxid 110
Docht 65
Druck 25

**E**

Edelmetalle 161
Edelstahl 157
Eindampfen 43 f.
Eis 30
Eisen 153
Eisenerz 154
Eisengewinnung 153
Elektrostahl 162
Element 92
Elementsymbole 144
Emulgatoren 38, 41
Emulsion 39, 41

endotherme Reaktion 57
Energieträger 84
Energieumsatz 57
Entsorgung 11
Erbium 93
Erdgas 84
Erdöl 84
Ergänzungsnährstoffe 59
Erhaltung der Masse 91
Erhitzen 15
Erstarren 24
Erstarrungstemperatur 17, 24
Erz 139
Essigsäure 20
exotherme Reaktion 57
experimentieren 16
Extraktion 43, 45

**F**

Farbe 19
Feinstaub 106
Feldelektronen-
  Mikroskop 147
Fettbrand 87
Feuer 65
Feuerlöscher 80
Feuermachen 65, 68
Feuermelder 78
Feuerschutztür 78
Feuerstein 65
Feuerwerk 72
Feuerzeug 65
Filtrieren 43 f.
Flambieren 69
Flaschendruck 104
Fließmittel 45
Fluchtweg 79
Fluorchlorkohlenwasser-
  stoffe 110
Frischen 156

**G**

Gallium 93
Gasbrenner 14
Gefahrensymbol 12
Gemenge 38 f.
Gemische
  – heterogene
  – homogene 37 f.
Germanium 93
Geruch 19
Gesamtthema 46
gesättigte Lösung 22, 125
Geschmack 19
Gicht 154
Gichtgas 154
Glas 14
globale Erwärmung 111
Glucoseteststäbchen 23
Glut 68
Gold 139
Grundumsatz 58
Grundwasser 120

**H**

Hafnium 93
Hauptnährstoffe 59
heterogene Gemische 37
Hochofen 154
Holmium 93
Holzkohle 68, 142 f.
Holzpellet-Heizung 75
homogene Gemische 37

**I**

Indikator 22, 128

**K**

Kalkstein 154
Kältemischung 40
Kartuschenbrenner 15
Kerzenflamme 67
Kerzenwachs 15
Kilojoule 58
Kilokalorie 58
Kläranlage 122
Klima 111
Klimaschutz 112
Klimawandel 99
Klimawandel 111
Knallgas 131
Knallgasprobe 131
Kohle 84
Kohlenstoffdioxid 70, 110, 112
Kohlenstoffdioxidschnee-
  Löscher 80
Kohlenstoffmonooxid 70, 106
Koks 154
Kondensieren 24
konstantes Massen-
  verhältnis 142, 145 f.
Konverter 156
Kraftstoffe 69
Kristallisation 127
Kühlwasser 119
Kupfer 136, f.
Kupfergewinnung 140
Kupferglanz 140
Kupferkies 140
Kupferoxid 142 f.
Kupfersulfat 56
Kupfersulfat-Hydrat 56

**L**

Lampenöl 69
Lebensmittel 42
Lebensmittelqualität 42
Legierung 39, 157
Leistungsumsatz 58
Leitfähigkeit
  – elektrische
  – Wärme- 23
Lösemittel 123, 126
Löslichkeit 21 f., 28, 124 f.
Löschdecke 78
Lösung 39
Lösungsvorgang 127
Luft 101
Luftverschmutzung 106

**M**

Magnesium 71
Magneteisenstein 154
Messerstahl 157
Messing 151
Metall 26
Metalloxid 70
Metallrecycling 162
Methan 110
Mineralien 139
Mineralwasser 118
Modell 29, 127
Molekül 145
Müll 89

**N**

Nachweis 104
  – von Kohlenstoffdioxid 69, 104
  – von Sauerstoff 71, 104
  – von Wasser 104
Nährstoffe 58
Nagellackentferner 126

Nasslöscher 80
natürlicher Treibhaus-
  effekt 110
Nitrox 104

**O**

Oberflächenwasser 118, 120
Ölabscheider 122
Öl-in-Wasser-Emulsion 38
Oxid 70
Oxidation 70, 89, 141
Oxidationsmittel 141
Ozonschicht 100

**P**

Paraffin 67
Periodensystem der
  Elemente 92
Phlogiston-Theorie 97
Photosynthese 102, 105
pH-Wert 128 Polonium 93
PRIESTLEY 102
Protokoll 17

**Q**

Qualm 68

**R**

Rauch 39
Rauchgasentschwefe-
  lung 106
Rauchmelder 76
Recycling 162, f.
Reaktionsschema 56
Redoxreaktion 141
Redoxreihe 161
Reduktion 141, 143, 161, 163
Reduktionsmittel 141 f., 161
Reduktionszone 154
Reinigungsstufen 122
Reinstoff 37
relative Luftfeuchtigkeit 103
Rennofenverfahren 159
Resublimation 24
Roheisen 154, 156
Rollenspiel 107
Rostfreier Stahl 157
Röstreaktion 163
Röstreduktionsverfahren 163
Roteisenstein 154
Ruthenium 93

**S**

Salpetersäure 109
Salzwasser 118
Sandfang 122
sauer 128
Sauerstoff 70, 103
Sauerstoffaufblas-
  Verfahren 156
saure Lösung 129
saurer Regen 109
Säureregulatoren 128
Scandium 93
Schaum 38 f.
Schaumlöscher 80 f.
Schlacke 89
Schmelzen 24
Schmelztemperatur 24, 28
Schmelzwärme 31
Schrott 162
Schwarzpulver 72
Schwefeldioxid 106, 109
Schwefelsäure 109
Sedimentieren 43 f.
Sicherheit 12

Stichwortverzeichnis **175**

Sieden 24
Siedetemperatur 24
Silber 139
Sirene 78
Smog 108
Sprinkleranlage 87
Stabilisatoren 41
Stahl 153, 156, 162, 164
Stahlherstellung 156
Stahlproduktion 164
Stahlveredler 156
Stickstoff 103
Stickstoffoxide 106, 109
Stoffe
– alkalische
– fettähnliche (lipophile)
– salzartige
– saure
Stoffgruppe 26
Stofftrennverfahren 43
Stratosphäre 100
Streichhölzer 65 f.
Sublimation 24

Suspension 39, 43
Synthese 94
Synthese von Wasser 130

**T**
Teilchenmodell 29 ff.
Teilthemen 46
Temperatur 31
Terbium 93
Thermitverfahren 160
Tiefenrausch 104
Tochterflamme 67
Treibhauseffekt 110, 112
Treibmittel 69
Trinkwasser 117, 120
Trockenlöscher 80 f.
Troposphäre 100

**U**
Uferfiltrat 120
Umweltzone 108
unedle Metalle 161
Universalindikator 128

**V**
Verbindung 92
Verbrennung 70
Verbrennungsmotor 75
Verbrennungswärme 83
verdampfen 24
Verdampfungswärme 31
vereinfachte Darstellung 29
Verhüttung 140
Vierzylindermotor 75

**W**
Waldschadensbericht 109
Waldschäden 109
Wärme 31
Waschbenzin 126
Wasser 30
Wasserdampf 30
Wasserhärte 118, 123
Wasser-in-Öl-Emulsion 38
Wasserkreislauf 121
Wassermangel 121
Wassernutzung 119

Wasserstoff 130 f.
Wasserstoff-Motor 132
Wasserstoff-Technologie 132
Werkzeugstahl 157
Wetter 111
Winderhitzer 154

**Y**
Ytterbium 93
Yttrium 93

**Z**
Zersetzungstemperatur 24
Zerteilungsgrad 68
Zucker 20
Zuckerkrankheit 23
Zunder 65
Zündtemperatur 68, 77

# Bildquellenverzeichnis

Umschlag: Fotolia.com (Jürgen Acker); Vorsatz: Corbis, Düsseldorf (Image Source); 8.1: A. Berger, Hannover; 9.1: AKG, Berlin; 9.2: Bayer AG, Leverkusen; 10.1: Udo Heuer, Hannover; 10.5: SanDisk, Schweden; 10.7: Reinhard Tierfoto, Heiligkreuzsteinach; 11.1: Corbis, Düsseldorf (Jose Luis Pelaez, Inc.); 11.5: Agentur Focus, Hamburg (Simon Fraser/SPL); 11.6: Studio Schmidt-Lohmann, Hannover; 11.7: Wildlife, Hamburg (D. Harms); 15.1: Möller, Föritz; 18.1: Corbis, Düsseldorf (image100); 19.1: Corbis, Düsseldorf (Elizabeth Hathon); 19.2: Jupiterimages, München (BE&W); 19.3: Corbis, Düsseldorf (KMSS/zefa); 19.4 – 20.3: A. Berger, Braunschweig; 20.3: Studio Schmidt-Lohmann, Hannover; 22.3: Hans Schriefer, Münster; 27.1: Solvay Deutschland GmbH, Hannover; 27.3: Wikipedia - public domain; 27.4: WMF AG, Geislingen; 27.5: Simper, Wennigsen; 27.6: A. Berger, Braunschweig; 29.1: LMU, München (Dr. Markus Lackinger); 31.1 – 3: Klaus G. Kohn, Braunschweig; 34.1: Udo Heuer, Hannover; 36.1: picture-alliance, Frankfurt (Sander); 37.3: Carl Kühne KG (GmbH & Co.), Hamburg; 40.1: Peter Widmann, München; 40.2: E.I.S. Eis Info Service, Köln; 41.1: S. Ferring, Abtsgmünd; 41.2: SPL/Agentur Focus (Dr. Jeremy Burgess); 42.1: E.I.S. Eis Info Service, Köln; 43.1 – 3: A. Berger, Braunschweig; 45.1: bildagentur geduldig, Maulbronn; 46.1+2: Klaus G. Kohn, Braunschweig; 47.1+2: A. Berger, Braunschweig; 48.1: Okapia KG, Frankfurt (Lothar Lenz); 51.3: CMA, Bonn; 52.1: Corbis, Düsseldorf (S. Hammid/zefa); 53.1: Stockfood (von Cimbal, Walter ); 53.2: Stockfood (von Arras, K.); 53.3: Stockfood (von Dinner, Allison ); 54.1: Stockfood (von Heinze, Winfried ); 55.1: Stockfood (Nobile, Paolo); 55.2+3: A. Berger, Braunschweig; 57.1: Corbis, Düsseldorf (Hein van den Heuvel/zefa); 58.1 A: Rolf Schulte-Coerne, Gelsenkirchen; 59.1: Deutsche Gesellschaft für Ernährung e. V., Bonn; 60.1: Stock4B, GmbH; 40.2: Alimdi. net (Justus de Cuveland); 63.2: L. Bergmann GmbH & Co.KG, Goldenstedt; 63.3: IFA-Bilderteam, Ottobrunn (Schmitz); 64.1: Corbis, Düsseldorf (Cathrine Wessel); 66.1: Simper, Wennigsen; 67.1: Mauritius, Mittenwald (Photo Researchers); 67.2: Alamy; 68.1 – 3: A. Berger, Hannover; 69.1: Aral AG & Co. KG, Bochum; 69.3+4: Tönnies, Laatzen; 69.5: Mauritius, Mittenwald (Ritschel); 69.6 – 8: Tönnies, Laatzen; 72.1: Internationaler Feuerwerkswettbewerb - Hannover Marketing und Tourismus GmbH, Hannover; 74.2: Wikipedia; 75.1: Agentur für Erneuerbare Energien e.V., Berlin; 76.1: dpa picture-alliance, Frankfurt (dpa/dpaweb); 78.2 – 6: Tönnies, Laatzen; 79.1+2: Tönnies, Laatzen; 80.1: Tönnies, Laatzen; 80.2 – 5: Gloria-Werke, Wadersloh; 82.1: Feuerwehr

Hannover; 83.1+2: A. Berger, Braunschweig; 83.3: Torquato AG, Geesthacht; 84.1: E-On AG; 84.2: RWE Power AG; 84.3: Stadtwerke Hannover AG; 84.4: Tönnies, Laatzen; 86.1: Okapia KG, Frankfurt (St. Osolinski); 87.1+2: Freiwillige Feuerwehr Hersbruck ; 88.1: Stadtwerke Düsseldorf AG - Unternehmenskommunikation; 90.1 A+B: Simper, Wennigsen; 90.3: Deutsches Museum, München; 95.1: Gesellschaft Deutscher Chemiker; 98.1: Astrofoto, Sörth; 99.1: Astrofoto, Sörth; 99.3: Lonely Planet Images (Luke Hunter); 99.4: Picture-Alliance/dpa; 101.1: SkySails; 104.1: Werner Bachmeier, Ebersberg; 107.1: Tanja Ripke; 107.2: A. Oberst, Schifferstadt; 108.1: Keystone (Volkmar Schulz); 108.2: VISUM (Ludolf Dahmen); 109.1: Westfälisches Amt für Denkmalpflege; 110.1: Corbis, Düsseldorf; 114.1: Groskinsky, Washington/USA; 115.1: Wikipedia; 116.1: Corbis, Düsseldorf (Angelo Cavalli/zefa); 117.1: NASA; 117.2: Thomas Schmidt, Düsseldorf; 118.1: A. Berger, Braunschweig; 118.2: Tönnies, Laatzen; 118.3: Simper, Wennigsen; 118.4: Fotodesign (Gerhard P. Müller); 118.5: Quelle GmbH; 119.2: Nautilus Wassermanagement GmbH & Co. KG; 121.1: Wernicke; 126.1: Tönnies, Laatzen; 126.3: Tönnies, Laatzen; 128.2: A. Berger, Hannover; 128.3 – 4: Klaus G. Kohn, Braunschweig; 130.3: Deutsches Museum, München; 134.2: www.chemsite.de; 136.1: Stadt Ingolstadt; 137.2: Deutsches Kupferinstitut; 138.2: A. Berger, Braunschweig; 139.1 A: Marko Burkhardt, Selters/Taunus; 139.1 B: Peter Haas; 139.2: SPL/Agentur Focus; 140.1: Okapia KG, Frankfurt (NAS/Calvin Larsen); 140.2: Deutsches Kupferinstitut, Düsseldorf; 140.3: Norddeutsche Affinerie, Hamburg; 140.4: Deutsches Kupferinstitut, Düsseldorf; 147.3: Agentur Focus, Hamburg (eye of science); 147.4: NIST (Joseph Stroscio and Robert Celotta); 150.1: Deutsches Museum, München; 151.1: Stiftung Preußischer Kulturbesitz, Berlin; 151.2: Wolfgang Asselborn, Saarlouis; 152.1: ThyssenKrupp Steel AG; 153.1: Uni Bremen, Fachgebiet Mineralogie; 153.2: AIDA Cruises, Rostock; 156.1+2: Dillinger Hüttenwerke, Dillingen; 157.1: Wikipedia (Peter Binter ); 157.2: Robbe & Berking, Flensburg; 160.1: DB AG, Berlin (Mann); 162.1: Jan Potente, Dortmund; 162.2: Stahl-Zentrum, Düsseldorf; 167.1: Matthias Luedecke, Zittau; 167.2: Mauritius, Mittenwald (Frei)

Es war uns leider nicht bei allen Abbildungen möglich, den Inhaber der Rechte ausfindig zu machen. Berechtigte Ansprüche werden selbstverständlich im Rahmen der üblichen Vereinbarungen